Dez. '92

Liebe Babs!

Ich hoffe dies gibt Dir Inspirationen wie Du Deine Sportler aktivieren + motivieren kannst!

Sonja

Originaltitel:

Úvodni a Prúpravná cvičeni

Státni tělovýchnovné nakladatelstvi,

Dr. Bohumil Kos / Dr. Zdenek Teplý
Dr. Rudolf Volráb / Helena Livorová

Gymnastik —
1200 Übungen

Sportverlag Berlin

Übersetzung aus dem Tschechischen:
Willi Franz
Fachliche Bearbeitung:
Susi Urzynicok

Gymnastik – 1200 [tausendzweihundert] Übungen / Bohumil Kos ...
[Übers. aus d. Tschech.: Willi Franz]. – 13. Aufl. – Berlin :
Sportverl., 1989
EST: Úvodni a prúpravná cvičeni 〈dt.〉
NE: EST; Mitarb.

ISBN 3-328-00364-9

© der deutschsprachigen Ausgabe Sportverlag
13. Auflage
© Kos, Teplý, Volráb, Livorová, 1962
Lizenznummer: 140 355/61/89
9015
Einband: Siegmar Förster
Printed in the German Democratic Republic
Gesamtherstellung: Karl-Marx-Werk Pößneck V 15/30
Redaktionsschluß: 10. 1. 89
671 866 7

00960

Inhalt

Vorwort 7

Die Übungsstunde 9

Der einleitende Teil einer Übungsstunde 11

Stoffverteilung 13

  I. Übungen ohne Handgeräte 13
    Gymnastische Grundformen 14
    Partnerübungen 29
    Übungen zu dreien 34
    Gruppenübungen 38
    Übungen in der Linie 41
    Übungen in der Reihe 45
    Übungen im Stirnkreis 48
    Spiele ohne Geräte 51

  II. Übungen mit Handgeräten 63
    Übungen mit dem Medizinball 63
    Übungen mit dem Seil 69
    Übungen mit dem Schwungseil (langes Seil) 72
    Übungen mit dem Stab 75
    Übungen mit dem Ball 81

  III. Gymnastische Übungen unter Verwendung von Turngeräten 85
    Turnbank 85
    Übungen mit Matten 97
    Andere Geräte und Gerätekombinationen 102

Der vorbereitende Teil einer Übungsstunde 103

Stoffverteilung 107

Grundlegende Stellungen und Lagen bei den gymnastischen
Übungen 108

I. Übungen ohne Handgeräte 112
   Grundformen 112
   Arme 112
   Rumpf 124
   Beine 153
   Verschiedenes 174
   Partnerübungen 179
   Arme 180
   Rumpf 182
   Beine 190
   Verschiedenes 193

II. Übungen mit Handgeräten 195
   Übungen mit der Hantel 195
   Übungen mit dem Stab 205
   Übungen mit dem Medizinball 229
   Übungen mit der Keule 238
   Übungen mit dem Seil 253

III. Übungen an Turngeräten 260
   Sprossenwand 260
   Turnbank 281

*Beispiele für die Gestaltung des einleitenden Teiles
und des vorbereitenden Teiles einer Übungsstunde* 292

Vorwort

Die vorliegende Übungssammlung ist in Text und Bild sehr gut geeignet, die Entwicklung einer breiten Volkssportbewegung zu unterstützen.
An zahlreichen Beispielen wird gezeigt, wie die vielfältigen gymnastischen Elemente und Übungen in den Trainingsstunden der allgemeinen Sportgruppen verwendet werden können. Zugleich geben die Autoren gute Hinweise und Anregungen über die Wirkung der Übungen auf die Muskulatur. Vor allem Übungsleitern für allgemeine Sportgruppen, Leitern von Hausfrauen- und DFD-Gymnastikgruppen ist sie eine gute Anleitung und hilft, den gesamten Organismus der Übenden zielstrebig zu kräftigen. Auch die Sportlehrer an den Schulen erhalten umfassendes Material, mit dem sie die Sportstunden aller Altersstufen abwechslungsreich gestalten und mit den verschiedensten gymnastischen Mitteln eine allseitige körperliche Ausbildung der Schüler sichern können.
Mit dieser umfangreichen Sammlung bekannter und weniger bekannter gymnastischer Elemente wird sie zu einem umfassenden Nachschlagewerk für die gymnastische Übungs- und Trainingsgestaltung in jeder Sportart. Den Sportstudenten sollte sie ein unentbehrliches Hilfsmittel sein.
Unser Dank gilt den Freunden aus der ČSSR, durch deren Werk wir unsere Fachliteratur zur Gymnastik in so wertvoller Weise bereichern konnten.
Dank auch dem Sportverlag, der mit der Herausgabe dieser Übersetzung vielen Sportlern, Übungsleitern, Trainern und Sportlehrern eine umfassende Übungssammlung in die Hand gibt.

Präsidium des Deutschen Turn-Verbandes der DDR

Die Übungsstunde

Grundsätzlich kann man jede Übungsstunde in vier Teile zerlegen:

A. 1. Einleitender Stundenteil
   2. Vorbereitender Stundenteil
B. Hauptteil
C. Schlußteil

Diese Einteilung ist nicht nur formal als Reihenfolge aufzufassen, sondern ist auch gleichzeitig eine Richtlinie für die verschiedenen pädagogischen und methodischen Aufgaben im Verlauf einer Übungsstunde.

Die Aufgabe des *einleitenden Stundenteiles* einer Übungsstunde besteht darin, die Übenden auf die folgende Belastung physisch und psychisch vorzubereiten.

Der einleitende Teil umfaßt das Antreten der Übenden, das Melden des Diensthabenden und die einleitenden Übungen zur Erwärmung und Auflockerung des Organismus: Gehen, Laufen, Hüpfen, das Überwinden kleiner Hindernisse, kleine Bewegungsspiele u. ä.

Der *vorbereitende Teil* hat die Aufgabe, durch spezielle Übungen die Beweglichkeit, Gewandtheit und Kraft der Übenden zu verbessern. Somit gehören in diesen Teil auch Übungen für eine gute Körperhaltung und einen harmonischen Körperbau. Eine weitere Aufgabe des vorbereitenden Teiles ist es, den Organismus auf die Betätigung im Hauptteil der Stunde vorzubereiten.

Dieser Stundenteil enthält vor allem vorbereitende Übungen, die wir in verschiedenen Formen (Einzelübungen, Partnerübungen, Gruppenübungen) und mit verschiedenen Handgeräten (Hanteln, Stab, Sprungseil, Medizinball, Keulen) oder an, auf und mit verschiedenen Turngeräten (Bank, Sprossenwand u. ä.) ausführen können.

Der *Hauptteil* der Übungsstunde ist der wichtigste und auch der zeitlich längste Teil. In diesen Teil gehören vor allem grundlegende körperbildende Aufgaben.

Dazu gehören Lauf und Sprung, Wurf und Stoß, Trageübungen, Klettern, Gleichgewichtsübungen, Hindernislauf und alle Sportarten, die im Komplex des Sportabzeichens zusammengefaßt sind, sowie die großen Spiele.

Die Aufgabe des *Schlußteiles* ist, den während der Übungsstunde stark beanspruchten Organismus der Übenden zu beruhigen und die Stunde mit den Übenden auszuwerten.

In den Schlußteil gehören Atemübungen im Gehen, verschiedene Spiele und bestimmte Übungen, die nicht anstrengen, sondern mehr freudbetonten Charakter tragen.

Zur allgemeinen Körpererziehung gehören aber auch das Schwimmen, die Sportstunde im Schnee und auf dem Eis. Diese Übungsstunden haben zwar ihren eigenen Charakter, doch liegt ihnen die gleiche Zielstellung zugrunde.

Der einleitende Teil einer Übungsstunde

Jede Übungsstunde, gleich ob in der Turnhalle, auf dem Sportplatz, im Schwimmbad, auf dem Eis oder im Schnee, hat einen einleitenden Teil. In diesem erreicht der Übungsleiter die notwendigen Ordnungsformen, um den Übungsbetrieb beginnen zu können, macht die Übenden mit dem Ziel der Stunde bekannt und bereitet sie durch bestimmte Übungen auf die Belastung im Hauptteil vor. Folglich enthält der einleitende Stundenteil:
1. das Antreten, Melden und die Begrüßung,
2. das Bekanntgeben des Stundenzieles durch den Übungsleiter,
3. die Erwärmung und Auflockerung des Organismus der Übenden.

1. Antreten, Melden, Begrüßung

Eine gute Organisation gleich zum Beginn wird dem Übungsleiter die gesamte Übungsstunde erleichtern. Der Übungsleiter muß deshalb auch den sogenannten „Kleinigkeiten" höchste Beachtung schenken, wie der Ordnung im Umkleideraum, dem Betreten der Turnhalle u. ä. Die Übenden müssen an eine feste Ordnung vom Umkleiden bis zum Beginn des Übens gewöhnt werden. Die konstante Einhaltung der geforderten Disziplin sichert den Erfolg.
Das Antreten und Melden obliegt einem Diensthabenden, Riegenführer oder Vorturner, der dazu beauftragt wird. Es wird in Linie zu einem oder mehreren Gliedern angetreten, dann erfolgt die Meldung an den Übungsleiter und die Begrüßung mit „Sport frei!"

2. Bekanntgeben des Stundenzieles

Bei der Bekanntgabe der Aufgabe und des Zieles der Übungsstunde faßt sich der Übungsleiter kurz. Er darf nicht das Stundenziel, das er bekanntgeben will, mit dem Stundenprogramm verwechseln. Er wird das Stundenziel kurz formuliert etwa so bekanntgeben:
Erlernen der Rolle rückwärts zum Grätschstand, oder: Üben der Riesengrätsche über den Kasten; damit schließen wir heute diesen Übungskomplex ab und beginnen in der nächsten Stunde mit einem neuen Sprung.
Die Bekanntgabe des Stundenzieles muß dazu beitragen, die Übenden zu aktivieren und sie zur Erfüllung der ihnen gestellten Aufgabe anzuregen.

3. *Erwärmung des Organismus und Auflockerung der Muskulatur*

Die Erwärmung des Organismus nimmt zeitlich gesehen den größten Teil des einleitenden Stundenteiles ein. Während die beiden vorangegangenen Teile der psychologischen und organisatorischen Vorbereitung der Übenden dienten, richtet sich dieser hauptsächlich auf die Vorbereitung des Organismus. Es muß eine gute Durchblutung aller Teile des Körpers und eine gute nervliche Einstellung auf die kommenden Übungen erreicht werden. Deshalb wird der einleitende Teil meist eine spielerische Form haben, durch die die Bewegungsfreude der Übenden geweckt wird. Bei den Übenden muß der Wunsch nach weiteren Übungen entstehen. Gelingt es, im einleitenden Teil eine freudige Stimmung zu erzeugen, wird sich diese positiv auf die ganze Übungsstunde auswirken. Es ist selbstverständlich, daß bei der Gestaltung des einleitenden Teiles die Alterseigentümlichkeiten der Übenden beachtet werden müssen, ebenso muß der Leistungsstand berücksichtigt werden. So wird man im einleitenden Teil keine Staffeln ausführen können, in denen die Rolle rückwärts vorkommt, wenn nicht alle Übenden diese mindestens in der Grobform beherrschen. Bestimmte Übungen werden erst dann im einleitenden Teil (meist in Verbindung mit anderen Übungen) verwendet, wenn sie im Hauptteil einer vorangegangenen Stunde geübt worden sind. Der Übungsleiter muß darauf achten, daß die Übenden im einleitenden Teil vorbereitet werden, aber nicht schon ermüden.

In den einleitenden Teil gehören verschiedene Arten des Gehens, Laufens, Hüpfens und Springens, des Kletterns und Kriechens wie auch reaktionsschulende Übungen. Die Form richtet sich nach dem Alter und dem Leistungsstand der Übenden. Wichtig ist, daß der einleitende Teil so abwechslungsreich wie möglich gestaltet wird, damit auch alle Teile des Körpers in die Vorbereitung einbezogen werden. Ebenso muß man sich vor einer starren Form des einleitenden Teils hüten, für jede Stunde sollte man sich etwas Neues ausdenken. Alle Übenden sollen gleichzeitig in Bewegung sein; man wird deshalb solche Spiele und Gemeinschaftsübungen auswählen, bei denen das gewährleistet ist. Besonders geeignet sind dazu Übungen mit Handgeräten wie Medizinbälle, Keulen, Hanteln, Sprungseile u. ä.

Für den einleitenden Teil einer Übungsstunde werden etwa 8 Minuten eingeplant, wobei 2 Minuten auf das Melden und die Bekanntgabe des Stundenzieles entfallen und die restliche Zeit auf die Erwärmungsübungen.

Stoffverteilung

I. Übungen ohne Handgeräte

1. Gymnastische Grundformen:
   a) Gehen,
   b) Laufen,
   c) Springen und Hüpfen,
   d) Kriechen,
   e) reaktionsschulende Übungen.
2. Partnerübungen,
3. Übungen zu dreien,
4. Grupenübungen,
5. Übungen in der Linie,
6. Übungen in der Reihe,
7. Übungen im Stirnkreis,
8. Spiele ohne Geräte:
   a) Haschspiele,
   b) Staffelspiele,
   c) gemischte Spiele.

II. Übungen mit Handgeräten

1. Übungen mit dem Medizinball,
2. Übungen mit dem Seil,
3. Übungen mit dem Schwungseil,
4. Übungen mit dem Stab,
5. Übungen mit dem Ball.

III. Übungen an Turngeräten

1. Turnbank,
2. Übungen mit Matten,
3. andere Geräte und Gerätekombinationen.

I. Übungen ohne Handgeräte

Da noch nicht in allen Turnhallen Hand- und Turngeräte in genügender Anzahl zur Verfügung stehen, beschränken viele Sportlehrer die gymnastischen Übungen ohne Gerät nicht nur auf den einleitenden Teil einer Übungsstunde. Aber auch dort, wo Geräte in genügender Anzahl vorhanden sind, bilden gymnastische Übungen ohne Gerät einen wesentlichen Teil einer Übungsstunde, und bei den kleinsten Schülern füllen sie fast den gesamten einleitenden Teil der Turnstunde aus.

Diese natürlichen und leicht auszuführenden Übungen entsprechen ganz der Aufgabe, die der einleitende Teil einer Übungsstunde zu erfüllen hat. Unzählige Kombinationsmöglichkeiten und die verschiedensten Formen, die man selbst zusammenstellen kann, lassen diese Übungen zu. Die Übungsstunde kann so bunt und interessant gestaltet werden. Doch nicht nur für Kinder und Jugendliche sind diese Übungen gedacht, auch für alle anderen Sporttreibenden gibt es in diesem Komplex Übungen, die ganz ihrer Besonderheit und Mentalität entsprechen.

Gymnastische Grundformen

Gymnastische Grundformen werden meistens zur Erwärmung des Organismus angewandt. Sie sind besonders geeignet für Jugendliche und körperlich noch schwach entwickelte Übende. Bei der Zusammenstellung und Dosierung der Übungen (Wiederholungen und Rhythmus) muß versucht werden, der Zielstellung zu dienen und die Übenden auch Freude daran finden zu lassen.

a) Gehen

Gehen, auch in Verbindung mit anderen Bewegungen, empfehlen wir im einleitenden Teil besonders für ältere und körperlich schwach entwickelte Übende. Das Tempo muß so sein, daß der Blutkreislauf beschleunigt wird. Der Schwierigkeitsgrad dieser Übungen ist gleichartig, und die Anforderungen an den Organismus sind insgesamt gering, so daß sie auch von Kindern vertragen werden.

Dieser Gruppe können wir auch verschiedene Verbindungen mit Tanzschritten zuordnen, die sich im Rhythmus und durch Körper- oder Armbewegungen abwandeln lassen. Diese Übungen sind besonders für Frauen geeignet.

1. Gehen im Kreis, Rhythmus durch Handklatsch oder Pfiff angegeben.

2. Gehen, allmählich beschleunigen. Die Arme bewegen sich wie beim Lauf. (Zunächst gehen alle im gleichen Tempo nach Handklatsch, danach gehen alle in ihre individuell schnellste Gangart über – sportliches Gehen.)

3. Gehen mit großen Schritten, die Arme schwingen kräftig mit.

4. Zehengang, Arme in Nackenhalte oder Hochhalte.

5. Fersengang.

6. Gehen in der Hockstellung auf Fußspitzen, Oberkörper aufrecht.

7. Gehen in der Hockstellung auf den ganzen Fußsohlen.

8. Gehen, abwechselnd Zehengang (Arme in Nackenhalte) und Hockgang (Arme in Vorhalte) (4:4).

9. Gehen mit abwechselndem Rumpfdrehen nach links und rechts, jeweils zur Seite des vorschreitenden Beines hin, beide Arme schwingen mit.

10. Gehen mit Knieheben bei gleichzeitigem Rumpfdrehen nach links und rechts (zum gehobenen Bein):
a) bei jedem dritten Schritt,
b) bei jedem Schritt.

11. Ausfallgehen mit Nachfedern (die Hände werden jeweils auf das vorgesetzte Bein gestützt):
a) bei jedem dritten Schritt,
b) bei jedem Schritt.

12. Gehen seitwärts, abwechselnd vorn und hinten kreuzen.

13. Hockstand, Seitspreizen abwechselnd links und rechts, Hüftstütz (Becken so tief wie möglich, Oberkörper aufrecht).

14. Gehen rückwärts.

15. Gehen mit Rumpfbeugen:
a) Hände an den Fußspitzen,
b) Hände an den Fußgelenken.

16. Vierfüßlergang.

17. Gehen mit Schwingen aus der Hochhalte in die Tiefhalte und zurück.

18. Gehen mit betontem Schwingen (Arme so weit wie möglich durchschwingen).

19. Gehen mit Schulterkreisen vorwärts oder rückwärts:
a) Arme locker,
b) Arme sind wie beim Lauf leicht angewinkelt.

20. Gehen mit Mühlkreisen vorwärts oder rückwärts.

21. Gehen mit Vorhochspreizen, die Finger berühren die Fußspitzen des jeweils vorhochgespreizten Beines:
a) bei jedem dritten Schritt,
b) bei jedem Schritt.

22. Gehen mit gleichzeitigen Armführungen:
a) in die Vor-, Seit-, Vor- und Tiefhalte,
b) in die Vorhalte, zurückziehen in die Schlaghalte (Beugen der Arme im Ellbogen) – Vorhalte – Tiefhalte,
c) in die Vor-, Seit-, Hoch- und Tiefhalte (zuerst führen wir die Übungen auf 4, später auf 2 Schritte aus).

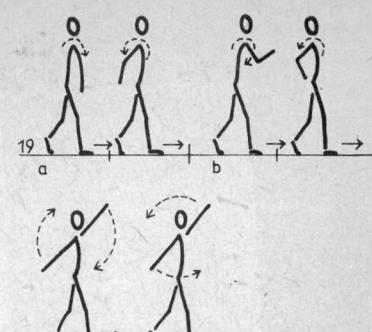
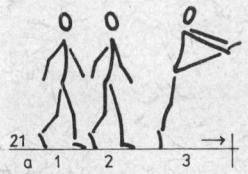

23. Gehen, Arme in Schlaghalte, nach vorn stoßen, zur Seite und nach oben (zwischen jedem Stoß zurück in die Ausgangsstellung).

24. Gehen mit Klatschen vor und hinter dem Körper.

25. Gehen mit Knieheben, Klatschen unter dem Knie (nach jedem Handklatsch wieder aufrichten und Arme in die Seithalte führen).

26. Gehen mit hohem Spreizen und Handklatsch unter dem Bein.

27. Gehen mit lockerem Rumpftiefschwung, 2 Schritte tief-, 2 Schritte hochschwingen.

28. Gehen mit Schwingen: 2 Schritte Armkreisen (Arme in Schlaghalte), 2 Schritte Tiefrück- und Vorschwingen in die Vorhalte.

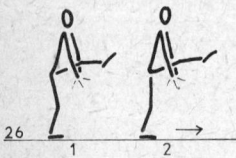

29. Grundstellung mit Nackenhalte: Ausfallschritt links seitwärts, Rumpfbeugen rechts seitwärts, rechts in die Grundstellung – ½ Drehung links, Wiederholung widergleich.

b) Laufen

Die Hauptaufgabe des einleitenden Teils der Turnstunde ist die Erwärmung des Organismus, d. h. eine bessere Durchblutung der einzelnen Muskelgruppen zu erreichen, um sie auf die folgende höhere Belastung vorzubereiten. Der Lauf gehört zu den Mitteln, die diese Aufgabe am besten erfüllen. Bei Kindern und auch noch bei Jugendlichen ist es am besten, den Lauf in der Form von Laufspielen durchzuführen. Aber auch das lockere Laufen im Kreis in der Turnhalle oder auf dem Sportplatz in Verbindung mit verschiedenen Armführungen ist zeitweilig einzuplanen. Wechselndes Tempo und verschiedene Formen können diese Laufschulung beleben und die Freude am Lauf erhöhen.

Oft kann man beobachten, daß die Laufschulung im einleitenden Teil der Stunde falsch angewendet wird. Die Übenden laufen z. B. so lange im Kreis in der Turnhalle, bis sich bereits Ermüdungserscheinungen zeigen. Im Hauptteil der Stunde sind die Übenden dann nicht mehr leistungsfähig. Deshalb sind langandauernde Läufe im einleitenden Teil der Stunde nicht angebracht.

1. Laufen im Kreis (in der Turnhalle oder auf dem Sportplatz).

2. Laufen am Ort:
a) mit Knieheben (skipping),
b) federndes Laufen am Ort (die Fußspitzen bleiben auf dem Boden, nur die Fersen werden angehoben [lifting]).

3. Kniehebelauf (hohes Knieheben).

4. Laufen mit Anfersen.

5. Laufen mit großen Schritten.

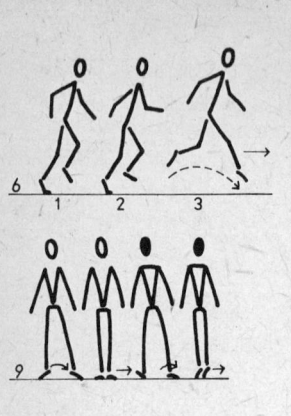

6. Laufen, jeder dritte Laufschritt ist ein längerer und höherer Schritt.

7. Laufen rückwärts.

8. Galopphüpfen vorwärts, 3 × rechts, 3 × links.

9. Galopphüpfen seitwärts, nach links und rechts.

10. Laufen seitwärts mit Kreuzen (abwechselnd vorn und hinten kreuzen).

11. Laufen mit Führen in die Vor-, Seit- und Hochhalte.

12. Laufen mit Armkreisen vor- und rückwärts.

13. Im Wechsel – 10 Laufschritte, 5 Gehschritte.

14. Im Wechsel – Laufen vorwärts, rückwärts und seitwärts.

15. Laufen in Beugestellung.

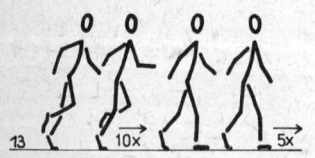

16. 5 Laufschritte in Beugestellung mit Rückhalte – 5 Laufschritte mit Hochhalte.

17. 3 Laufschritte vorwärts, Hockstand mit Rückschwingen – Strecksprung mit Schwingen

in die Hochhalte, Laufen vorwärts.

18. Laufen – auf ein Zeichen Strecksprung in den Hockstand, auf ein weiteres Zeichen Aufrichten, Laufen vorwärts.

19. Galopphüpfen seitwärts mit Rumpfbeugen seitwärts nach links und rechts, Hochhalte mit Flechtgriff.

20. Hopser links mit Knieheben rechts und Bückhalte – Hopser rechts mit Rückspreizen links und Hochhalte.

21. Laufen vorwärts, Springen nach aufgehängten Gegenständen.

22. Schneller Start aus dem Hockstand (kurze Strecke).

23. Steigerungslauf.

24. Lauf hinter einem „Anführer", der mit schnellem Schritt vorangeht.

25. Dauerlauf (1–3 Min.), jeder bestimmt sein Tempo selbst (für Erwachsene).

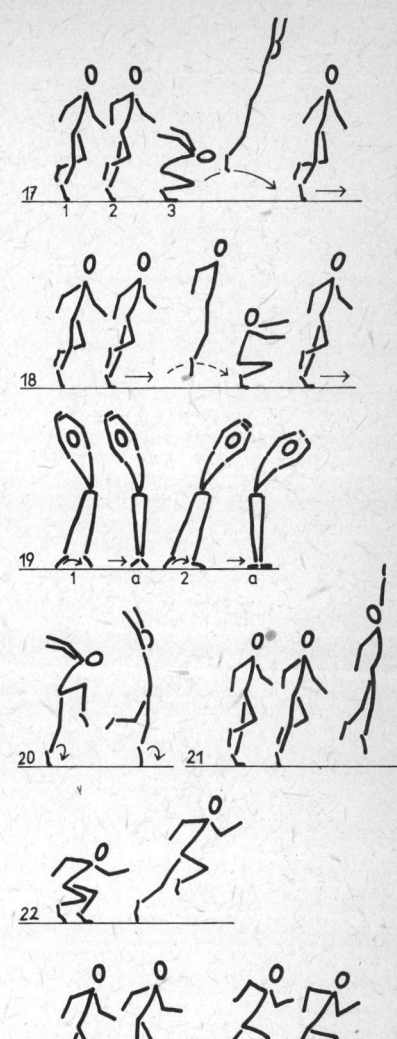

c) Springen und Hüpfen

Springen und Hüpfen sind verhältnismäßig anstrengende und anspruchsvolle Übungsformen. Deshalb ist es notwendig, besonders beim Hüpfen auf einem Bein, auf beiden Beinen, beim Hüpfen in Hockstellung usw., für die verschiedenen Altersstufen das richtige Maß festzulegen. Einige Übungen dieser Gruppe haben schon einen gewissen Schwierigkeitsgrad und erfordern deshalb eine bestimmte körperliche Entwicklung und Koordinationsfähigkeit. Sie sind im einleitenden Stundenteil somit nur für fortgeschrittene Übende anzuwenden. Es ist auch nicht ratsam, den einleitenden Teil nur mit Sprüngen auszufüllen, ein Wechsel mit leichteren Übungsformen (Gehen, Laufen) ist geraten.

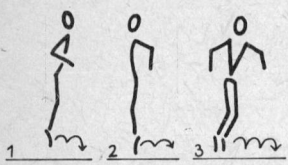

1. Schlußhüpfen vorwärts.
2. Schlußhüpfen rückwärts.
3. Schlußhüpfen seitwärts.

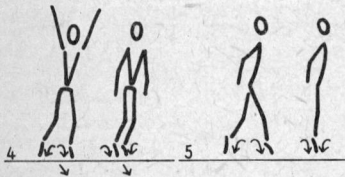

4. Hüpfen in den Grätschstand, Hochhalte.

5. Wechselhüpfen im Quergrätschstand (Beinwechsel vor- und rückwärts).

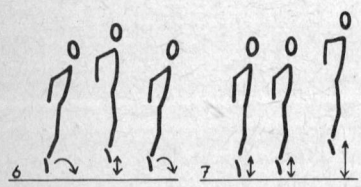

6. Schlußsprünge: 1 × vorwärts, 1 × hoch betont.

7. Schlußsprünge – dabei Höhe steigern.

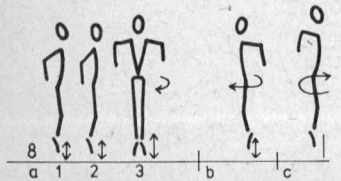

8. Schlußsprünge – jeden dritten Sprung
a) mit $1/4$ Drehung,
b) mit $1/2$ Drehung,
c) mit $1/1$ Drehung.

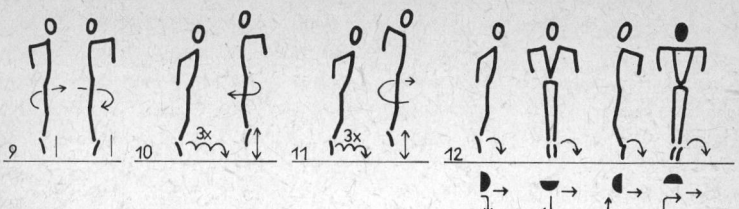

9. Schlußsprünge mit ½ Drehung.

10. 3 × Schlußhüpfen vorwärts, Schlußsprung mit ½ Drehung.

11. Das gleiche mit ¹⁄₁ Drehung.

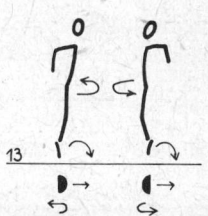

12. Schlußhüpfen vorwärts mit ¼ Drehungen.

13. Das gleiche mit ½ Drehungen.

14. 4 × Hüpfen links, 4 × rechts, Hüftstütz.

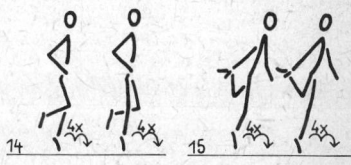

15. Das gleiche, Unterschenkel rückheben und am Fußrist fassen.

16. Wechselhüpfen links und rechts seitwärts mit Zwischenfederung (Zwischenhupf links, Hüpfen auf das rechte Bein, Zwischenhupf rechts usw.).

17. Hüpfen vorwärts in Hockstellung in kleiner und tiefer Kniebeuge.

18. Froschhüpfen (Absprung mit beiden Beinen aus dem Hockstand über den Handstütz in den Hockstand).

19. Schlußhüpfen, bei jedem dritten Hüpfer
a) grätschen,
b) scheren,
c) anhocken,
d) anfersen,
e) Strecksprung,
f) Grätschristsprung.

20. Strecksprung mit Rumpfbeugen seitwärts links und rechts.

d) Kriechen

Elemente des Kriechens planen wir im einleitenden Teil vor allem zur Auflockerung ein und um eine bessere Mitarbeit zu erreichen. Man kann es auch im Hauptteil einer Übungsstunde als lustige Einlage durchführen. Das Kriechen beansprucht den gesamten Organismus und stellt deshalb keine besonderen Anforderungen an einzelne Muskelgruppen. Wir wenden es daher hauptsächlich bei Kindern und Jugendlichen an.

1. Vierfüßlergang.
2. Kriechen in Bankstellung.
a) vorwärts,
b) rückwärts.

3. Kriechen in Bauchlage.

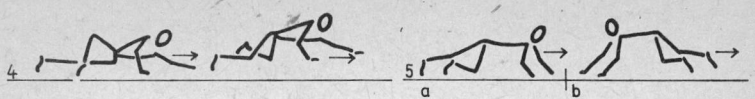

4. Kriechen in Seitenlage.

5. Kriechen im Liegestütz vorlings
a) vorwärts,
b) rückwärts.

6. Kriechen im Liegestütz rücklings
a) vorwärts,
b) rückwärts.

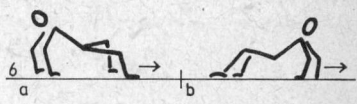

7. Liegestütz vorlings: Vorwärtsgehen auf den Händen, die geschlossenen Beine werden nachgezogen (nur für Fortgeschrittene).

8. Das gleiche, Liegestütz rücklings (nur für Fortgeschrittene).

e) Reaktionsschulende Übungen

Reaktionsschulende Übungen empfehlen wir für größere Gruppen (Gehen, Laufen, Kriechen, Hüpfen oder Kombinationen dieser Übungen). Ihre spezifische Aufgabe besteht darin, die Reaktion der Übenden zu erhöhen. Das geschieht durch schnellste Ausführung bestimmter kurzandauernder Übungen auf verschiedene Zeichen. Im einleitenden Teil der Stunde empfehlen wir reaktionsschulende Übungen auch deshalb, um eine gute Mitarbeit zu erreichen. Auch im Hauptteil einer Übungsstunde können zwischendurch solche Übungen ausgeführt werden; sie beleben die Stunde und schaffen eine gute Bereitschaft für weitere schwierige Übungskomplexe.

Natürlich dürfen die reaktionsschulenden Übungen nur solche Übungen enthalten, die von den Übenden mindestens in der Rohform beherrscht werden. Ebenso müssen die Übungen nach dem Alter und den sportlichen Fertigkeiten der Übenden differenziert sein.

1. Laufen in wechselndem Rhythmus (auf Pfiff, Klatschen u. ä.).

2. Laufen – auf Zeichen
a) Hockstand,
b) Strecksitz,
c) Bauchlage,

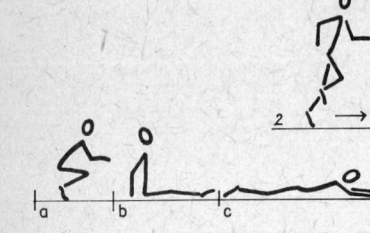

d) Liegestütz vorlings,
e) Streckstand mit Vor-, Seit- oder Hochhalte u. ä.,
f) Schlußhüpfen, Hüpfen auf einem Bein u. ä.,
g) ½ Drehung,
h) ⅟₁ Drehung,

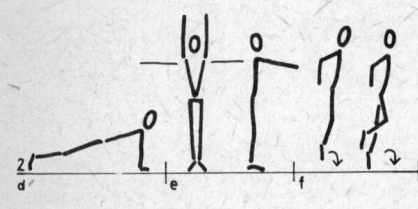

i) einmal pfeifen – ½ Drehung; zweimal pfeifen – ⅟₁ Drehung,
j) das gleiche, aber mit ¼ Drehungen nach links oder rechts (dreimal pfeifen); das kann man auch in Reihen zu zweien oder zu dreien ausführen lassen, am besten auf dem Sportplatz, wo genügend Platz zur Verfügung steht,

k) ½ Drehung, laufen rückwärts,
l) im Stand mit hohem Knieheben vorwärts,
m) Standwaage vorlings,
n) Rolle vorwärts.

3. Für ältere Übende kann man die gleichen (oben angeführten) Übungsformen aus dem Gehen ausführen lassen.

4. Aus lockerem Traben werden auf Zeichen verschiedene Übungsformen des Laufens ausgeführt (z. B.: einmal pfeifen – Laufen in der Hockstellung oder Laufen mit großen Schritten; zweimal pfeifen – Schlußhüpfen vorwärts oder Vierfüßlergang usw.).

5. Die Übenden sind in Gruppen eingeteilt, jede hat ihren Gruppenführer – alle bewegen sich frei in der Halle. Auf Pfiff tritt jede Gruppe hinter ihrem Gruppenführer in einer bestimmten Ordnung an (Reihe, Linie zu einem oder mehreren Gliedern, Doppelreihe usw.).

  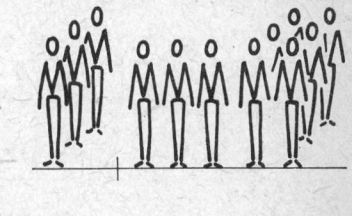

6. Das gleiche, die Übenden nehmen eine solche Stellung ein, wie sie der Gruppenführer vormacht (Hockstand, Sitz, Liegestütz vorlings, Standwaage, Handstand usw.).

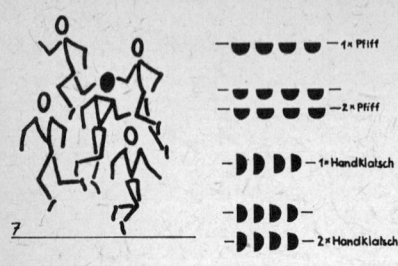

7. Die Übenden bewegen sich frei in der Turnhalle; auf ein Zeichen treten sie in einer bestimmten Ordnung an (z. B.: einmal pfeifen – Linie zu einem Glied; zweimal pfeifen – Linie zu zwei Gliedern; einmal pfeifen – Reihe, zweimal pfeifen – Doppelreihe).

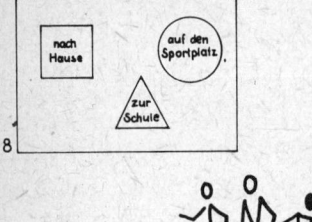

8. Auf dem Sportplatz werden ein Quadrat, ein Dreieck und ein Kreis aufgezeichnet oder abgesteckt. Die Übenden bewegen sich frei auf dem Platz; auf den Ruf „nach Hause" laufen sie so schnell wie möglich in das Quadrat und stellen sich dort auf, auf den Ruf „in die Schule" in das Dreieck und auf den Ruf „auf den Sportplatz" in den Kreis.

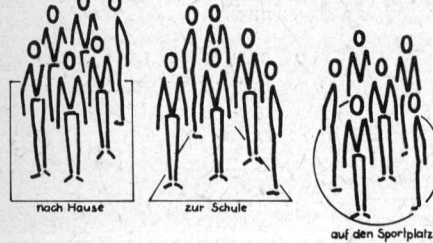

9. Die Übenden sitzen im Schneidersitz. Auf ein Zeichen richten sie sich schnell auf, führen $1/1$ Drehung aus und setzen sich wieder (auch als Wettkampf: „Wer ist der Schnellste?"). Am Anfang können die Übenden ihre Hände zur Hilfe nehmen, später sind die Arme in Hochhalte.

Partnerübungen

Partnerübungen gehören zu den beliebtesten Übungen. Der Inhalt der Übungen ist beinahe derselbe wie bei den Übungen der Grundformen. Die Durchführung aber unterscheidet sich wesentlich, denn ob die Übungen für die Ausführenden wirklich einen optimalen Wert haben, hängt besonders von einer richtigen Ausführung und von einer guten Mitarbeit ab.

Viele Übungen, die schon als Einzelübungen angeführt wurden, können auch mit Partner geübt werden, wenn die Übenden in Handfassung zueinander, neben- oder hintereinander stehen.

Bei Partnerübungen müssen wir ganz besonders den Entwicklungsstand und die Alterseigentümlichkeiten der Übenden beachten. So werden wir z. B. das Tragen des Partners auf dem Rücken oder auf den Schultern nicht von Kindern der unteren Klassen ausführen lassen, beim Springen über den „lebenden Bock" wird die Höhe entsprechend der Größe der Übenden festgelegt; die „Mühle" dagegen wird mehr der Mentalität der Kinder entsprechen.

Partnerübungen werden wir für Erwachsene hauptsächlich im einleitenden Teil der Übungsstunde einplanen, für Kinder und Jugendliche aber auch im Hauptteil.

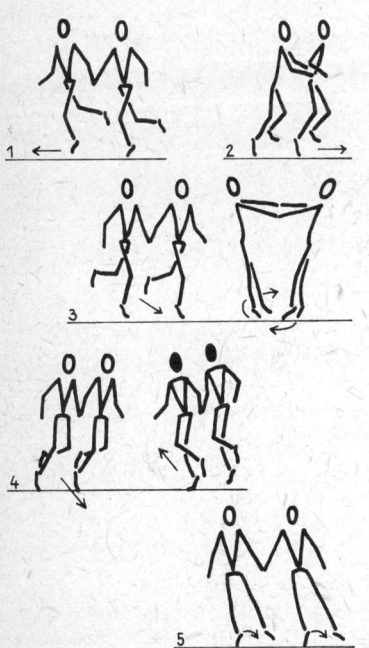

1. Laufen mit Einhandfassung nebeneinander.

2. Laufen hintereinander, der hintere Partner umfaßt Hüfte des vorderen.

3. Laufen mit Einhandfassung nebeneinander, auf Pfiff – Zweihandfassung – Mühle.

4. Laufen mit Einhandfassung – auf Zeichen ½ Drehung, Handfassung, wechseln und in anderer Richtung weiterlaufen.

5. Galopphüpfen seitwärts mit Einhandfassung.

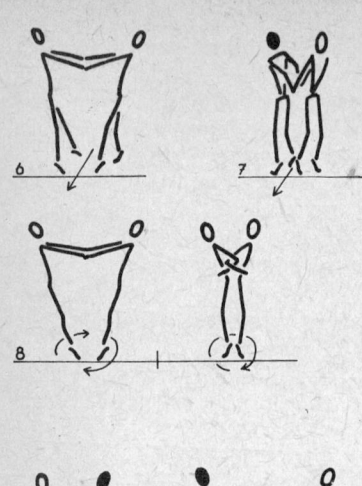

6. Galopphüpfen seitwärts mit Zweihandfassung.

7. Das gleiche, die Partner stehen mit dem Rücken zueinander.

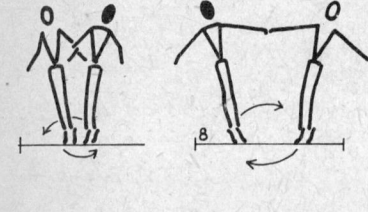

8. Mühle:
a) Zweihandfassung,
b) eingehakt – mit dem Rücken zueinander,
c) nebeneinander – beide rechts eingehakt,
d) nebeneinander – die rechten Hände gefaßt.

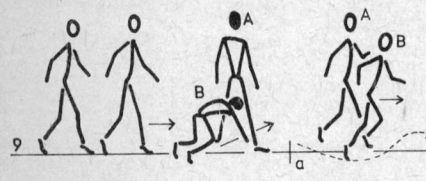

9. Die Übenden gehen oder laufen in Reihe und sind zu zweien aufgeteilt (A und B). Auf ein Zeichen bleibt A im Grätschstand stehen, und B kriecht durch die gegrätschten Beine von A, nach zwei Schritten bleibt B im Grätschstand stehen, und A kriecht durch die Beine usw.

Abwandlungen:
a) B überholt schnell A und ordnet sich vor A wieder ein;
b) A nimmt Bauchlage quer zur Laufrichtung ein, B überspringt A;
c) A geht in Bankstellung, B überspringt;
d) A nimmt Bockstellung ein (angemessene Höhe), B springt über A;
e) das gleiche, nachdem B über den Partner (A) gesprungen ist, nimmt er Grätschstellung ein, und A kriecht durch die Beine;

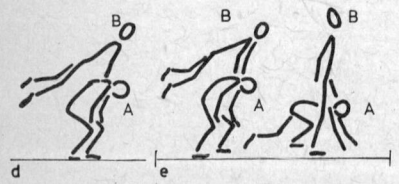

  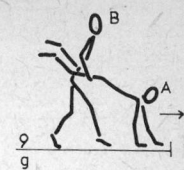

f) auf Pfiff ½ Drehung, weiterlaufen; wird zweimal gepfiffen, springt B auf den Rücken des Partners A und wird 8 bis 10 Schritte getragen;
g) auf ein Zeichen „Schubkarre fahren", beim nächsten Zeichen Partnerwechsel;
h) auf Zeichen nimmt A Grätschstand ein, B nimmt A auf die Schultern und geht weiter. Beim nächsten Zeichen wird A abgesetzt, B kriecht durch die Beine von A und geht jetzt vor A weiter;
i) B springt in den Stütz auf den Schultern des Partners, A geht langsam weiter;
j) A nimmt B quer über die Schultern und geht weiter (Tragen eines Verletzten);
k) A hat Flechtgriff hinter dem Körper, B tritt mit einem Bein in die Hände des Partners A, A geht vorwärts (Tragen im Steigbügel).

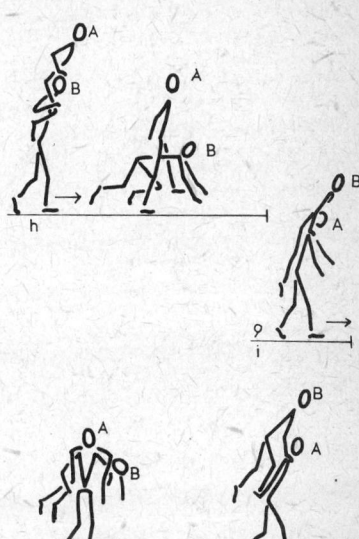

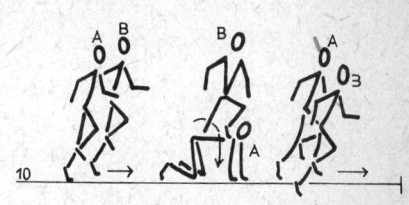

10. Doppelter Flankenkreis: Laufen vorwärts. Auf Pfiff Innenkreis Bankstellung, der Außenkreis springt seitwärts über die Partner, und beide Reihen setzen den Lauf fort.

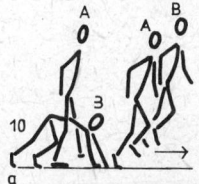

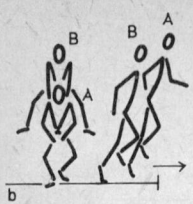

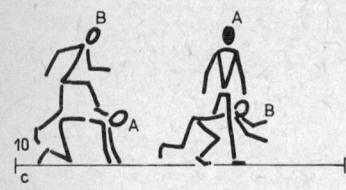

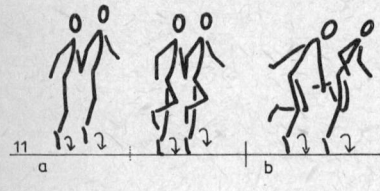

Abwandlungen:

a) Außenkreis – Grätschstand, Innenkreis kriecht durch die Beine und geht um die Partner herum in den Innenkreis, beim nächsten Zeichen umgekehrt;
b) Außenkreis – Bockstellung, Innenkreis Bocksprung über die Partner (die Reihen wechseln dabei von innen nach außen);
c) die Übenden des Außenkreises (A) – Bankstellung, die Partner (B) springen darüber, A steht auf, geht in weiten Grätschstand, B kriecht durch die Beine, alle laufen weiter. Beim nächsten Zeichen werden die Rollen vertauscht (Abb. 10a–c).

11. Hüpfen zu Paaren mit Handfassung:

a) Die Partner stehen nebeneinander mit Einhandfassung – Hüpfen mit geschlossenen Füßen oder auf einem Bein;
b) Die Partner stehen hintereinander, der hintere faßt mit der rechten Hand das rückgehobene linke Bein des Vordermannes am Fußgelenk – Hüpfen vorwärts auf einem Bein;

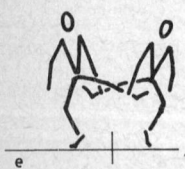

c) die Partner stehen hintereinander, der Hintermann erfaßt mit der Linken das rückgehobene linke Bein des Vormannes, dieser erfaßt das vorgespreizte rechte Bein seines Hintermannes – Hüpfen vorwärts;

d) die Partner stehen sich gegenüber, jeder erfaßt das rechte vorgespreizte Bein des anderen am Fußgelenk – Hüpfen im Kreis;

e) die Partner stehen nebeneinander, jeder erfaßt das seitlich weggespreizte linke bzw. rechte Bein des anderen am Fußgelenk – Hüpfen vorwärts;

f) die Partner stehen nebeneinander mit Einhandfassung, beide hängen ihr inneres Bein ein – Hüpfen vorwärts.

12. Die Übenden bewegen sich frei in der Turnhalle. Auf ein Zeichen erfaßt jeder einen ihm am nächsten stehenden Partner mit Kreuzfassung zum Mühldrehen. Auf das nächste Zeichen lassen alle los und traben weiter.

13. In Hockstellung mit Zweihandfassung – Hüpfen umeinander.

14. Die Übenden bewegen sich frei im Raum. Auf ein Zeichen Handfassung rechts; jeder versucht, den anderen so an sich heranzuziehen, daß er ihm mit der linken Hand auf das Gesäß schlagen kann. Auf ein weiteres Zeichen loslassen und weiterlaufen.

15. Das gleiche, die Partner versuchen, einander auf die Fußspitzen zu treten.

16. Hahnenkampf – die Partner stehen sich mit auf der Brust verschränkten Armen gegenüber. Auf einem Bein hüpfend versuchen sie, den anderen zu stoßen, bis einer beide Beine auf den Boden setzen muß.

17. Ziehkampf – Einhandfassung rechts im Grätschstand nebeneinander gestemmt.

18. Schiebekampf – die Hände werden gegen die Schultern des Partners gestützt.

19. Das gleiche, Hände in Schulterhöhe gegeneinanderstützen.

20. Schiebekampf – rechtsschultrig nebeneinander (Gesicht in entgegengesetzter Richtung), Arme hinter dem Rücken verschränkt.

Übungen zu dreien

Für die Übungen in der Dreiergruppe gilt das gleiche, was schon zu den Partnerübungen gesagt wurde. Für große Übungsgruppen, vor allem, wenn es sich um fortgeschrittene Übende handelt, ist die Dreiergruppe sehr angebracht. Einige grundlegende Übungen dieser Art können wir sowohl von jüngeren als auch von älteren Übenden ausführen lassen. Trageübungen, die zu den gebräuchlichsten Übungen in der Dreiergruppe gehören, werden wir im einleitenden Teil einer Übungsstunde, hauptsächlich bei Erwachsenen, durchführen. Bei Kindern und Jugendlichen sind diese Übungen eher Bestandteil des Hauptteiles.

Bei Übungen in der Dreiergruppe ist es notwendig, daß die Übenden ganz bei der Sache sind, damit alle Übungen gleichzeitig auf das Zeichen und nach den Hinweisen des Übungsleiters erfolgen. Ebenso muß darauf geachtet werden, daß zu einer Dreiergruppe etwa gleichgroße und gleichstarke Übende zusammengenommen werden und daß sich die Übenden immer ablösen, damit nicht einer immer außen und einer immer innen steht.

1. Die Übenden gehen in Reihe hintereinander und sind zu dreien aufgeteilt. Auf ein Zeichen führen sie folgende Übungen aus:
a) Der dritte läuft nach vorn und ordnet sich vor dem ersten ein;

b) der dritte umläuft den zweiten von links und den ersten von rechts und ordnet sich vor dem ersten ein;
c) der erste und zweite gehen in Bankstellung, und der dritte überspringt beide;
d) der erste und zweite im Grätschstand, der dritte kriecht durch die Beine;
e) der dritte springt über eins und zwei, die in Bockstellung stehen;
f) der erste im Grätschstand, der zweite in Bockstellung – der dritte springt über zwei und kriecht durch die Beine von eins;
g) der erste nimmt Schrittstellung ein und reicht dem zweiten, der hinter ihm in Rumpfsenke vorwärts steht, die Hände. Der dritte setzt sich auf den Rücken des zweiten – Gehen vorwärts;
h) der erste faßt den zweiten in den Kniekehlen, der dritte unter den Armen – Tragen;
i) der zweite wird getragen, indem er sich auf die Schultern des ersten stützt, während der dritte seine geschlossenen Beine hochnimmt und über seinem Kopf stützt (der zweite bleibt dabei ganz gestreckt).

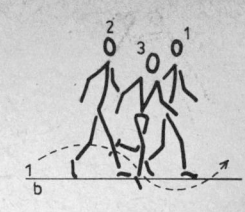

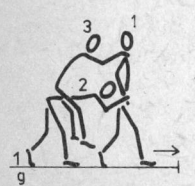
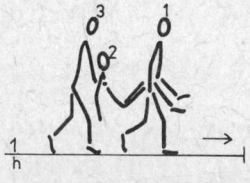
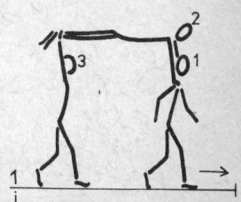

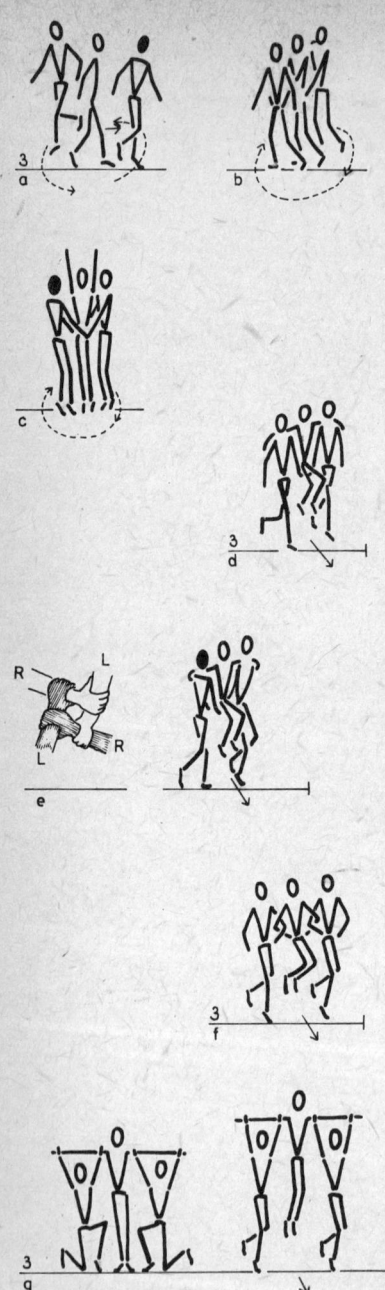

2. Alle Übungen, die unter 1 a bis i aufgeführt wurden, im Laufschritt.

3. Die Übenden gehen jeweils zu dreien nebeneinander, und auf ein Zeichen führen sie folgende Übungen aus:

a) Die beiden außen Gehenden wechseln ihre Plätze, der rechte geht vor, der linke hinter dem in der Mitte Gehenden vorbei;

b) ½ Drehung rechts, fassen um die Hüften, und die ganze Dreiergruppe dreht sich um ihren Mittelmann;

c) das gleiche, der mittlere hat Hochhalte, während die äußeren mit beiden Händen seine Hüfte erfassen;

d) die beiden äußeren Einhandfassung, der mittlere setzt sich darauf und hält sich an den Schultern der Partner fest — vorwärts gehen;

e) das gleiche mit Knotenfassung, die äußeren Partner umfassen mit der rechten Hand ihr linkes Handgelenk. Mit der freien Hand umfassen sie das rechte Handgelenk des anderen;

f) der mittlere hakt sich bei seinem äußeren Partner ein, Beine angehockt, und läßt sich tragen;

g) der mittlere hat die Arme in Seithalte, die beiden äußeren im Schrittknien, den Partner am Oberarm und Handgelenk gefaßt — aufrichten und vorwärts gehen;

h) die beiden äußeren im Schrittknien, die inneren Hände auf der Schulter des anderen aufgelegt, äußeren Arme in Hochhalte, der mittlere setzt sich auf die Arme und hält sich an den äußeren Händen der Partner fest – aufrichten und vorwärts gehen;

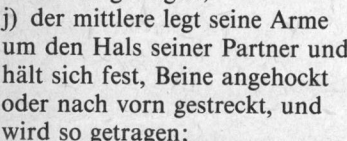

i) der mittlere stützt sich auf die Schultern seiner Partner und wird getragen;

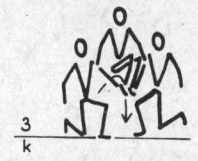

j) der mittlere legt seine Arme um den Hals seiner Partner und hält sich fest, Beine angehockt oder nach vorn gestreckt, und wird so getragen;

k) die beiden äußeren im Schrittknien, Einhandfassung, der mittlere überspringt diese, indem er sich auf die Schultern der Partner stützt.

4. Alle unter 3. angeführten Übungen im Laufschritt.

5. Die Dreiergruppe läuft nebeneinander in Handfassung. Auf ein Zeichen setzt sich der mittlere hin, Arme in Seithalte, die beiden äußeren überspringen seine Arme (im Schlußsprung oder mit einem Bein) in Laufrichtung, dann setzen alle den Lauf fort.

6. Zwei Übende stehen sich gegenüber, der dritte verhält sich ganz steif und wird zwischen ihnen hin und her geschoben (die Beine des mittleren bleiben fest auf dem Boden).

7. Mühle zu dreien – die Übenden fassen sich an den Händen, die Beine stehen eng beieinander.

8. Der mittlere faßt seine Partner an der linken Hand (diese stehen somit in entgegengesetzter Richtung) und dreht sich am Ort. Die äußeren laufen um ihn herum (die Dreiergruppen müssen genügenden Abstand voneinander haben).

Gruppenübungen

Gruppenübungen sind größtenteils reaktionsschulende Übungen mit Wettkampfcharakter. Die Übenden müssen vorher genau aufgeteilt werden (Gruppen, Mannschaften, Brigaden). Solche Gruppenübungen sind hauptsächlich für Kinder und Jugendliche geeignet; es ist deshalb auch Vorsicht geboten, damit es beim freien Lauf in der Turnhalle keine Zusammenstöße gibt. Jede Gruppe muß gleich am Anfang einen bestimmten Raum zugewiesen bekommen.

1. Jede Gruppe läuft in einer anderen Richtung, immer hinter ihrem Grupenführer.

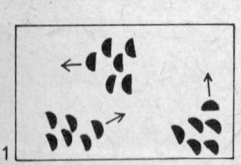

2. Das gleiche, aber auf Pfiff bilden die Gruppen einen Kreis.

3. Die Gruppen laufen frei in der Turnhalle, auf ein Zeichen bilden sie eine einfache Pyramide.

4. Die Übenden sind in vier Gruppen aufgeteilt, jede hat ihren Standort in einer Ecke der Turnhalle. Auf ein Zeichen wechseln sie ihren Standort auf verschiedene Weise:

a) Lauf in die nächste Ecke in festgelegter Richtung;

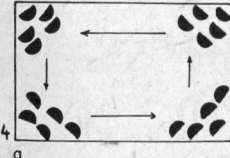
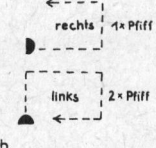

b) das gleiche, aber auf einen Pfiff rechtsherum, zwei Pfiffe linksherum wechseln;

c) die Gruppen wechseln ihren Standort über die Diagonale (Vorsicht, die Übenden können in der Mitte leicht zusammenstoßen);

d) die Gruppen müssen aus verschiedenen Stellungen starten (aus dem Hockstand, Sitz usw.);

e) Platzwechsel im Hüpfen, im Laufschritt, im schnellen Gehen, im Kriechen usw.;

f) die Gruppen müssen in die übernächste Ecke laufen.

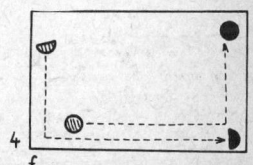

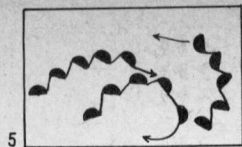

5. Die einzelnen Gruppen bilden eine Kette und laufen frei durch die Turnhalle; der erste gibt die Richtung an, die Kette darf nicht zerreißen.

6. Eine Gruppe, die aus fünf Übenden besteht, faßt sich an den Händen, so daß zwei Übende in einer und drei in die andere Richtung sehen. Der Mittelmann dreht sich jetzt auf der Stelle, so daß die anderen um ihn herum im Kreis laufen.

7. Die Übenden sind in mehrere Gruppen aufgeteilt und gehen in Reihe hinter ihrem Gruppenführer. Auf ein Zeichen bleiben sie stehen, nehmen Seitgrätschstand ein, der letzte kriecht so schnell wie möglich durch die Beine, ordnet sich vor dem ersten ein, und die Gruppe setzt den Lauf fort.

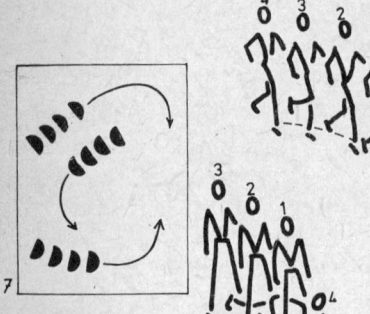

8. Das gleiche, die Übenden nehmen Bankstellung ein, der letzte springt über alle hinweg, auch mit Bockstellung oder im Wechsel, der erste Bankstellung, der zweite Bockstellung usw.

Übungen in der Linie

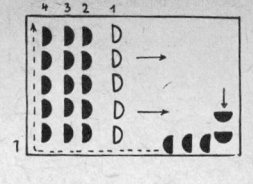

In diesem Übungskomplex wenden wir die Übungen an, die sich die Schüler bei den Grundformen oder Partnerübungen bereits angeeignet haben. Wir empfehlen solche Übungen in Mannschaftsformationen deshalb, weil sie die Übungsstunde beleben und die Aktivität der Übenden steigern. Die Übungsgruppe muß so aufgeteilt werden, daß gleichzeitig immer so viele wie möglich üben können.

1. Die Übenden treten an der Schmalseite der Turnhalle in Linie zu 2 bis 4 Gliedern an. Auf ein Zeichen läuft das 1. Glied zur entgegengesetzten Seite der Turnhalle, macht dort links- oder rechtsum und läuft in Reihe zurück. Aufstellung hinter dem letzten Glied (üben im Rollen):

a) Aus dem Stand;
b) das gleiche aus dem Hockstand, aus dem Liegen, aus dem Sitz, mit Rücken zur Laufrichtung, weiter mit Fallstart, halbhohem Start, Tiefstart usw.;
c) 8 Schlußsprünge vorwärts (wer kommt am weitesten?);
d) 5 × auf einem Bein vorwärts hüpfen (wer kommt am weitesten?);

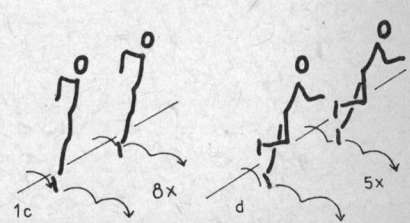

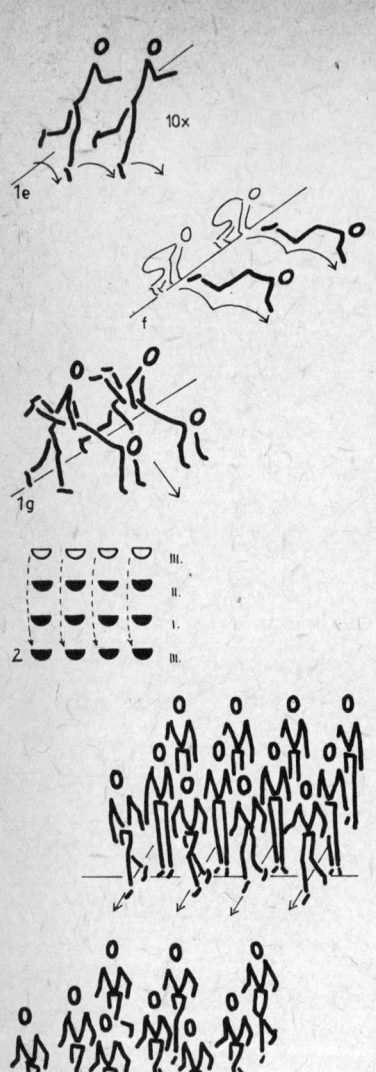

e) 10 Schrittsprünge (wer kommt am weitesten?);
f) Froschhüpfen (wer ist am schnellsten?);
g) Schubkarrefahren (wer ist am schnellsten?).

2. Die Übenden sind in 3 oder 4 Glieder aufgeteilt. Auf ein Zeichen ordnet sich das letzte Glied ganz schnell vor dem ersten ein. Die Übenden gehen jeweils rechts an ihrem Vordermann vorbei (man achte darauf, daß genügend Platz vorhanden ist).

3. Das gleiche im schnellen Lauf.

4. Die Übenden stehen in 3 Gliedern. Abstand 4–5 Schritte. Auf Zeichen kriechen die letzten durch die gegrätschten Beine des zweiten und springen über das in Bockstellung stehende erste Glied.
Abwandlungen:
a) 1. und 2. Glied in Bankstellung, das 3. überspringt;
b) das gleiche in Bauchlage;
c) das gleiche, 1. Glied und 2. Glied in Bockstellung;

d) das gleiche, 1. Glied in Bock- und 2. in Bankstellung;
e) 1. und 2. Glied im Grätschstand, 3. kriecht hindurch.

5. Zwei Glieder stehen sich an den Schmalseiten der Turnhalle gegenüber, auf Zeichen wechseln sie die Plätze. Aus dem Hocksitz, Bauchlage und Hockstand starten.

6. Die Glieder laufen mit Handfassung:
a) Im Kniehebelauf;
b) 4 Laufschritte mit Tiefhalte, 4 Laufschritte mit Hochhalte;
c) das gleiche, aber nach 2 Laufschritten wechseln, zuletzt nach 1 Laufschritt;
d) auf Zeichen Handfassung, ½ Drehung, weiterlaufen;
e) das gleiche mit 1/1 Drehung.

7. Hüpfen vorwärts mit Handfassung:
a) Auf einem Bein;
b) mit geschlossenen Füßen;
c) in Hockstellung.

8. Die Übenden eines Gliedes haben Seithalte mit Handfassung. Der Flügelmann beginnt einen Slalomlauf unter den Armen seiner Partner und ordnet sich am anderen Ende ein, der nächste folgt usw.

9. 2 Glieder stehen sich gegenüber; die Gegenüberstehenden mit Zweihandfassung:
a) Das letzte Paar läuft unter den Armen der anderen hindurch und ordnet sich am anderen Ende ein,
b) das gleiche, die Übenden führen jeweils einen Slalomlauf um die Paare aus.

10. 2 Glieder stehen sich gegenüber, Hände auf den Schultern ihres gegenüberstehenden Partners. Das erste Paar löst die Fassung, läuft durch den Tunnel an die andere Seite und ordnet sich ein. Die ganze Gruppe rückt nach, so daß sie auf dem gleichen Platz verbleibt.

Übungen in der Reihe

1. Gehen und Laufen im Wechsel (Indianerlauf).

2. Gehen in Reihe, auf Zeichen läuft der letzte schnell nach vorn und ordnet sich als erster ein usw.
Abwandlungen:
a) Der vorletzte läuft gleich danach, sobald der letzte bei ihm vorbeikommt;
b) die Übenden haben einen größeren Abstand voneinander, der letzte läuft im Slalomlauf nach vorn;
c) der erste geht in Bankstellung, der zweite springt darüber, und in einem Abstand von etwa 2 Schritten geht er auch in Bankstellung, das gleiche der nächste usw.;
d) das gleiche, kriechen durch die gegrätschten Beine;
e) das gleiche, springen über den Bock;
f) abwechselnd Bocksprung und Durchkriechen.

3. Slalomlauf, die Übenden stehen in Reihe (Abstand 2 bis 3 Schritte).

4. Kriechen durch die Reihe.

5. In Reihe mit Handfassung, linke Hand erfaßt rechte Hand des Vordermannes, Laufen vorwärts.

6. Das gleiche mit Kniehebelauf.

7. Laufen vorwärts mit Hüftfassung beim Vordermann.

8. Zwei Reihen gehen rund um die Turnhalle, auf Zeichen wechseln die Reihen ihren augenblicklichen Standort und gehen in der neuen Richtung weiter.

9. Reihe, Hände in Vorhalte auf den Schultern des Vordermannes, Hüpfen (Schlußhüpfen, in der Grätsche, mit einem Bein und Seitspreizen in der Hockstellung usw.) oder Spreizen.

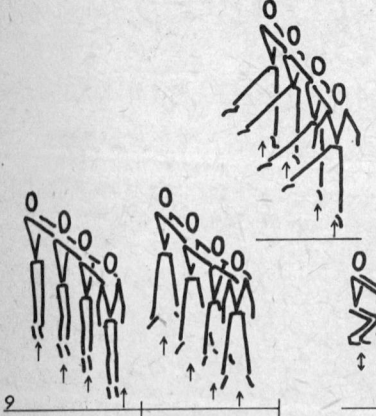

10. Aufstellung wie bei 9., Hockstand, Wechselhüpfen mit Seitspreizen links und rechts (Kosakentanz).

11. Aufstellung wie bei 9., abwechselnd üben:
a) Schlußhüpfen;
b) Hüpfen in den Hockstand;
c) Hüpfen in den Grätschstand.

12. Reihe, linke Hand auf der Schulter des Vordermannes, Fassen rechts des vorgespreizten rechten Beines des Hintermannes — Hüpfen vorwärts.

13. Das gleiche mit rückgespreiztem Bein.

14. Reihe in Hockstand, Hände in Vorhalte auf den Schultern des Vordermannes, Hüpfen vorwärts.

15. Wackelschlange. Reihe in kleiner Grätschstellung, rechts zwischen den Beinen die vorgestreckte Hand des Hintermannes fassen. Der erste rollt vorwärts in die Rückenlage mit leicht gegrätschten Beinen, der nächste rollt in die gegrätschten Beine des Vordermannes usw. Wenn alle Übenden liegen, steht der erste auf, geht weiter und zieht dabei seinen Hintermann mit hoch.

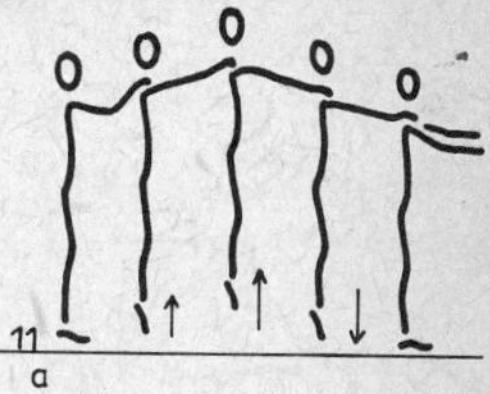

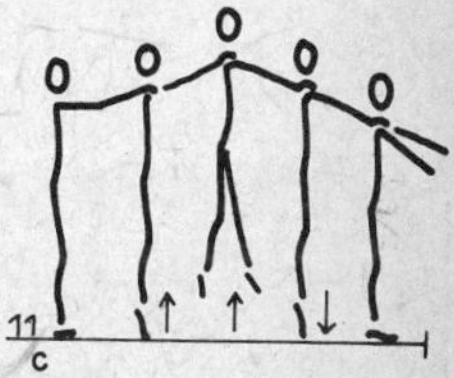

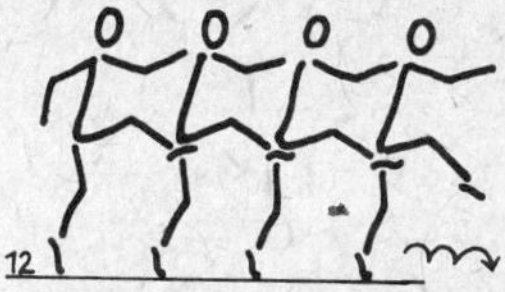

Übungen im Stirnkreis

Bei Übungen im Stirnkreis mit Handfassung müssen wir die Übenden darauf hinweisen, daß sie nicht plötzlich loslassen (besonders beim »Drehenden Kreis«).

Es ist angebracht, im Kreis einige Tanzschritte ausführen zu lassen, die die Übenden bereits beherrschen.

1. Drehender Kreis (Innenstirnkreis mit Handfassung):
a) Galopphüpfen seitwärts;
b) Laufen vorwärts;
c) Laufen rückwärts;
d) 4 Laufschritte vorwärts – 4 Laufschritte rückwärts;
e) 5 Laufschritte vorwärts, Fassung lösen, ½ Drehung links, Handfassung, 5 Laufschritte vorwärts (entgegengesetzte Richtung);
f) das gleiche mit ¹/₁ Drehung.

2. Das gleiche mit Hüftfassung.

3. Galopphüpfen, jeder zweite zieht nach außen.

4. Hüpfen links, rechts über die gefaßten Hände eingehängt.

5. Innenstirnkreis, zu zwei abgezählt. Alle „2" geben sich die Hände, „1" setzt sich darauf, am Hals des Partners festhalten, Gehen vorwärts, auf ein Zeichen wird gewechselt.

6. Doppelter Innenstirnkreis mit Handfassung. Der innere Kreis dreht sich nach links, der äußere nach rechts und umgekehrt (Gehen, Laufen, Galopphüpfen seitwärts usw.).

7. Das gleiche im dreifachen Innenstirnkreis, der innere und äußere Kreis drehen sich in gleicher Richtung.

8. Doppelter Innenstirnkreis – der äußere Kreis mit Handfassung, der innere mit Hüftfassung – Drehen in entgegengesetzter Richtung. Auf ein Zeichen wechseln die Kreise die Richtung.

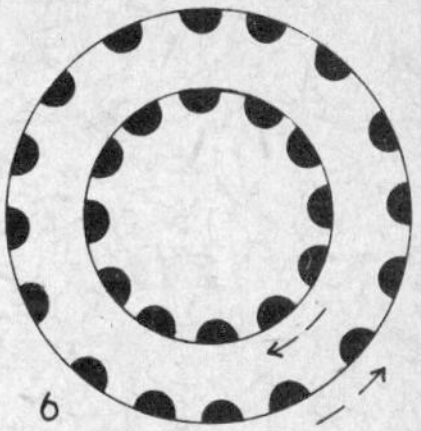

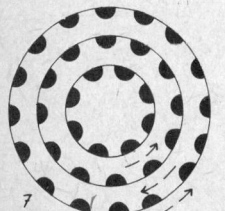

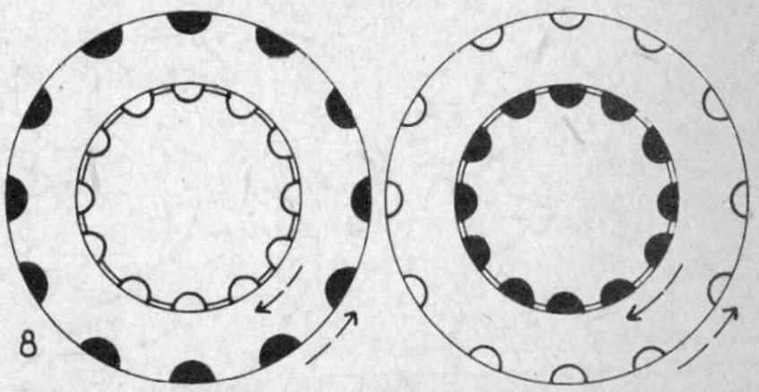

9. Innenstirnkreis, zu zweien abgezählt; auf ein Zeichen laufen die „2" in bestimmter Richtung um den Kreis, bis sie wieder ihren Platz erreichen. Auf ein weiteres Zeichen laufen die „1" (auch als Wettkampf).
Abwandlungen:
a) Hüpfen auf einem Bein;
b) Laufen oder Froschhüpfen;
c) Slalomlauf.

10. Das gleiche im Flankenkreis.

11. Das gleiche zu dreien.

12. Innenstirnkreis mit Handfassung. Laufen vorwärts, auf Zeichen Liegestütz vorlings, weiter in Kreisrichtung bewegen (indem sie sich gleichzeitig mit Armen und Beinen vom Boden abdrücken).

13. Innenstirnkreis von je 8 Übenden, Handfassung. Auf ein Zeichen streckt jeder zweite die Beine zur Kreismitte (Schräglage), die anderen laufen weiter.

Spiele ohne Geräte

Eine der beliebtesten Formen zur Erwärmung des Organismus, besonders bei Kindern und Jugendlichen, ist das Spiel. Richtig ausgewählte und gut organisierte Spiele erfüllen am besten die Aufgabe, die wir im einleitenden Teil der Übungsstunde stellen, nämlich das Durcharbeiten des Bewegungsapparates, die Beschleunigung des Blutkreislaufes und eine bessere Durchblutung bestimmter Muskelgruppen. So erreichen wir eine gute Bereitschaft der Übenden für die folgenden Hauptübungen.

Ein Spiel, das wir für den einleitenden Teil auswählen, muß schnell sein und sollte den ganzen Organismus beanspruchen. Wir werden also solche Spiele nehmen, für die der kurze schnelle Lauf charakteristisch ist. Außerdem soll das Spiel so sein, daß möglichst viele Übende gleichzeitig in Bewegung sind und nicht lange herumstehen müssen.

Diese Spiele müssen auch einfach und für alle Übenden leicht durchzuführen sein. Enthalten sie schwierige Elemente, müssen diese von den Übenden vollkommen beherrscht werden. Deshalb gehören auch Spiele mit komplizierten Regeln nicht hierher.

Bei der Auswahl des Spieles müssen wir auch die Mentalität der Übenden berücksichtigen. Für jede Altersgruppe lassen sich Spiele finden. Zu den Jüngsten passen am besten Haschspiele, dagegen werden wir für Erwachsene Spiele auswählen, die größere Anforderungen an die Aufmerksamkeit, das Reaktionsvermögen und den Verstand stellen.

Es wäre jedoch nicht richtig, jede Sportstunde mit einem Spiel zu beginnen. Besser ist es, die Form der Stundeneinteilung immer wieder zu verändern. Ebenso falsch ist es, wenn man sich nur auf zwei oder drei Spiele festlegt. Eine große Mannigfaltigkeit bei den Spielen ist sehr wichtig, um die freudige Atmosphäre im Turnunterricht zu erhalten.

Das andere Extrem wäre, wollte man in jeder Stunde ein neues Spiel einführen. Da die Übenden aber die Besonderheiten eines Spieles gewöhnlich erst beim zweiten, dritten oder fünften Male erfassen, ist es angebracht, immer wieder einmal zu einem schon bekannten Spiel zurückzukehren.

Der Sportlehrer (Übungsleiter) muß jedes Spiel erst genau erklären, die Spielregeln festlegen und einen Mannschaftskapitän bestimmen, um von vornherein Unstimmigkeiten auszuschließen. Beim Spiel muß er darauf achten, daß die Spielregeln konsequent eingehalten werden.

a) Hasch- oder Greifspiele

Im einleitenden Teil sind Haschspiele besonders für Kinder geeignet, weil alle gleichzeitig beteiligt sein können. Bei großen Gruppen teilen wir sie in mehrere Gruppen, die jede für sich Haschspiele ausführen.

1. Einfaches Haschen. Einer wird zum Fänger bestimmt, der Abgeschlagene ist dann neuer Fänger.

2. Paarhasch. Alle Übenden bilden Paare, indem sie sich an den Händen fassen. Das Fängerpaar darf beim Abschlagen die Hände nicht lösen, aber auch die anderen Paare müssen in Handfassung verbleiben. Wird ein Paar gejagt und läßt es dabei die Hände los, wird es zum Fängerpaar.

3. Dreierhasch. Das gleiche zu dreien.

4. Ein Paar hascht. Es fangen zwei Übende, die sich an den Händen halten. Wer von diesen beiden einen anderen abschlägt, ist frei, der Abgeschlagene muß an seine Stelle treten, oder immer der rechte ist frei, und der Abgeschlagene muß sich auf der linken Seite des Paares einordnen.

5. Burghasch. Ein Fänger versucht, die anderen abzuschlagen. Diese können sich dadurch schützen, indem sie folgende Übungen ausführen.

a) Sitz,
b) Hockstand,
c) Bauchlage,
d) Rolle vorwärts,
e) Liegestütz vorlings,
f) Springen auf den Rücken eines Partners,
g) Hang an Turngeräten,
h) Mühle mit Partner,
i) Erfassen eines Gegenstandes aus Eisen,
j) Berühren einer bestimmten Farbe.
(Anmerkung: Solche Haschspiele sind bei uns als „Hasch mit Freimal", „Kauerhasch", „Hochhasch" und ähnliche bekannt, siehe auch Rauchmaul, „100 kleine Spiele", Sportverlag, Berlin).

6. Fleckhasch. Einer ist der Fänger, der Abgeschlagene muß eine Hand an die getroffene Stelle legen und so jetzt weiterfangen.

7. „Versteinert". Ein Drittel der Übenden hascht die Übrigen. Wer abgeschlagen wurde, muß ausrufen „versteinert" und muß in der gerade eingenommenen Stellung verharren. Jetzt kann ihn ein Mitspieler erlösen, indem er mit der Hand auf seine Schulter schlägt und „frei" ruft.

8. Nachahmungshasch. Einer hascht die übrigen, er muß immer das nachahmen, was der macht, den er gerade fangen will.

9. Schubkarrenhasch. Die Übenden bilden paarweise Schubkarren. Ein Paar ist Fänger, abschlagen darf nur der auf den Händen Laufende (nur für Erwachsene).

10. Haschen zu dreien. Die Übenden sind in Dreiergruppen aufgeteilt, jede Gruppe spielt für sich:
a) Einfaches Haschen,
b) der erste hascht den zweiten, während der dritte aussetzt — sobald der zweite abgeschlagen ist, fängt dieser den dritten, und der erste setzt aus, dann wieder der dritte den ersten usw.,
c) der erste hascht den zweiten, dieser gleichzeitig den dritten und dieser wieder den ersten. Es ist also jeder gleichzeitig Fänger und Gejagter. Es kann gezählt werden, wer am Ende die meisten Schläge erhalten hat.
d) das gleiche zu Paaren mit Handfassung.

11. Schwarz-Weiß. Die Übenden sind in zwei Gruppen aufgeteilt, die sich in Stirnreihe (Abstand 2—3 m) gegenüberstehen. Hinter jeder Gruppe befindet sich im Abstand von etwa 10 m eine Grenzlinie. Auf den Ruf „Schwarz" drehen sich die „Weißen" schnell um und versuchen, hinter ihre Grenze zu gelangen. „Schwarz" muß versuchen, so viele „Weiße" wie möglich abzuschlagen, bevor sie ihre Grenze überschritten haben. Die Mannschaften stellen sich dann wieder auf; bei dem Ruf „Weiß" erfolgt alles umgekehrt. (Weiß und Schwarz nicht abwechselnd aufrufen, sondern ganz durcheinander; jedoch sollen beide Mannschaften am Ende gleich oft aufgerufen worden sein.) Ein Mannschaftsführer zählt die Anzahl der „Abschläge", die seiner Mannschaft gelungen sind.

Abwandlungen:

a) Die Mannschaften nehmen verschiedene Ausgangsstellungen ein oder führen verschiedene Übungen aus (Sitz, Hockstand, Gehen usw.), erst dann wird eine Mannschaft aufgerufen;
b) die Übenden, die abgeschlagen wurden, sind gefangen und müssen bei ihrem Fänger bleiben; erst wenn der Fänger selbst abgeschlagen wird, sind sie wieder erlöst und können das Spiel bei ihrer Mannschaft fortsetzen.

12. Schwarzer Peter. Der „Schwarze Peter" steht auf der einen Seite der Turnhalle, alle anderen gegenüber. Auf den Ruf: „Wer fürchtet sich vorm Schwarzen Peter?" rufen alle „Niemand" und laufen zur anderen Seite. Dabei versucht der „Schwarze Peter", so viele wie möglich zu fangen. Alle abgeschlagenen Spieler müssen mit ihm fangen. Der „Schwarze Peter" und seine Helfer dürfen nicht zurückgehen, nur nach vorn und zur Seite.

Abwandlungen:

a) Die Fänger halten sich an den Händen;
b) die Fänger schließen sich zu Paaren zusammen.

13. Brückenmann. In der Mitte der Turnhalle wird eine etwa 6 m breite Zone gekennzeichnet, in dieser steht der „Brückenmann" als Fänger. Auf ein Zeichen haben die übrigen Übenden die Zone zu überqueren. Wer abgeschlagen wurde, löst jetzt den Fänger ab oder wird sein Helfer.

14. Wechselhasch. Wir wählen drei verschiedene Haschspiele aus, jedes erhält ein anderes Zeichen (z. B. einmal pfeifen – Paarhasch, zweimal – Burghasch, dreimal – Fleckhasch). Nach diesen Zeichen wechseln die Übenden entsprechend das Haschspiel.

15. Drei Haschspiele gleichzeitig. Die Übenden sind in drei Gruppen aufgeteilt, jede spielt das vorher festgelegte Haschspiel. Der Platz ist dabei für die einzelnen Gruppen nicht aufgeteilt.

16. Fische fangen. Vier Übende fassen sich an den Händen und fangen die übrigen, indem sie versuchen, diese einzeln einzukreisen. Gefangene scheiden aus dem Spiel aus; erst wenn vier Gefangene zusammengekommen sind, bilden sie eine neue Fängergruppe.

b) Staffelspiele

Bei Staffelspielen im einleitenden Teil einer Übungsstunde müssen wir uns nach der Anzahl der Übenden richten. Es ist günstig, viele Staffelgruppen mit wenigen Übenden zu bilden, die dann aber ständig in Bewegung sind, als wenige große Gruppen.
Bei Laufstaffeln zu einem Mal muß eindeutig festgelegt werden, wie das Mal erreicht werden soll; die richtige Ausführung muß dann kontrolliert werden. Auch sollen nur solche Übungen gefordert werden, die von den Übenden schon beherrscht werden (um Unfälle zu vermeiden).

1. Einfache Laufstaffel (Lauf um einen Wendepunkt). Die Übenden sind in Gruppen aufgeteilt und stehen in Reihe. In einer Entfernung von etwa 10 m befinden sich die Male (Ball, Zeichen), die von den einzelnen Gruppen zu umlaufen sind. (Die ersten Läufer jeder Gruppe starten auf ein Zeichen, laufen um das Mal und geben dem zweiten ihrer Staffel einen Schlag, dieser läuft die gleiche Strecke usw. Die zurückgekehrten Läufer ordnen sich am Ende ihrer Staffel wieder ein.) Es muß stets festgelegt werden, von welcher Seite der Übende das Mal zu umlaufen hat und auf welcher Seite er dann an seiner Mannschaft vorbeilaufen muß.

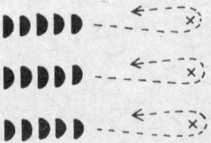

Abwandlungen:

a) Laufen;

b) zum Mal hüpfen auf einem Bein, zurück laufen;

c) zum Mal Froschhüpfen, zurück laufen;

d) zum Mal kriechen, zurück laufen;

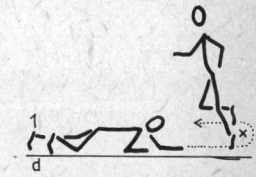

e) zum Mal Schlußhüpfen, zurück Froschhüpfen;

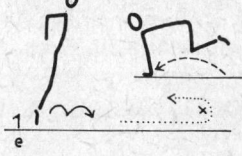

f) zum Mal laufen rückwärts, zurück laufen;

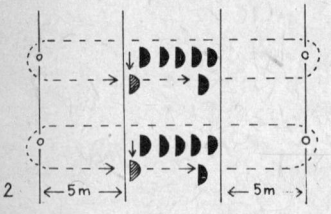

h) das gleiche, aber an Stelle des Tragens Schubkarre fahren (auch für Schüler nicht zu empfehlen). (Anmerkung: Trageübungen dieser Art können auch von Schülern ausgeführt werden, wenn gleich schwere Partner ausgesucht werden und die Entfernung des Tragens entsprechend bemessen wird.)

2. Staffeln mit zwei Malen. Die Gruppen stehen in Reihe, vor und hinter jeder Gruppe befinden sich in einer Entfernung von etwa 5 m Male. Der letzte jeder Reihe macht einen Schritt nach rechts, und von hier wird auf ein Zeichen gestartet. Der Übende umläuft das vordere und hintere Mal und übergibt die „Stafette" dem nächsten. Der Läufer ordnet sich an der Spitze der Reihe wieder ein.

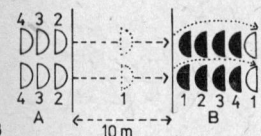

g) zum Mal trägt der erste den zweiten auf dem Rücken, zurück laufen beide, der erste ordnet sich am Ende der Reihe ein, der zweite aber nimmt jetzt den dritten auf den Rücken und trägt ihn zum Mal usw. Der Wettkampf endet dann, wenn der letzte den ersten getragen hat (nicht für Schüler geeignet);

3. Pendelstaffel. Jede Gruppe ist in zwei Hälften geteilt, die sich in Reihe gegenüberstehen (Abstand etwa 10 m). Auf ein Zeichen startet der erste der Reihe A und läuft zur Reihe B, wo er dem ersten der Reihe einen Schlag auf die vorgestreckte Hand gibt; das ist für diesen das Zeichen zum Loslaufen; er selbst ordnet sich am Schluß der Reihe B ein usw. Der Wettkampf ist entschieden, wenn alle Übenden wieder auf ihren Plätzen stehen, d. h., jeder muß 2mal gelaufen sein.
Das gleiche kann auch paarweise ausgeführt werden.

4. Kriechstaffel. Die Gruppen stehen in Reihe ganz dicht hintereinander; alle nehmen Grätschstand ein. Auf ein Zeichen kriecht der letzte durch die Beine der ganzen Gruppe; vorn angekommen, stellt er sich selbst im Grätschstand auf, der nächste folgt usw., bis alle an der Reihe waren.

5. Sprungstaffel. Die Übenden stehen in Reihe und nehmen 2 Schritt Abstand voneinander. Auf ein Zeichen nehmen sie alle Bankstellung ein, und der letzte muß alle überspringen.

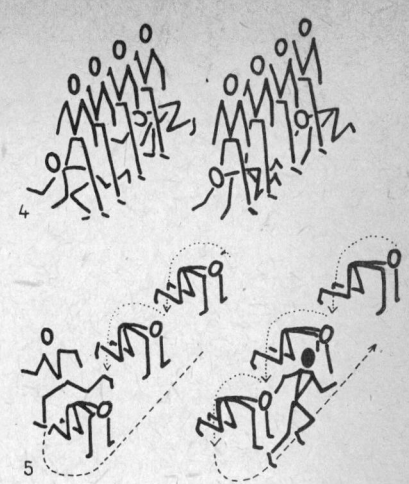

Abwandlungen:

a) Wenn der Übende die ganze Reihe übersprungen hat, läuft er auf der linken Seite zurück, gibt dem nächsten einen Schlag und nimmt dessen Platz ein. Der nächste überspringt die anderen, läuft auf der linken Seite zurück, überspringt den letzten und gibt dem nächsten den Schlag zum Lauf, nimmt seinen Platz ein usw.;
b) das gleiche, über den „lebenden Bock" springen.

6. Kurierwettkampf. Die Übenden stehen in Reihe und haben etwa 5 m Abstand voneinander. Auf das Startzeichen läuft der letzte los und springt dem vorletzten auf den Rücken, dieser trägt ihn und übergibt ihn dem nächsten. Bei der Übergabe darf der Getragene nicht den Boden berühren. Der Wettkampf ist dann beendet, wenn der erste Übende den „Kurier" zum Mal getragen hat, das etwa 5 m vor der Gruppe liegt (für Schüler ab 14 Jahren).

Abwandlungen:
Das gleiche ohne Festhalten.

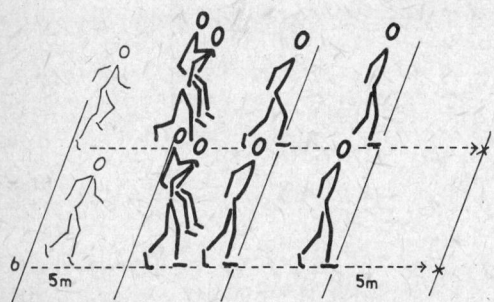

7. Tausendfüßlerlauf. Die Übenden stehen in Reihe, der Hintermann faßt den Vordermann mit beiden Händen um die Hüften. Vor jeder Reihe befindet sich in einer Entfernung von 10 bis 15 m ein Mal. Auf das Startzeichen läuft die ganze Schlange um das Mal, ohne daß einer die Hände lösen darf, und stellt sich wieder auf dem alten Platz auf. Sieger ist die Mannschaft, die zuerst wieder auf dem alten Platz steht.

c) Gemischte Spiele

Zwischen Hasch- und Staffelspielen können wir im einleitenden Teil auch weitere Spiele einplanen, bei denen gleichzeitig der größte Teil der Übenden in Bewegung ist; das sind Spiele zur Reaktionsschulung und Spiele in Verbindung mit schnellen Läufen.

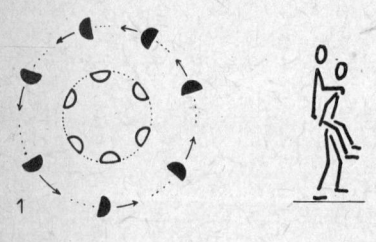

1. Die Übenden bilden einen doppelten Kreis, innen Stirn- und außen Flankenkreis; im äußeren Kreis ist ein Spieler mehr. Auf ein Zeichen laufen die äußeren um den inneren Kreis herum. Beim nächsten Zeichen muß nun jeder der laufenden Spieler einem im Innenkreis stehenden auf den Rücken springen. Wer übrigbleibt, erhält einen Strafpunkt.

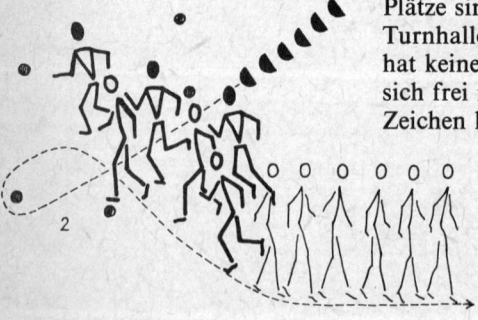

2. Jeder Spieler steht auf einem gekennzeichneten Platz, die Plätze sind willkürlich in der Turnhalle verteilt. Ein Spieler hat keinen Platz und bewegt sich frei in der Halle. Auf ein Zeichen laufen alle Spieler hinter dem einen her, indem sie eine Reihe bilden. Dabei müssen sie verschiedene Übungen ausführen, die der erste vormacht (Strecksprung, Rolle, Kriechen usw.). Sobald der erste ausruft „nach Hause", laufen alle zu den gekennzeichneten Plätzen und stellen sich dort auf. Wer übrigbleibt, wird dann neuer Vorturner.

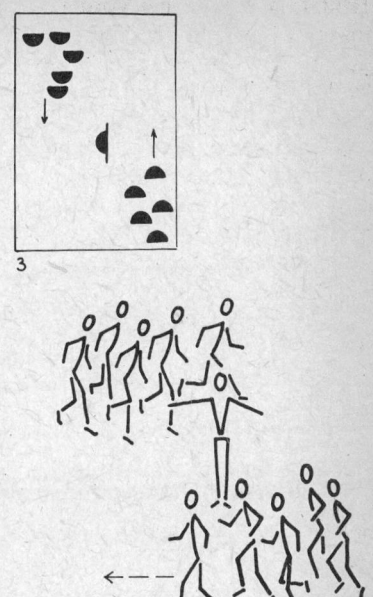

3. Verkehrspolizei. Die Übenden sind in zwei Gruppen geteilt, die auf der entgegengesetzten Seite der Turnhalle Aufstellung nehmen. Der Übungsleiter steht in der Mitte der Halle und ist der Verkehrspolizist, d. h., in die Richtung, in die seine in Seithalte befindlichen Arme weisen, müssen die Gruppen laufen. Der Übungsleiter dreht sich ständig, ¼ oder ⅛ Drehung nach links oder rechts.

4. Nummernwettlauf aus einer Linie zu einem Glied. Die Übenden nehmen auf der Breitseite der Turnhalle in Linie zu einem Glied Aufstellung und zählen zu dreien ab. In einer Entfernung von 10 bis 15 m befinden sich Male (oder eine Linie). Beim Aufruf ihrer Nummer laufen die entsprechenden zu ihrem Mal, dazwischen müssen sie noch verschiedene Übungen ausführen (Hockstand, hinsetzen, rollen usw.) und laufen zurück zu ihrem Platz. Den Lauf zum Mal und zurück kann man abwandeln (auf allen vieren, hüpfen auf einem Bein, Schlußhüpfen usw.).

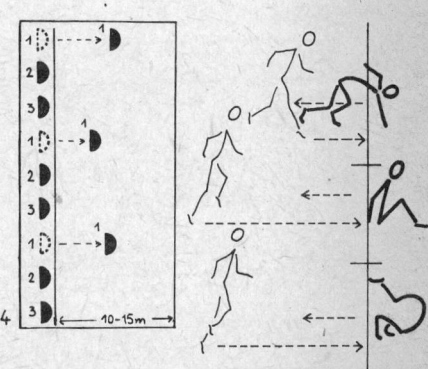

5. Seitenwechsel zweier Gruppen, die sich in Linie auf der Schmalseite der Turnhalle gegenüberstehen. Am Anfang lassen wir diese Übung langsam, nicht als Wettkampf, ausführen, um Zusammenstößen vorzubeugen.

Abwandlungen:
a) Start aus verschiedenen Stellungen und in andere (Sitz, Bauch- oder Rückenlage, Hockstand, Rückenlage mit über den Kopf gehobenen Beinen, Fußspitzen berühren den Boden, Standwaage vorlings, u. a.);
b) Lauf in verschiedener Form (auch Gehen, Hüpfen usw.).

6. Die Übenden sind in zwei Gruppen aufgeteilt. Die Gruppen stehen sich in Linie zu einem Glied auf der Schmalseite der Turnhalle gegenüber. Jeder Übende steht somit einem Partner gegenüber und bildet mit ihm ein Paar. Auf ein Zeichen laufen alle zur Mitte und treffen da mit ihrem jeweiligen Partner zusammen, hängen sich mit diesem ein, drehen sich im Kreise und laufen zu ihrem Platz zurück.

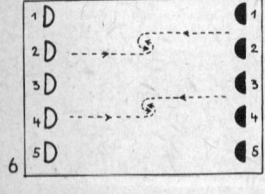

Abwandlungen:

a) Es wird zur Mitte gehüpft, gekrochen usw.;
b) Laufen in verschiedenen Formen.

7. „Wechselt das Haus". Alle Übenden haben einen gekennzeichneten Platz, bis auf einen, der ausruft „wechselt das Haus" – in dem Moment müssen alle ihr „Haus" verlassen und versuchen, in ein anderes zu gelangen. Wer übrigbleibt, wird Ausrufer.

8. Mannschaftswettkampf im Fünfeck. Fünf Mannschaften stehen sternförmig in Reihen. Auf ein Zeichen wechseln die Mannschaften ihre Standorte jeweils mit der übernächsten rechten Mannschaft. Sieger ist die Mannschaft, die zuerst wieder auf dem neuen Platz steht.

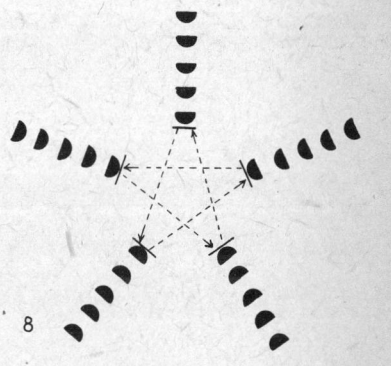

9. Habicht und Henne. Die Spieler stehen in Reihe mit Hüftfassung. Der erste der Reihe (Henne) breitet die Arme aus und versucht so, die anderen Spieler zu schützen (Küken), die von einem „Habicht" angegriffen werden. Dieser versucht, den letzten Spieler der Reihe abzuschlagen.

Abwandlung:
Zwei Reihen stehen sich gegenüber, der erste Spieler versucht, aus der Reihe der Gegner einen herauszureißen.

9a

10

10. Drachen. Die Übenden stehen in Reihe mit fester Hüftfassung. Der erste versucht, den letzten seiner Reihe abzuschlagen, der „Drachen" darf dabei nicht zerreißen. Wird der letzte abgeschlagen, stellt er sich an die erste Stelle.

II. Übungen mit Handgeräten

Zur Intensivierung der Übungsstunde und zur Erhöhung der Wirksamkeit der Übungen führen wir im einleitenden Teil der Übungsstunde Übungen mit Handgeräten durch. Besonders bei Jugendlichen und in Übungsstunden der Sportgemeinschaften sind solche Übungen angebracht. Bei Schülern müssen wir den Entwicklungsstand berücksichtigen, denn die Übungen erfordern eine bestimmte Geschicklichkeit und stellen erhöhte Anforderungen an den Organismus. Im einleitenden Teil führen wir bei Schülern diese Übungen erst dann durch, wenn sie mit den entsprechenden Handgeräten schon im Hauptteil geübt worden sind.

Bei der Aufzählung der Übungen beschränken wir uns auf solche Handgeräte (Ball, Seil, Stab), die meistens in den Turnhallen vorhanden sind. Wir möchten aber erwähnen, daß man in kurzer Zeit selbst verschiedene Handgeräte anfertigen kann.

Die angeführten Übungen kann man noch erweitern, indem man die Übungen ohne Handgeräte als Grundlage nimmt. Fast alle dort angeführten Übungen lassen sich auch mit verschiedenen Handgeräten ausführen. Dem Übungsleiter bleibt es überlassen, selbst neue Formen und Kombinationen zu finden. Der in dem folgenden Kapitel angeführte Stoff kann dabei nur als Grundlage dienen.

Die Übungen mit Handgeräten gliedern wir in:
1. Übungen mit dem Medizinball,
2. Übungen mit dem Seil,
3. Übungen mit dem Schwungseil,
4. Übungen mit dem Stab,
5. Übungen mit dem Hohlball.

Übungen mit dem Medizinball

Sehr günstig ist es, wenn wir für jeden Übenden einen Ball haben. Die Übungen können dann schneller ablaufen, und wir erreichen eine größere Intensität. Natürlich sind Medizinballübungen mit einer geringeren Anzahl von Bällen auch für den einleitenden Teil der Stunde geeignet. In diesem Fall teilen wir die Übenden in Gruppen zu zweien, zu dreien oder mehreren auf und führen solche Übungen durch, bei denen der Ball sehr schnell von einem zum anderen gelangt und bei denen die Übenden selbst ständig in Bewegung sind.

Übungen mit dem Medizinball haben überwiegend kräftigenden Charakter und stellen größere Anforderungen an den körperlichen Zustand der Übenden. Es ist deshalb notwendig, entsprechend dem Alter und Entwicklungsstand der Übenden das Gewicht des Balles richtig festzulegen und die Übungen entsprechend auszuwählen. Für die jüngsten Schüler sind Medizinballübungen dieser Art noch nicht geeignet. Medizinballübungen müssen gut organisiert sein, damit es nicht zu Unfällen kommt. Beim Werfen und Fangen hat jeder Übende seinen festen Platz. Möglichst die Übungen gleichzeitig von allen ausführen lassen.

1. Reihe:
a) Laufen mit dem Medizinball unter einem Arm;
b) Laufen mit gleichzeitigem leichten Werfen und Fangen;
c) Gehen mit dem Medizinball auf dem Kopf (der Ball wird mit beiden Händen gehalten);
d) Rollen (treiben mit einer Hand, auf ein Zeichen Richtungsänderung).

2. Stirnkreis – jeder zweite Übende hat einen Medizinball:
a) Beidhändiges Weitergeben des Balles nach links;
b) beidhändiges Zustoßen vor der Brust (größerer Abstand zwischen den Übenden);
c) Zurollen kreuz und quer durch den Kreis;
d) Werfen durch die Beine nach hinten.

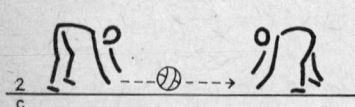
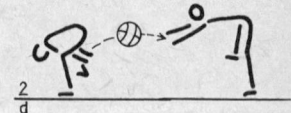

3. Kreis – jeder Übende hat einen Medizinball:
a) Stirnkreis mit Armabstand. Zuwerfen zum linken Nebenmann, werfen und fangen beidhändig. Man achte auf das Fangen (nur für Geübtere).
b) Flankenkreis – in Seitgrätschstellung, zwei Schritte voneinander, den Ball nach hinten durch die Beine zurollen.

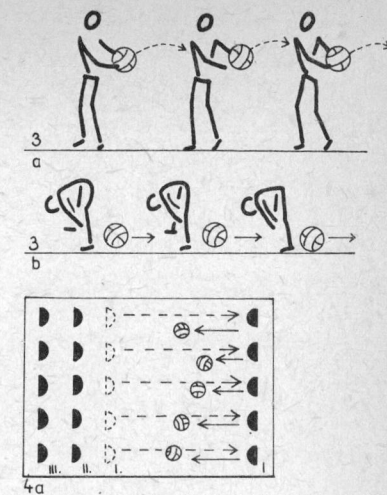

4. In Linie zu mehreren Gliedern auf der Schmalseite der Turnhalle – das erste Glied hat Medizinbälle:
a) Mit dem Ball zur anderen Seite laufen und ihn zum nächsten Glied zurückrollen;

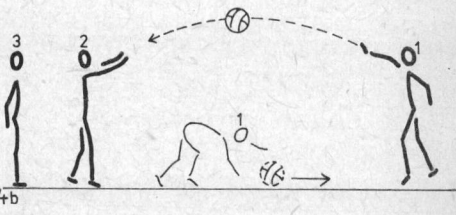

b) den Ball mit einer Hand zur anderen Seite rollen, einarmig stoßen zum nächsten Glied;
c) jeder Übende des ersten Gliedes hat zwei oder drei Bälle, zur anderen Seite rollen und von dort zum zweiten Glied werfen oder stoßen.

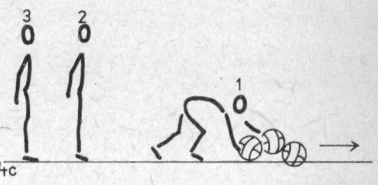

5. Dreiergruppen – jede Gruppe hat einen Ball:
a) Kampf um den Ball, der auf dem Boden liegt;
b) die äußeren Übenden rollen sich den Ball zu, der mittlere springt hoch, damit ihn der Ball nicht berührt. Wird er getroffen, wird er von dem abgelöst, der den Ball gerollt hat.

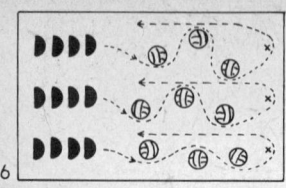

6. Medizinballstaffel (Slalomlauf um mehrere hintereinandergelegte Medizinbälle) zu einem Mal, in geradem Lauf.

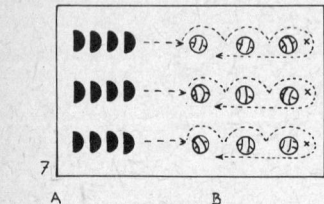

7. Staffelwettkampf. Mehrere Medizinbälle müssen übersprungen werden, zurück in geradem Lauf. (Beim Überspringen der Bälle Vorsicht!)

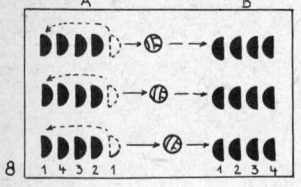

8. Jede Mannschaft ist in zwei Hälften geteilt (A und B), die sich in einer Entfernung von etwa 8 bis 10 m gegenüberstehen. Auf der Seite A hat der erste jeder Mannschaft einen Medizinball, den er auf ein Zeichen zum ersten der Mannschaft B rollt, dann reiht er sich am Ende der Reihe ein; so wird der Ball hin- und zurückgespielt, bis der erste wieder vorn steht.

Abwandlungen:

a) Die Übenden werfen sich den Ball zu;

b) hat der Übende den Ball abgespielt, läuft er an das Ende der gegenüberstehenden Hälfte seiner Mannschaft und stellt sich dort auf;

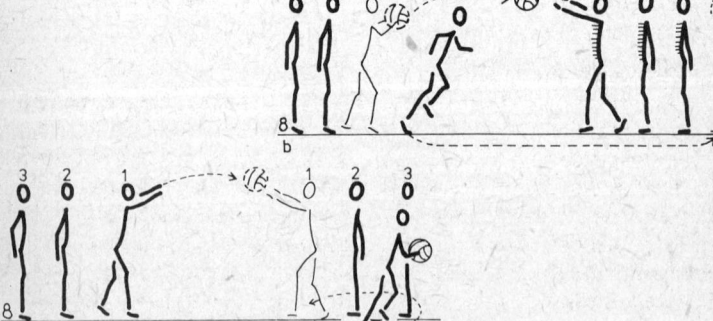

c) nach dem Annehmen des Balles die Reihe umlaufen und danach zurückspielen;
d) der Ball wird nicht geworfen, sondern aus dem Lauf übergeben, der Übende reiht sich am Ende der Reihe ein.

9. Ballkrieg. Der Spielplatz ist durch eine Mittellinie in zwei Hälften geteilt, zwei Mannschaften stehen sich jeweils in einem Feld gegenüber, sie haben die gleiche Anzahl von Bällen. Auf ein Zeichen rollen die Mannschaften die Bälle in das gegnerische Feld, auch die zugerollten Bälle werden sofort zurückgerollt. Das Spiel wird auf Pfiff beendet. Sieger ist die Mannschaft, die auf ihrer Hälfte weniger Bälle hat. (Für Schüler nicht zu empfehlen.)

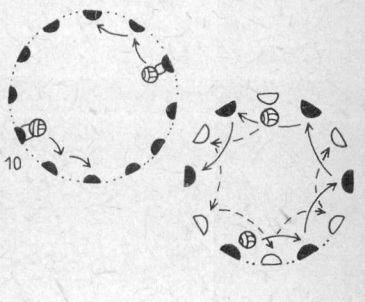

10. Wettspiele mit Zureichen oder Zuwerfen des Medizinballes im Stirnkreis:
a) Wettwanderball. Im Kreis sind zwei Bälle, die zwei gegenüberstehende Übende halten. Auf Pfiff wandern die Bälle nach rechts im Kreis herum; dabei soll ein Ball den anderen einholen;

b) es wird zu zweien abgezählt. Im Kreis sind zwei Bälle, die die Gegenüberstehenden halten; einer gehört der Mannschaft 1 an, einer der Mannschaft 2. Auf Piff wird der Ball in den Mannschaften nach rechts gespielt, und ein Ball muß den anderen einholen.

11. Die Mannschaften stehen in Reihe mit Grätschstand, der erste hält einen Ball. Auf ein Zeichen beugt er sich vor und rollt den Ball durch die Beine dem letzten der Reihe zu, der ihn aufnimmt, zur Spitze der Reihe läuft und den Ball ebenso nach hinten rollt usw.

Abwandlungen:

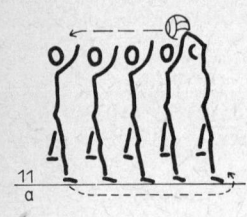

a) Mit über den Kopf gehobenem Ball das gleiche;
b) das gleiche, der letzte kriecht mit dem Ball durch die Beine nach vorn;

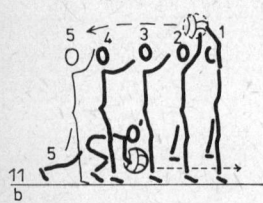

c) auf ein Zeichen läuft der erste zu einem Mal, das 6—8 m entfernt ist, von dort rollt er den Ball durch die gegrätschten Beine seiner Mitspieler dem letzten zu und ordnet sich an der Spitze der Reihe ein usw. Gelingt es dem Übenden nicht, den Ball durch die Beine zu rollen, muß er sich selbst um den

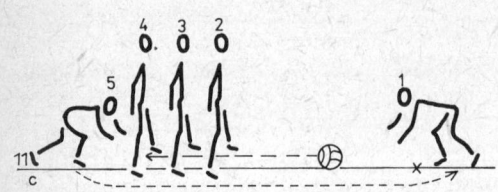

Ball bemühen, zum Mal zurücklaufen und es aufs neue versuchen (gelingt es ihm mehrmals nicht, wird der Ball übergeben und das Spiel fortgesetzt!);

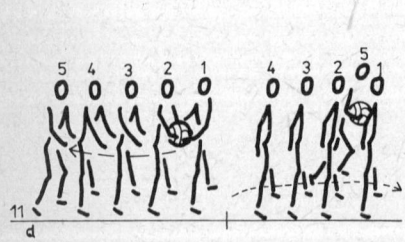

d) der Ball wird auf der rechten Seite der Reihe dem letzten Übenden zugereicht, dieser läuft an der linken Seite zur Spitze nach vorn usw.

Übungen mit dem Seil

Seilübungen werden wir im einleitenden Teil erst dann ausführen, wenn die Übenden diese Übungen vollkommen beherrschen. Besonders bei Wettkampfformen müssen die Übenden das Springen ganz automatisch ausführen können, weil sie ihre Aufmerksamkeit der Erfüllung ihrer Wettkampfaufgabe zuwenden müssen. (Vorsicht bei Laufübungen, Gefahr des Zusammenstoßens.)

Es ist gut, wenn jeder Übende ein Seil hat, weil dann alle gleichzeitig üben können. Aber auch wenn weniger Seile vorhanden sind, ist es möglich, alle zu beschäftigen. Auch können abwechselnd kleine Pausen eingelegt werden.
Für Sprungseilübungen muß jeder Übende genügend Raum zur Verfügung haben; es ist deshalb angebracht, die Übenden in Gruppen aufzuteilen.

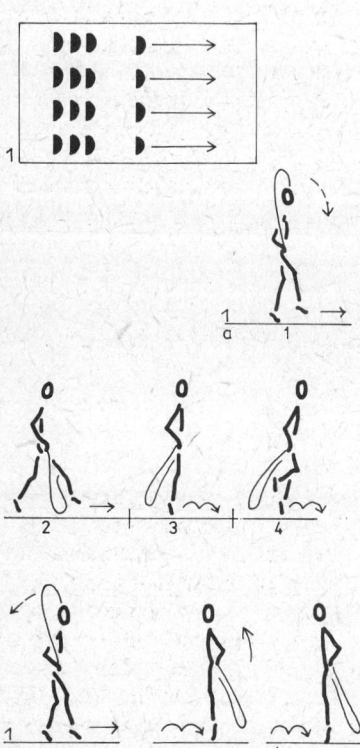

Verschiedene Hüpfübungen mit dem Seil

1. Die Übenden sind in Gruppen aufgeteilt und stehen in Reihen an der Schmalseite der Turnhalle, jeder hat ein Seil. Auf ein Zeichen laufen die ersten mit Durchschlagen des Seiles zur anderen Seite der Halle:
a) Hüpfen vorwärts mit Durchschlag vorwärts. Das gleiche im: Galopphüpfen vorwärts, Vorwärtshüpfen mit Federn, Schlußhüpfen, Hüpfen auf einem Bein;
b) Galopphüpfen vorwärts mit Durchschlag rückwärts;
c) Schlußhüpfen rückwärts mit Durchschlag vorwärts;
d) Schlußhüpfen rückwärts mit Durchschlag rückwärts;
e) Schlußhüpfen seitwärts mit Durchschlag vorwärts;
f) Schlußhüpfen seitwärts mit Durchschlag rückwärts.

2. Die Übenden sind zu Paaren aufgestellt. Jedes Paar hat ein Seil. Jeder Übende hüpft so lange, bis er einen Fehler macht (das Schwingen unterbricht), dann übergibt er das Seil dem Partner. Der Übungsleiter gibt an, in welcher Form gehüpft werden soll.

3. Die Übenden stehen in Linie zu einem Glied und zählen zu zweien ab (zu dreien). In einer Entfernung von 5 m liegen vor jedem Paar Sprungseile auf dem Boden. Auf ein Zeichen laufen die ersten zu den Seilen, erfassen sie und hüpfen in angegebener Form 10mal und legen die Seile wieder ab. Sobald sie sich wieder eingeordnet haben, laufen die zweiten und führen das gleiche aus.

Abwandlungen:

a) Das gleiche, die Übenden stehen in Reihen;

b) Die Übenden übergeben das Seil dem Partner, d. h., daß sie nach dem Hüpfen mit dem Seil zurücklaufen und es dem nächsten übergeben, der läuft damit wieder zur Mallinie usw.;

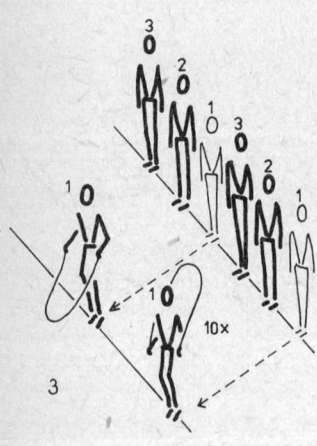

c) beim Lauf wird das zusammengelegte Seil waagerecht flach über den Boden geschwungen und muß ständig übersprungen werden;

d) Lauf mit Durchschlag vorwärts.

4. Etwa 10 Übende bilden einen Kreis. In der Mitte jedes Kreises steht ein Übender mit einem Seil, der das Seil an einem Ende hält und sich um sich selbst dreht, dabei läßt er

das Seil in einer Höhe von etwa 10 cm über dem Erdboden kreisen. Die Übenden, die im Kreise stehen, müssen hochhüpfen, damit sie nicht vom Seilende getroffen werden.

5. Die Übenden traben zu Paaren im Kreis. Jedes Paar hat ein Seil. Auf ein Zeichen bleibt das erste Paar stehen und hält das Seil in Hüfthöhe gespannt, die anderen kriechen hindurch.

Abwandlungen:
a) Jedes Paar stellt sich nach dem Durchkriechen ebenfalls auf, so daß ein Tunnel gebildet wird;
b) das gleiche, aber die Übenden überspringen das erste Seil, beim nächsten kriechen sie durch, überspringen, usw.

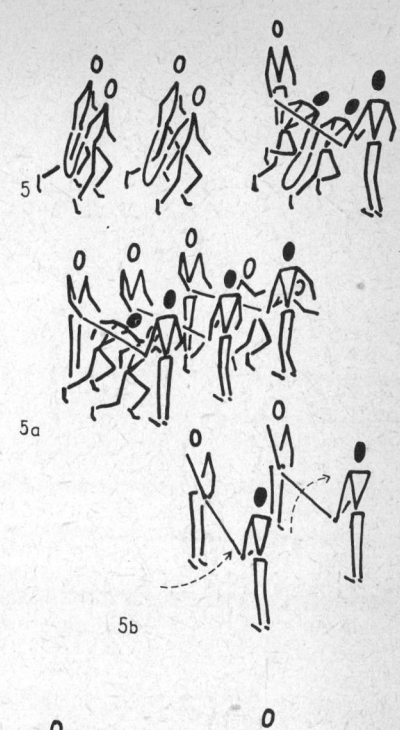

6. Paarweise das Seil an den Enden erfassen und frei in der Turnhalle herumlaufen, wobei einer immer den anderen führt (Gefahr von Zusammenstößen).

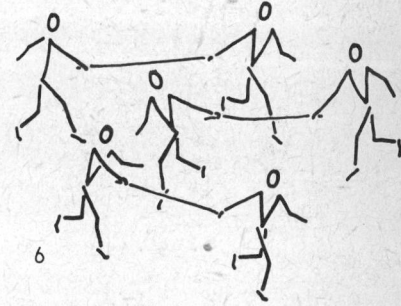

7. Die Übenden stehen in Linie zu mehreren Gliedern in Abständen von etwa 3 m nach allen Seiten. Der erste jeder Linie hat ein Seil. Auf ein Zeichen führt er 5 Hüpfer in angegebener Form aus, übergibt das Seil seinem Nebenmann, der die gleichen Hüpfer ausführt und das Seil weitergibt usw.

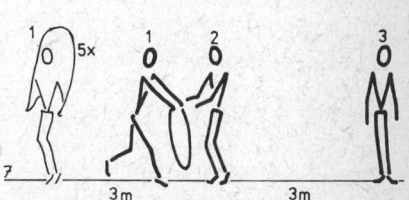

Übungen mit dem Schwungseil (langes Seil)

Das Überspringen und Unterkriechen des gespannten Schwungseiles sowie das Durchlaufen und Überspringen des langen schwingenden Seils werden in den Turnstunden viel zuwenig geübt, obwohl dieses gerade für Kinder sehr wertvoll ist. Es hilft die Koordinationsfähigkeit verbessern und fördert die Aufmerksamkeit und Reaktionsfähigkeit.

Zum Überspringen oder Überlaufen darf das Schwungseil an beiden Enden nur locker befestigt werden, damit es zu keinen Unfällen kommt. Günstig ist es, wenn an einer Seite das Seil von einem Schüler locker gehalten wird. Das schwingende Seil sollte ebenfalls an einem Ende befestigt sein, während ein Übender am anderen Ende schwingt. Das Schwingen muß gleichmäßig und nur flach über dem Boden erfolgen.

8. Hüpfende Reihe. Die Übenden stehen in Reihe, der erste hat ein Seil. Auf ein Zeichen erfaßt der zweite das andere Ende des Sprungseiles, und beide laufen nun beiderseits der Reihe nach hinten, indem sie das Seil dicht über dem Boden führen. Die Übenden in der Reihe müssen das Seil überspringen. Am Ende der Reihe angekommen, läßt der erste das Seil los und reiht sich am Ende ein, während der andere mit dem Seil nach vorn läuft und mit dem dritten das gleiche ausführt usw.

1. Überspringen des gespannten Schwungseils (Höhe 30 bis 60 cm):
a) Laufen in Reihe und Überspringen;
b) das gleiche zu zweien und dreien nebeneinander;
c) das gleiche zu Paaren oder Dreiergruppen in Handfassung;
d) Überspringen mit Schlußsprung mit einem Bein;
e) Überspringen seitwärts im Schersprung.

2. Unter dem gespannten Seil aus dem Lauf in Reihe, Doppelreihe o. ä. hindurchkriechen (unterschiedliche Höhe).

3. Laufen durch das schwingende Seil (Schwungrichtung = Anlaufrichtung);
a) Einzeln aus dem Stand vor dem Schwungseil;
b) einzeln aus dem Traben oder Galopphüpfen;
c) zu Paaren mit oder ohne Handfassung;
d) das gleiche in Dreiergruppen;
e) einzeln, in Zweier- oder Dreiergruppen, so daß bei jedem Schwung des Seils einer oder ein Paar läuft;
f) Laufen und gleichzeitiges Aufnehmen oder Ablegen von Gegenständen (Schuh, kleiner Ball o. ä.), z. B., der erste legt beim Laufen etwas auf den Boden, der nächste hebt es auf oder legt selbst mit der einen Hand etwas hin und nimmt mit der anderen das vorher Hingelegte auf.

4. Hüpfen im Schwungseil (der Übende steht vorlings oder seitlings zur Schwungrichtung):
a) Schlußhüpfen mit Zwischenhupf (Doppelhupf);
b) Schlußhüpfen ohne Zwischenhupf;
c) Hüpfen auf einem Bein (3× rechts, 3× links);
d) Schlußhüpfen mit Drehungen: bei jedem dritten Hupf ¼ Drehung bzw. ½ Drehung, bei jedem Hüpfer ¼ bzw. ½ Drehung;
e) Hüpfen in Hockstellung und Hüpfen mit Anhocken der Beine;
f) Hüpfen mit Werfen und Fangen eines Balles im Rhythmus des Seilschwunges;
g) Hüpfen zu zweien oder zu dreien neben- oder hintereinander, das Seil kann fuß- oder kopfwärts geschwungen werden.

5. Anlaufen, Hüpfen im schwingenden Seil am Ort und weiterlaufen. Die Übenden laufen einzeln (oder in Zweier- bzw. Dreiergruppen) in das Seil, springen hinein und führen eine bestimmte Anzahl von Sprüngen aus und laufen dann weiter.

6. Laufen durch das Schwungseil einzeln, dann zu zweien, zu dreien usw. (in Handfassung).

7. Ein Übender hüpft im Schwungseil, während die anderen einzeln durchlaufen.

8. Ein Übender hüpft am Ort im schwingenden Seil, ein zweiter läuft zu ihm hinein, schlägt ihm auf die Schulter und löst ihn damit ab, der nächste macht es ebenso.

9. Ein Übender hüpft im Schwungseil am Ort, die anderen stehen in Reihe und spielen ihm einen Ball zu.

10. Das gleiche innerhalb des Seils, d. h., zwei Übende hüpfen im Schwungseil und spielen sich gleichzeitig einen Ball zu.

11. Zwei Schwungseile hintereinander. Durchlaufen und Hüpfen in Verbindung mit verschiedenen Übungen (Aufheben von Gegenständen, Ballwerfen und -fangen, Drehungen).

12. Mannschaftswettkämpfe mit Durchlaufen und Hüpfen:
a) Der erste Übende der Mannschaften schwingt das lange Seil; die nächsten müssen auf ein Zeichen hintereinander durch das schwingende Seil laufen und kehren dann auf ihren Platz zurück;
b) das gleiche, aber jeder Übende führt beim Durchlaufen einen Schlußhupf im schwingenden Seil aus und läuft dann erst weiter;
c) das gleiche, aber nachdem die ganze Mannschaft das Seil durchlaufen hat, übernimmt der nächstfolgende das Seilschwingen, und der erste ordnet sich am Ende der Reihe ein. So wird der Wettkampf fortgesetzt, bis auch der letzte das Seil geschwungen hat (nur für fortgeschrittene Übende).

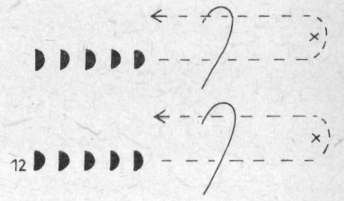

Übungen mit dem Stab

Der Stab findet im einleitenden Stundenteil bei den verschiedensten Übungen zur Ergänzung, Erweiterung und Erschwerung Anwendung (beim Springen, Kriechen, Balancieren und Tragen usw.). Es werden in dieser Gruppe viele Übungen angeführt, die schon als Übungen ohne Geräte oder mit anderen Handgeräten (Seil) bekannt sind.

Grundformen – jeder Übende hat einen Stab

1. Laufen in Reihe, der Stab wird in der Mitte rechts gehalten.

2. Im Laufen wird der Stab abwechselnd von der rechten Hand in die linke geworfen.

3. Im Lauf wird der Stab um den Körper herum von der rechten in die linke Hand übergeben, der Stab bleibt dabei senkrecht.

4. Im Gehen den Stab hochwerfen und fangen mit beiden Händen.
Abwandlungen:
a) Zwischen dem Hochwerfen und Handklapp hinter dem Rücken;
b) dazwischen ½ Drehung und Weitergehen in entgegengesetzter Richtung (bei Fortgeschrittenen auch ganze Drehung);
c) das gleiche mit einer Hand.

5. Das gleiche im Laufen.

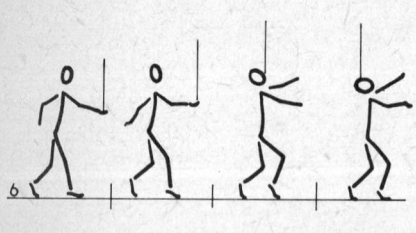

6. Im Gehen den Stab auf der Handfläche balancieren, auf einem Finger, auf dem Kinn und auf der Stirn.

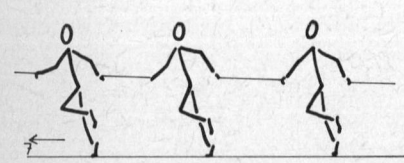

7. Laufen in Reihe, die Stäbe sind in der Reihe gefaßt, daß jeweils ein Stab an der rechten, der nächste an der linken Seite der Reihe getragen wird.

Abwandlungen:

Auf ein Zeichen läßt jeder Übende den Stab seines Vordermannes los und wechselt die Stellung der Arme, d. h., er bringt den rechten Arm mit dem Stab nach vorn und erfaßt mit der linken Hand den Stab seines Hintermannes (oder umgekehrt).

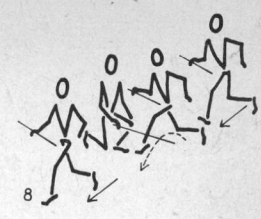

8. Die Übenden laufen in Reihe und haben den Stab rechts gefaßt. Auf ein Zeichen kniet der erste nieder und hält den Stab so über den Boden, daß alle darüber springen können (Höhe richtet sich nach dem Leistungsstand). Hat der letzte den Stab übersprungen, ordnet er sich am Ende wieder ein. Beim nächsten Zeichen wiederholt sich das gleiche.

Abwandlungen:

a) Der zweite kniet auch nieder, nachdem er den Stab des ersten übersprungen hat, und so machen es auch die folgenden;
b) das gleiche mit Durchkriechen;
c) abwechselnd überspringen und durchkriechen.

9. Die Übenden laufen in Reihe rund um die Turnhalle und haben den Stab rechts gefaßt. Auf ein Zeichen faßt der erste den Stab an einem Ende und läuft in entgegengesetzter Richtung, den Stab so haltend, daß alle Übenden diesen im Laufen überspringen müssen. Nachdem alle gesprungen sind, reiht sich der Übende am Ende der Gruppe ein. Der Übungslei-

ter verkürzt allmählich die Zeit zwischen den einzelnen Läufen der folgenden Übenden.

Abwandlungen:

a) Das gleiche, aber der Stab wird von zwei Übenden gefaßt;
b) Das gleiche, aber zwei Stäbe werden gehalten, etwa 20 cm voneinander entfernt.

10. Die Übenden laufen in Doppelreihe und halten auf ein Zeichen, sie bilden Paare, knien nieder, reichen sich gegenseitig die Stäbe, ungefähr 50 cm über dem Boden. Das letzte Paar kriecht hindurch, die anderen folgen.

Abwandlung:

Zu Paaren gegenüber, die Stäbe mit ausgestreckten Armen gefaßt, durch die Paare hindurchlaufen.

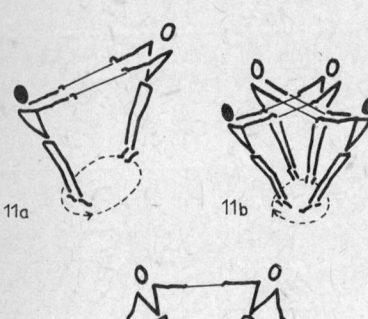

11. Paarweise die Stäbe fassen und Mühldrehen.

Abwandlungen:

a) Das gleiche zu viert, die Übenden reichen sich die Stäbe über Kreuz;
b) ebenfalls zu viert, die Übenden reichen sich die Stäbe im Rechteck.

Stabübungen zu Paaren – jeder zweite hat einen Stab

12. Die Übenden laufen in Doppelreihe (die äußeren tragen einen Stab). Zuwerfen des Stabes.

13. Das gleiche, auf ein Zeichen knien die äußeren nieder und halten den Stab so, daß die Partner hindurchkriechen können.

Abwandlungen:

a) das gleiche, aber die Partner überspringen den Stab;
b) das gleiche, jedoch abwechselnd durchkriechen und überspringen.

14. Laufen in Doppelreihe; jeder Übende faßt ein Stabende. Auf ein Zeichen knien sie nieder und halten den Stab etwa 50 cm über dem Boden. Die letzten Übenden kriechen einzeln unter den Stäben hindurch, jeweils einer mit und einer ohne Stab. Vorn angekommen, formieren sie sich wieder zu Paaren.

15. Laufen in Doppelreihe. Auf ein Zeichen knien die äußeren der Reihe nieder, den Stab in Vorhalte an beiden Enden gefaßt. Die Partner klettern durch das entstandene „Fenster".

Abwandlung:

Das gleiche, aber die innere Reihe steht in Seitgrätschstellung und bildet das „Fenster".

16. Stirnkreis, in der Mitte steht ein Übender. Er hält dicht über dem Boden einen Stab und dreht sich so, daß die Übenden des Kreises den Stab überspringen müssen.

Der Stab als Hindernis

17. Die Übenden stehen in Reihe. Vor ihnen liegen mehrere Stäbe in einem Abstand von ungefähr 40 cm am Boden:
a) Laufen über die Stäbe, ohne sie zu berühren;
b) über die Stäbe laufen, wobei jeweils ein Zwischenraum auszulassen ist;
c) über die Stäbe hüpfen, auf einem Bein, mit geschlossenen

Beinen, vorwärts und seitwärts;
d) Slalomlauf durch die Stäbe in Reihe mit oder ohne Handfassung.
Alle diese Übungen kann man in Wettkampfform durchführen.

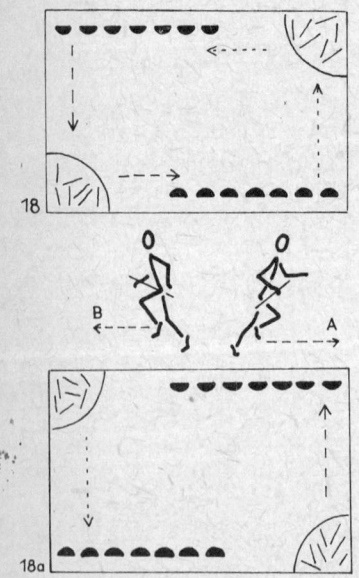

18. Die Übenden sind in zwei Mannschaften geteilt und stellen sich in zwei entgegengesetzten Ecken der Turnhalle auf (Aufstellung in Linie zu einem Glied). In den anderen beiden Ecken liegen auf dem Boden so viele Stäbe, wie Übende in einer Mannschaft sind. Auf ein Zeichen laufen die Übenden in bestimmter Form zur nächsten Ecke, jeder nimmt einen Stab, trägt diesen in die folgende Ecke und legt ihn ab, läuft weiter in die dritte Ecke, wo sich die Mannschaft wieder aufstellt. Die Mannschaft, die zuerst wieder steht, erhält einen Punkt.

19. Die Übenden stehen in Reihe, der erste trägt 6 Stäbe. Auf Pfiff läuft er los, und nach etwa 5 m beginnt er, die Stäbe an gekennzeichneten Stellen abzulegen, und läuft dann auf der rechten Seite wieder zurück, gibt dem nächsten einen Schlag, dieser sammelt die Stäbe wieder ein, übergibt sie dem nächsten. usw.

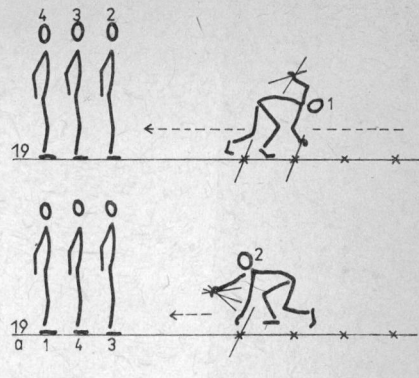

20. Die Übenden stehen im Kreis (Außenstirnkreis). Jeder Übende hält einen Stab senkrecht mit einer Hand in Vorhalte. Ein Übender hat seinen Stab gekennzeichnet (Taschentuch, Fähnchen). Auf ein Zeichen geben die Übenden ihre Stäbe nach rechts weiter, so lange, bis der gekennzeichnete Stab wieder bei seinem Besitzer angekommen ist.

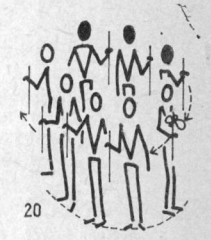

21. Übergeben des Stabes wie beim Staffellauf.

Übungen mit dem Ball

Im einleitenden Teil einer Übungsstunde können wir Basketbälle, Hand-, Fußbälle und auch kleinere Bälle für bestimmte Spiele benutzen. Bei Fortgeschrittenen kann man auch einige der bekannten großen Sportspiele ausführen lassen, wenn die Technik des Spiels gut beherrscht wird und das Spiel selbst dem Charakter des einleitenden Teils entspricht.

1. Die Übenden stehen auf der Schmalseite der Turnhalle in drei Reihen, die einen Abstand von etwa 5 m voneinander haben. Auf Pfiff laufen die ersten jeder Reihe los, indem sie sich einen Ball auf bestimmte Weise zuspielen. Auf der linken Seite laufen sie dann zurück und spielen den Ball der nächsten Dreiergruppe zu.

2. Das gleiche, aber das Zuspiel erfolgt mit dem Fuß.

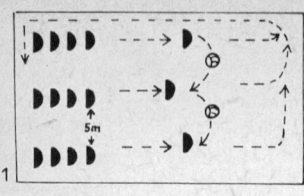

3. Aufteilung der Übenden in mehrere Reihen; der erste jeder Reihe hat einen Basketball. Auf Pfiff dribbeln die ersten bis zu einem Mal und spielen von dort den Ball dem nächsten ihrer Reihe zu, der führt das gleiche aus. Nach der Übung am Ende der Reihe einordnen.

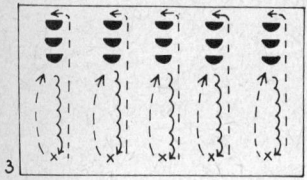

4. Es werden mehrere Mannschaften gebildet, die aus einer Gruppe A und einer Gruppe B bestehen; die Gruppen stehen 5–8 m in Reihe gegenüber. Der erste jeder Reihe hat einen Ball. Auf Pfiff prellen sie den Ball vor dem Körper kräftig auf den Boden und laufen zur Gruppe gegenüber und versuchen, den Ball des anderen zu fangen, bevor dieser den Boden wieder be-

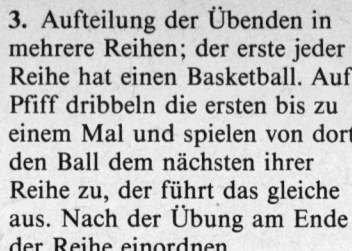

rührt hat. Den Ball übergeben sie dann dem nächsten und ordnen sich am Ende der Reihe wieder ein.

5. Aufstellung wie bei 4. In gleicher Entfernung von den Gruppen A und B liegt zwischen ihnen ein Ball. Der erste der Gruppe A läuft los, hebt den Ball auf und spielt ihn dem ersten der Gruppe B zu, der nun gleichfalls zur Mitte läuft, dort den Ball wieder hinlegt und dann weiterläuft, um dem nächsten der Gruppe A einen Schlag zu geben usw. (die gelaufen sind, ordnen sich am Ende der Gruppe wieder ein).

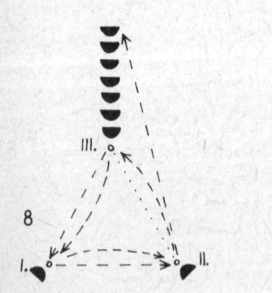

6. Jäger und Hase. Ein Übender hat einen Ball und versucht, die anderen abzuwerfen. Der Abgeworfene wird Jäger.

7. Jeder gegen jeden. Die Übenden laufen frei in der Halle. Der Übungsleiter wirft einen Ball, und wer diesen fängt, darf abwerfen. So wird es fortgesetzt: wer sich den Ball erobert, wirft ab. Jeder Abgeworfene erhält einen Minuspunkt, ebenso derjenige, der vorbeiwirft. Sieger ist der, der am Ende die wenigsten Minuspunkte hat.

8. Die Übenden sind in Mannschaften aufgeteilt; diese stehen in Reihe. Vor jeder Mannschaft sind zwei Male (I und II), die mit dem Mal beim ersten der Reihe ein Dreieck bilden (III). Auf jedem Mal steht ein Übender. Der erste der Reihe (III) hat einen Ball, den er auf Pfiff dem Spieler auf der Position I zuspielt und schnell auf dessen Platz läuft. Der Spieler auf I fängt den Ball und spielt weiter zu II und läuft zu diesem Mal. Der Ball gelangt wieder zur Position III, wo ihn der nächste Spieler fängt und weitergibt. Der Spieler, der den Ball zur Position III gespielt hat, läuft an das Ende seiner Reihe und ordnet sich dort wieder ein.

Abwandlungen:

a) Zuspiel mit dem Fuß;
b) mit einem Schlagball;
c) anstelle des Zuspielens mit dem Ball dribbeln.

9. Aufstellung der Übenden wie bei 8. Vor jeder Reihe steht in einem Abstand von etwa 8 m ein Spieler mit dem Gesicht zur Gruppe und hat einen Ball in den Händen. Auf Pfiff spielt er den Ball dem ersten seiner Reihe zu, der spielt sofort zurück und setzt sich zum Grätschsitz. Der Ball wird zum zweiten gespielt, der ebenfalls zurückspielt und sich hinsetzt usw. Erreicht der Ball den letzten, läuft dieser nach vorn, während alle anderen wieder aufstehen, und der Zuspieler ordnet sich an der Spitze der Reihe ein. Der nach vorn gelaufene Übende ist jetzt Zuspieler.

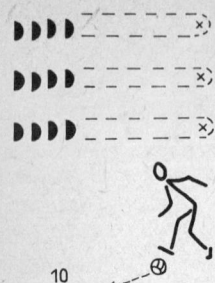

10

10. Aufstellung der Übenden wie vorher. Der erste jeder Reihe hat einen Fußball. Auf ein Zeichen wird mit dem Ball zu einem Mal gedribbelt, dieses umspielt, zurückgedribbelt und Abspiel zum nächsten Spieler.
Abwandlungen:
a) Der Ball wird vom Mal mit dem Innenspann dem nächsten zugespielt;
b) jede Mannschaft ist in zwei Hälften aufgeteilt, die sich in einer Entfernung von etwa 8 bis 10 m gegenüberstehen. Der erste der Gruppe A spielt zum ersten der Gruppe B usw. Die den Ball abgespielt haben, ordnen sich am Ende ihrer Gruppe wieder ein;
c) das gleiche, aber nach dem Abspiel laufen die Spieler an das Ende der gegenüberstehenden Gruppe und stellen sich da wieder auf.

Viele Spiele und viele Übungen, die im vorangegangenen Abschnitt angeführt wurden, kann man auch mit anderen Handgeräten üben. So kann man Stäbe durch Keulen ersetzen, diese können als Zeichen für den Slalomlauf aufgestellt oder wie leichte Hanteln verwendet werden. Bei Staffelspielen werden sie ausgelegt und eingesammelt.

III. Gymnastische Übungen unter Verwendung von Turngeräten

Auch Übungen auf, mit und an Geräten wie Bank, Matte, Leiter oder Barren, Pferd und Bock zum Durchkriechen, Überspringen oder Überklettern können im einleitenden Stundenteil verwendet werden.
Alle diese Übungen müssen wir entsprechend den Alterseigentümlichkeiten der Übenden sowie ihrem Leistungsvermögen überlegt auswählen. Besonders beim Üben an hohen Geräten (Bock, Bänke übereinander) muß darauf geachtet werden, daß es nicht zu Unfällen kommt. Eine Gefahr besteht bei Spielen an diesen Geräten. Es kann leicht zu Zusammenstößen oder Stürzen kommen, da die Übenden, besonders Kinder, ihr Hauptaugenmerk darauf legen zu siegen und dabei die Vorsicht außer acht lassen und auch ihre Kräfte überschätzen. Deshalb ist es zu empfehlen, die Elemente, die im Spiel enthalten sein sollen, vorher üben zu lassen (z. B.: Überlaufen der Bank, Überspringen, Durchkriechen usw.). Dabei können die Übenden auch auf die Gefahren hingewiesen werden. Eine gute Organisation und Ordnung beim Spiel selbst ist unbedingt notwendig.

Turnbank

Mit der Turnbank lassen sich viele verschiedenartige Übungen durchführen. Es sind dies vorwiegend Läufe und Sprünge über die Bank und auf der Bank, das Heben und Tragen der Bank sowie die Verwendung der Bank als Kriechhindernis. Den größten Teil der Übungen, die man auf der Turnbank ausführen kann, sind Vorübungen für das Turnen am Schwebebalken. Während das Üben an der Bank für die jüngsten Schüler oft den Hauptteil der Unterrichtsstunden füllt, wird mit Jugendlichen fast nur im einleitenden Teil an der Bank geturnt. Wettspiele mit der Bank kann man nur bei größeren Übungsgruppen durchführen.

1. Die Übenden sind in Gruppen aufgeteilt und stehen in Reihe. Vor jeder Reihe stehen mehrere Bänke längs hintereinander:
a) Auf ein Zeichen umläuft die ganze Gruppe die Bänke (gegen den Uhrzeigersinn);

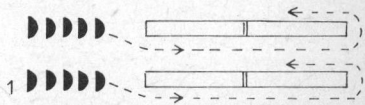

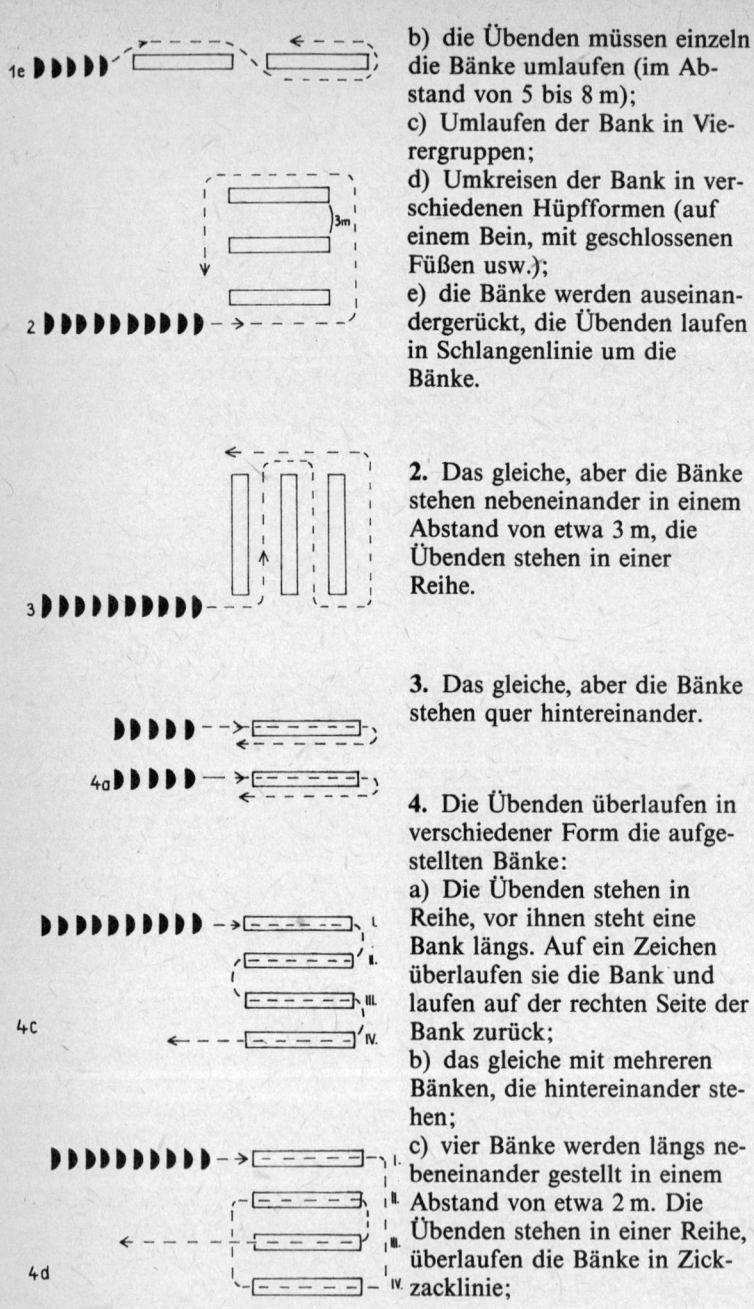

b) die Übenden müssen einzeln die Bänke umlaufen (im Abstand von 5 bis 8 m);
c) Umlaufen der Bank in Vierergruppen;
d) Umkreisen der Bank in verschiedenen Hüpfformen (auf einem Bein, mit geschlossenen Füßen usw.);
e) die Bänke werden auseinandergerückt, die Übenden laufen in Schlangenlinie um die Bänke.

2. Das gleiche, aber die Bänke stehen nebeneinander in einem Abstand von etwa 3 m, die Übenden stehen in einer Reihe.

3. Das gleiche, aber die Bänke stehen quer hintereinander.

4. Die Übenden überlaufen in verschiedener Form die aufgestellten Bänke:
a) Die Übenden stehen in Reihe, vor ihnen steht eine Bank längs. Auf ein Zeichen überlaufen sie die Bank und laufen auf der rechten Seite der Bank zurück;
b) das gleiche mit mehreren Bänken, die hintereinander stehen;
c) vier Bänke werden längs nebeneinander gestellt in einem Abstand von etwa 2 m. Die Übenden stehen in einer Reihe, überlaufen die Bänke in Zickzacklinie;

d) das gleiche, aber die Übenden laufen über die erste Bank in der einen Richtung, über die vierte zurück, dann über die zweite und über die dritte zurück.

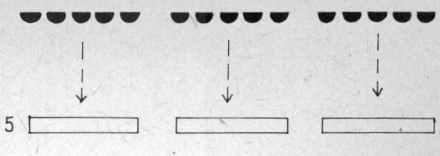

5. Die Übenden stehen in Linie zu einem Glied auf der Breitseite der Turnhalle. Auf der gegenüberliegenden Seite steht vor jeder Gruppe eine Bank quer. Jeweils auf ein Zeichen laufen die Übenden zur Bank, führen darauf eine bestimmte Übung aus und laufen zu ihrem Platz zurück, wo sie sich wieder aufstellen:

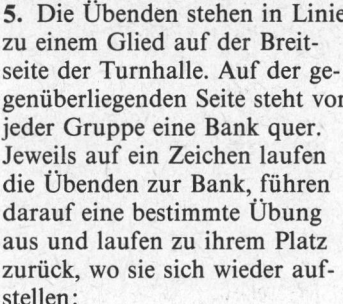

a) Nebeneinanderstehen, Arme zur Hochhalte und Handfassung: Hocke, Kniestand, Hocksitz, Standwaage u. a.;
b) das gleiche in Reihe auf der Bank;
c) Liegestütz, Blick zur Ablaufstelle, Füße auf der Bank;
d) verschiedene Formen des Laufens zur Bank (Lauf auf allen vieren, Hüpfen auf einem Bein usw.);
e) während des Laufes zur Bank Rolle vorwärts, zurück Rolle rückwärts u. ä.;
f) Überspringen der Bank; dann wird sie zur anderen Seite

getragen, abgesetzt, und die Übenden nehmen auf der Bank Aufstellung;

g) die äußeren heben die Bank an, die übrigen kriechen darunter hindurch, dann wird die Bank wieder abgesetzt, alle springen darüber und laufen zurück.

6. Das gleiche, aber die Übenden stehen in Reihen auf der Schmalseite der Turnhalle, und vor jeder Gruppe steht auf der anderen Seite der Halle eine Bank längs.

7. Die Übenden stehen nebeneinander auf zwei Bänken, die an den Breitseiten der Turnhalle gegenüber aufgestellt sind. Auf ein Zeichen Platzwechsel:

a) Laufen in Reihe zur gegenüberstehenden Bank;
b) Platzwechsel auf kürzestem Wege;
c) zur gegenüberstehenden Bank laufen, anschlagen und zurücklaufen;
d) von der Bank herunterspringen, die Bank anheben und zur anderen Seite tragen (Vorsicht – Zusammenstoß), dort abstellen und wieder darauf Aufstellung nehmen;
e) das gleiche, wobei ein Übender auf der Bank im Grätschsitz sitzt;

f) von der Bank nach hinten herunterspringen, die äußeren heben die Bank an, die anderen kriechen hindurch, und alle nehmen wieder Aufstellung wie vorher;

g) von der Bank nach vorn herunterspringen, die äußeren heben die Bank an, die anderen kriechen hindurch, jetzt wird die Bank abgesetzt, alle springen darüber, laufen zur anderen Seite und nehmen auf der anderen Bank in Linie Aufstellung.

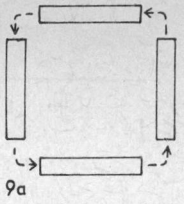

9a

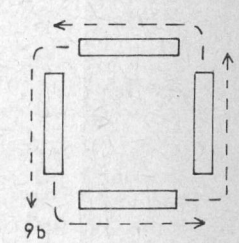

9b

8. Die gleichen Übungen, wobei die Bänke an den Schmalseiten der Turnhalle aufgestellt werden.

9. Die Übenden stehen in Linie (Stirnreihe) auf vier Bänken, die in einem Viereck aufgestellt sind. Auf ein Zeichen werden in verschiedener Weise die Plätze gewechselt:

a) Alle Gruppen wechseln zur rechten nächsten Bank;

b) alle machen eine Rechtswendung, laufen in dieser Richtung um das Viereck und stellen sich auf ihrer Bank wieder auf;

c) zwei gegenüberstehende Gruppen wechseln so schnell wie möglich ihre Plätze;

d) das gleiche, aber die Übenden der beiden Gruppen laufen nach einer Rechtswendung in Reihe zur anderen Seite;

e) alle vier Gruppen wechseln gleichzeitig ihre Plätze.

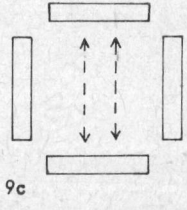

9c

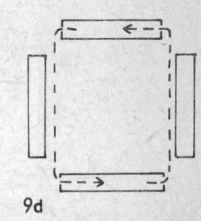

9d

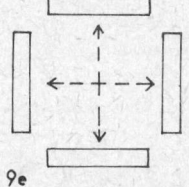

9e

89

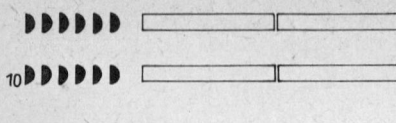

10. In Reihen, vor jeder Reihe eine Bank oder zwei Bänke längs hintereinander. Auf ein Zeichen über die Bänke laufen:

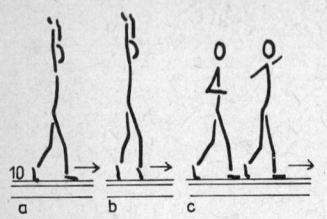

a) Gehen mit Hochhalte der Arme;
b) Zehengang;
c) Gehen mit Vor- oder Seithalte oder mit angewinkelten Armen;
d) rückwärts gehen (und mit verschiedenen Armhalten);

e) vorwärts gehen mit abwechselndem Nachschwingen des linken und des rechten Beines neben der Bank und Nachfedern im Standbein;
f) Gehen, dabei das rechte Bein auf dem Boden und das linke Bein auf der Bank aufsetzen (immer bis zur Streckung des Standbeines aufrichten);

g) Laufen vorwärts;
h) Galopphüpfen seitwärts;
i) Vierfüßlergang;
j) Froschhüpfen;
k) im Liegestütz vorlings auf den Händen und Füßen vorwärts gehen;
l) im Krebsgang (Liegestütz rücklings);

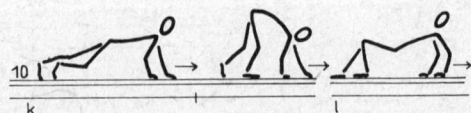

m) über Hindernisse auf der Bank laufen (Medizinball, Übender in Bankstellung quer zur Bank u.ä.):
n) Hüpfen auf einem Bein, mit geschlossenen Füßen usw.;
o) über die Bank von der einen Seite zur anderen springen;
1. im Schersprung,
2. von einem Bein auf das andere, dabei das innere Bein immer anziehen,
3. das gleiche, dabei das innere Bein von hinten nach vorn schwingen,
4. im Schlußsprung mit und ohne Zwischenhupf,
5. das gleiche auf einem Bein,
6. Stütz der Hände auf der Bank, Hockwenden vorwärts,
7. Hockwende mit ½ Drehung,
8. Hüpfen schräg vorwärts über die Bank in einem bestimmten Rhythmus (hüpfende Reihe);
p) einen Partner über die Bank tragen im Gehen und im Lauf;
r) Schubkarre über die Bank;

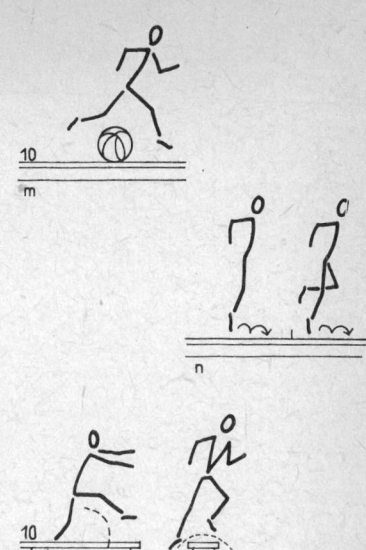

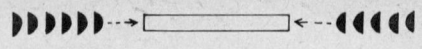

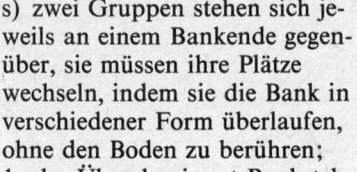

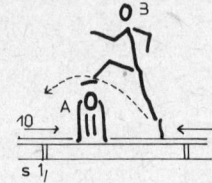

s) zwei Gruppen stehen sich jeweils an einem Bankende gegenüber, sie müssen ihre Plätze wechseln, indem sie die Bank in verschiedener Form überlaufen, ohne den Boden zu berühren;
1. der Übende nimmt Bankstellung quer ein, der andere überspringt,

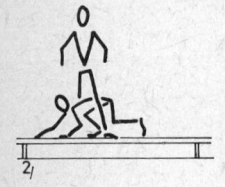

2. der eine im Grätschstand, der andere muß durchkriechen,
3. die beiden Übenden müssen aneinander vorbeigehen;

t) über die Bank laufen, in der Mitte werden verschiedene Übungen ausgeführt;

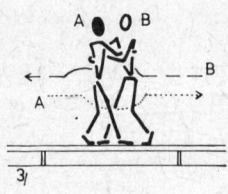

u) zwei Bänke stehen hintereinander, dazwischen ist ein Abstand von etwa 1 m, die Bank überlaufen und Sprung zur zweiten;

v) das gleiche, aber zwischen den Bänken steht ein niedriger Bock, über den gelaufen werden muß.

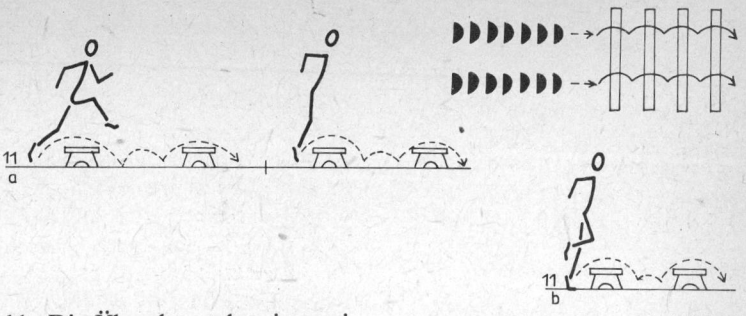

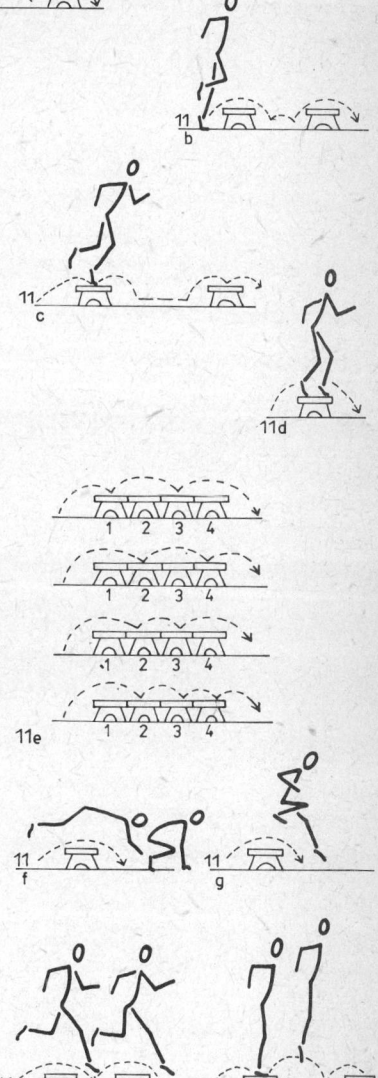

11. Die Übenden stehen in zwei Reihen, vor ihnen stehen mehrere Bänke quer hintereinander. Die Übenden springen in verschiedener Form über die Bänke (der Abstand zwischen den Bänken richtet sich nach der Art der Übung):
a) Von einem Bein auf das andere oder mit beiden Beinen, mit und ohne Zwischenhupf;
b) mit einem Bein und ohne Zwischenhupf;
c) mit einem Bein und kurzem Aufsetzen des Sprungbeines auf der Bank;
d) das gleiche, das Spielbein setzt kurz auf der Bank auf;
e) vier Bänke quer dicht hintereinander, nur über die 1. und 3., die 2. und 4., die 2. und 3., die 2., 3. und 4. Bank laufen;
f) über die Bank hechten in den Hockstand;
g) die Bank im Hürdenschritt überlaufen;
h) von einem Bein auf das andere springen;
i) Schlußsprung auf die erste Bank, Abspringen mit ganzer Drehung, Schlußsprung auf die nächste Bank usw.;
j) Sprünge mit ganzer Drehung über die Bank;

k) je zwei Bänke übereinander stellen und im Schersprung überspringen oder mit leichtem Aufsetzen des Schwungbeines auf der oberen Bank;
l) über die verschieden aufgestellten Bänke springen.

12. In Reihe über die verschieden aufgestellten Bänke laufen.

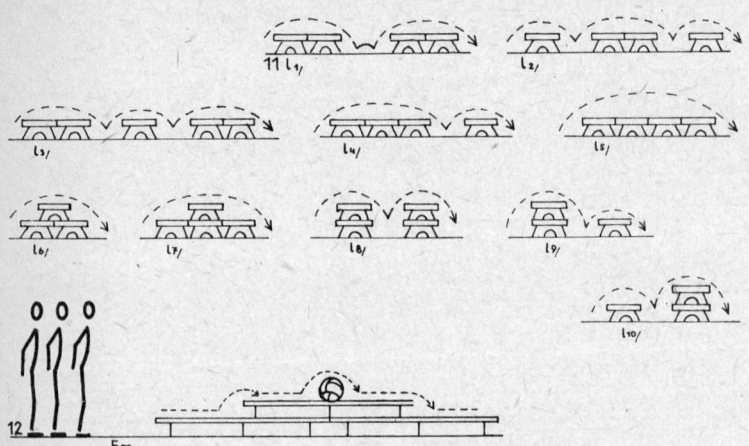

13. Die Übenden stehen sich auf zwei parallel aufgestellten Bänken gegenüber (Abstand 4 bis 10 m). Eine Gruppe hat Bälle, Zuspiel in verschiedener Form zur anderen Reihe.

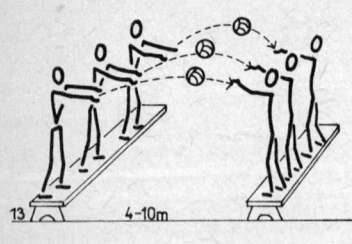

14. Die Bank an der Sprossenwand, am Barren oder an einem Reck einhängen:
a) Vierfüßlergang und Absprung (oder am Gerät herunterklettern);
b) das gleiche im „Dreifüßler-

gang", der freie Arm in Vorhalte;
c) hinauf- und herunterlaufen.

15. Die Übenden stehen in einem Abstand von etwa 1 m nebeneinander auf den Bänken und reichen sich Handgeräte zu (Medizinbälle, Hanteln, Keulen usw.). Der letzte stapelt die Geräte auf dem Boden. Auch als Wettkampf durchführbar.

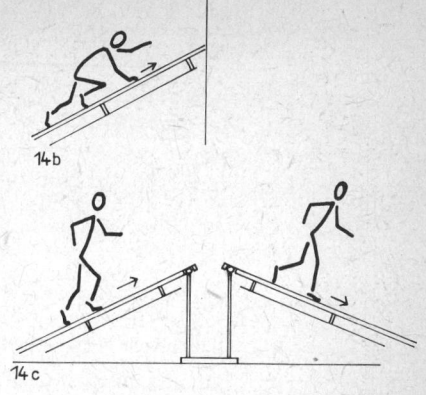

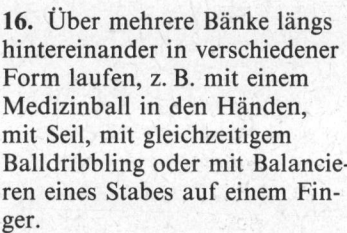

16. Über mehrere Bänke längs hintereinander in verschiedener Form laufen, z. B. mit einem Medizinball in den Händen, mit Seil, mit gleichzeitigem Balldribbling oder mit Balancieren eines Stabes auf einem Finger.

17. Zwei Bänke werden parallel zueinander aufgestellt, zwei andere an deren Enden quer darauf, so daß ein Viereck entsteht. Die Übenden nehmen Aufstellung in Reihe und kriechen unter den Bänken durch oder springen darüber.

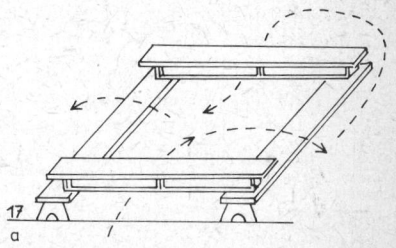

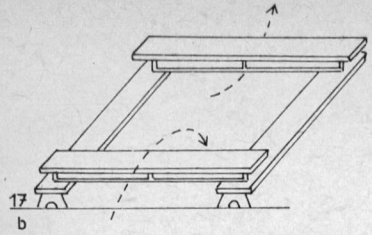

Abwandlungen:

a) Die hochgestellte Bank unterkriechen, die rechte überspringen, die nächste hochgestellte Bank unterkriechen, die folgende Bank überspringen usw.;

b) die hochgestellte Bank unterkriechen, die andere überspringen.

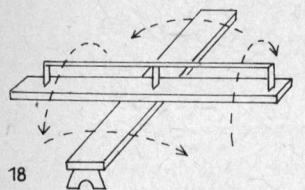

18. Zwei Bänke werden kreuzweise aufeinandergestellt (die obere Sitzfläche nach unten), Überspringen der Bankenden.

19. Fangspiel zwischen verschieden aufgestellten Bänken.

20. Fangspiel rund um eine Bank in Sechsergruppen. Es darf in beiden Richtungen ge-

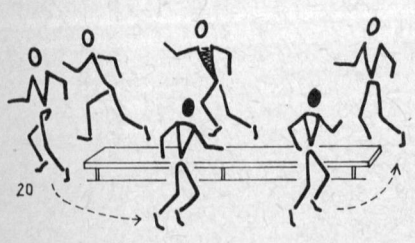

laufen werden, man darf sich aber nicht von der Bank entfernen.

21. Laufstaffel mit einer oder mehreren Bänken als Hindernis. Die Mannschaften laufen in

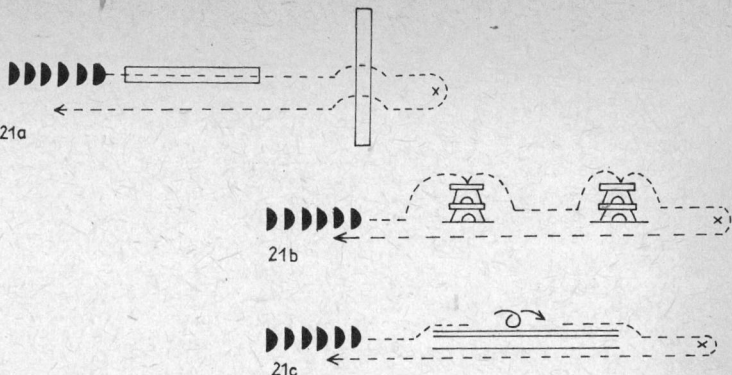

Reihe, es darf nicht überholt werden:
a) Eine Bank längs und etwa 3 m dahinter eine Bank quer, über die erste laufen, über die zweite im Hürdenschritt springen, dann um ein Mal herum, über die zweite Bank springen und im freien Lauf zum Ausgangspunkt zurück;
b) es werden zweimal zwei Bänke, die übereinander stehen, in einem Abstand von etwa 5 m hintereinander aufgestellt; sie stehen quer zur Laufrichtung. Über die Bänke springen mit leichtem Aufsetzen des Schwungbeines;
c) eine Bank wird längs aufgestellt, über die Bank laufen, in der Mitte eine Rolle vorwärts, zurück freier Lauf.

22. Die Bank über eine bestimmte Strecke tragen, als Wettkampf (auch mit einem Übenden, der im Grätschsitz auf der Bank sitzt).

Übungen mit Matten

Im einleitenden Teil verwenden wir Matten vor allem als Hindernis zum Überlaufen, Überspringen, aber auch zum Tragen oder als Unterlage bei verschiedenen Übungen (Rolle vorwärts und rückwärts) oder für Wettspiele.
Bei allen Übungen mit Matten haben wir darauf zu achten, daß diese nicht durch unvorsichtige Behandlung beschädigt werden.

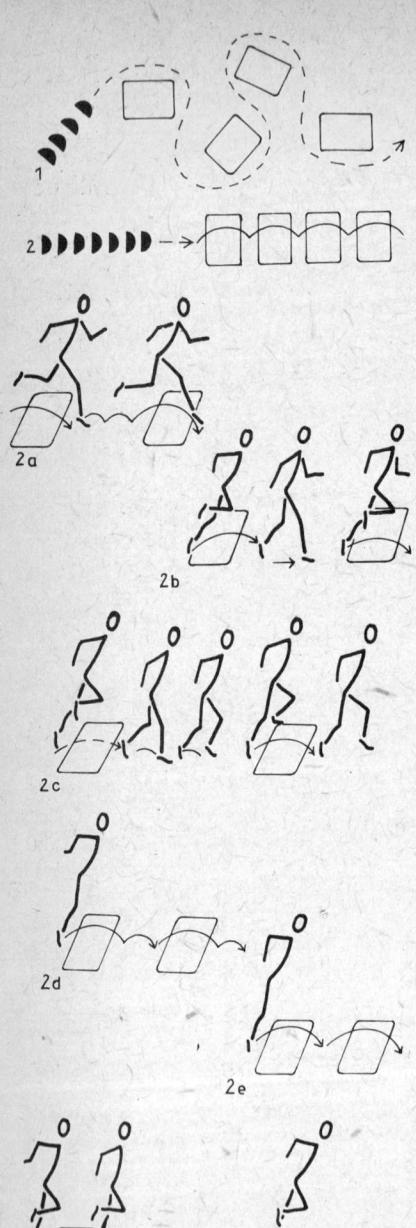

1. Mehrere Matten werden willkürlich im Raum ausgelegt. Die Übenden laufen in Reihe um die Matten, keiner darf eine berühren.

Abwandlungen:

a) Laufen als »Schlange« (die Übenden fassen ihren Vordermann an den Hüften);
b) Seitwärtshüpfen (Stirnreihe mit Handfassung);
c) das gleiche, auf Handklatsch ½ Drehung und weiterhüpfen;
d) Hüpfen auf einem Bein, mit beiden Beinen.

2. Die Matten werden quer hintereinandergelegt, die Abstände zwischen den Matten werden entsprechend der Übung verändert. Die Übenden stehen in Reihe oder Doppelreihe und müssen in bestimmter Form die Matten überspringen:

a) Absprung links, Landen rechts, Zwischenschritt und Absprung rechts, Landen links usw.;
b) Absprung links, Landen links, Zwischenschritt und links abspringen usw.;
c) Absprung links, Landen links, zwei Schritte und Absprung rechts, Landen rechts usw.;
d) Schlußsprung mit Zwischenhupf;
e) Schlußsprung ohne Zwischenhupf;
f) Hüpfen auf einem Bein mit und ohne Zwischenhupf;

g) verschiedene Sprungformen zu zweien nebeneinander auch mit Handfassung;
h) die gleichen Sprungformen von Matte zu Matte über die Zwischenräume.

3. Mehrere Matten werden quer hintereinandergelegt, die Abstände dazwischen sind verschieden groß. Die Übenden müssen nacheinander von Matte zu Matte springen.

4. Die Übenden sind in mehrere Gruppen aufgeteilt, jede Gruppe hat eine Matte und sitzt darauf im Hock- oder Schneidersitz. Auf ein Zeichen springen die Übenden auf, heben die Matte an und tragen sie zu einem vorher bestimmten Ort; dort nehmen sie wieder auf der Matte Platz (als Wettkampf durchzuführen).
a) Zwei Übende heben die Matte an, die anderen müssen darunter durchkriechen.

5. Mehrere Matten werden längs so hintereinandergelegt, daß sie sich nur an einer Ecke berühren, es entsteht dadurch eine Treppe. Die Übenden müssen in verschiedener Form über die Matten laufen:
a) Über die erste Matte laufen, die zweite überspringen usw.;
b) in der Diagonalen;
c) auf der ersten eine Rolle vorwärts, über die zweite springen usw.

6. Die Übenden stehen in Reihe, jeder erfaßt mit seiner rechten Hand die linke seines Vordermannes. So werden meh-

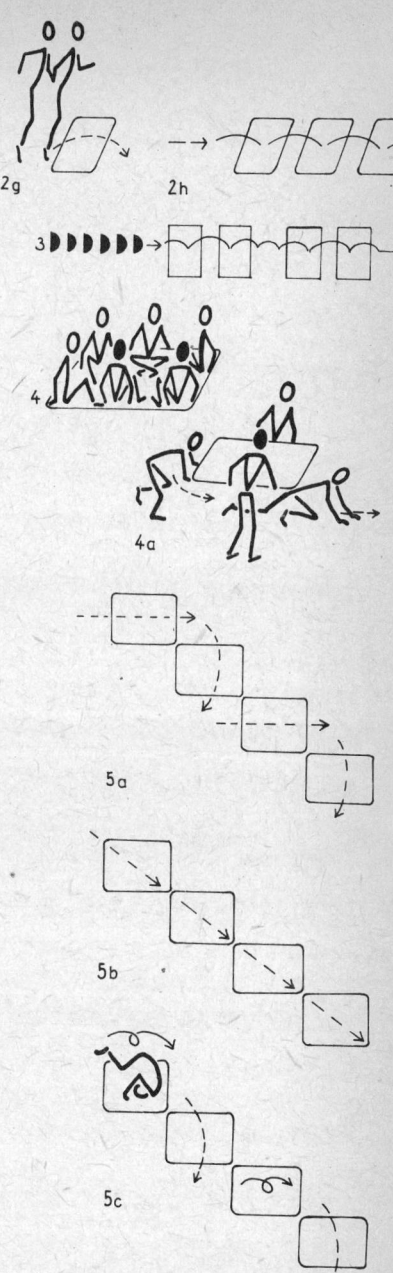

rere längs hintereinandergelegte Matten in Wellenlinie umlaufen (Abstand zwischen den Matten 1 m). Als Wettkampf für mehrere Gruppen geeignet.

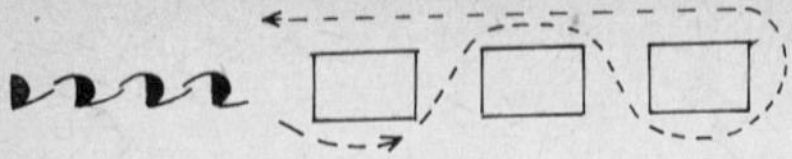

7. Die Übenden sind in zwei Mannschaften aufgeteilt, die gegenüber auf der Schmalseite der Turnhalle Aufstellung nehmen. Vor jeder Gruppe sind in einer Entfernung von etwa 8–12 m mehrere Matten quer nebeneinander ausgelegt (Zwischenraum 1 bis 2 m). Auf ein Zeichen laufen die Übenden in verschiedener Art um die Matten:

a) Die Übenden führen ¼ Drehung rechts aus und laufen in Reihe um die erste Matte von rechts, um die zweite von links usw. und kehren zur Ausgangsstellung zurück;

b) das gleiche durch die Mattenreihe der anderen Gruppe;

c) der rechte Flügelmann beider Gruppen hat einen kleinen Ball. Auf ein Zeichen umläuft er die erste Matte, spielt den Ball dem nächsten seiner Gruppe zu und umkreist noch die folgenden Matten. Dann ordnet er sich wieder ein. Der zweite umkreist nun seinerseits die erste Matte, sobald er den Ball gefangen hat usw.;

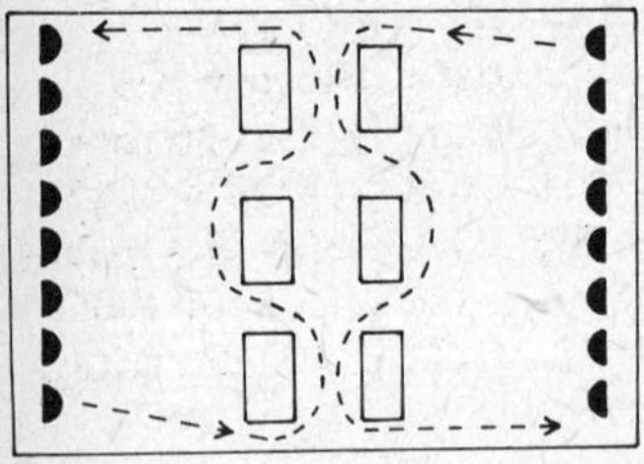

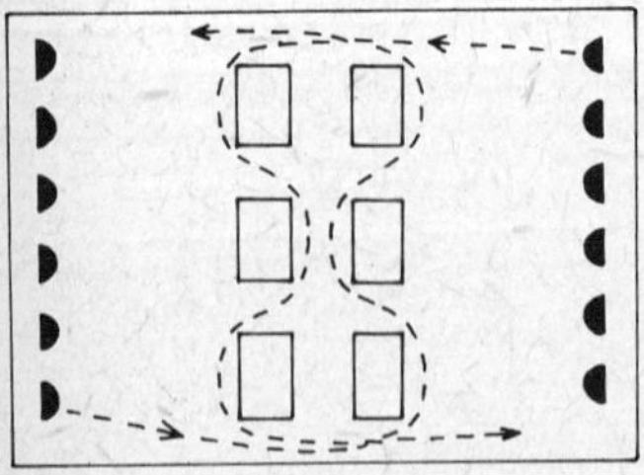

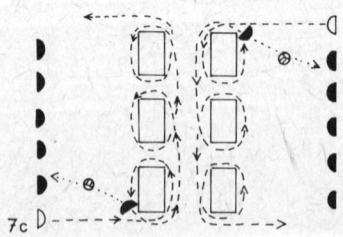

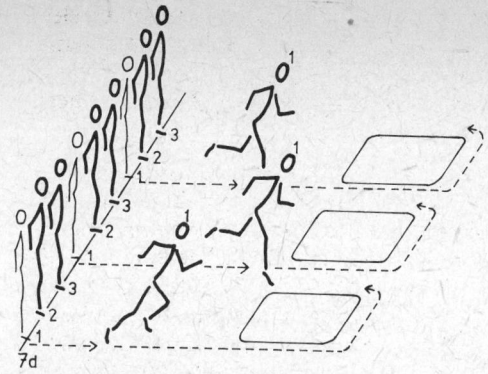

d) die Übenden beider Seiten zählen zu dreien ab. Je nach Aufruf umlaufen die Einsen, Zweien oder Dreien die entsprechende Matte und kehren schnell zu ihrem Ausgangspunkt zurück.

8. Staffelwettkämpfe unter Ausnutzung mehrerer Matten (Aufteilung der Übenden in 4 bis 6 Mannschaften):
a) Umlaufen der Matten (Slalomlauf);
b) das gleiche auf einem Bein;
c) Springen von Matte zu Matte;
d) Rolle vorwärts auf der ersten Matte und Zurücklaufen (z. B.: zwei Rollen vorwärts, Rolle vorwärts, ½ Drehung und Rolle

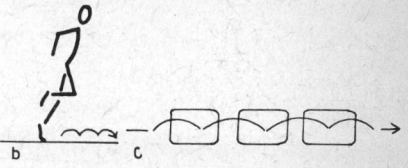

vorwärts, Rolle vorwärts, ½ Drehung und Rolle rückwärts, Rolle vorwärts, ½ Drehung, Rolle rückwärts, wieder ½ Drehung und Rolle rückwärts, ½ Drehung und Rolle vorwärts).

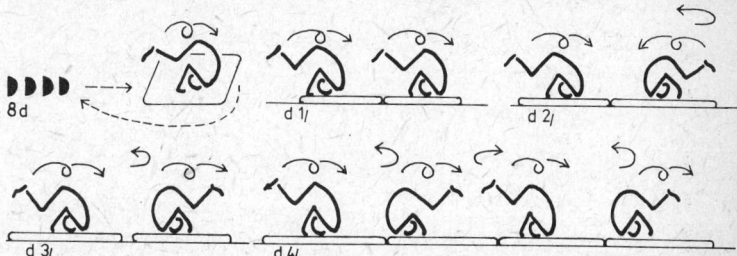

**Andere Geräte und
Gerätekombinationen**

Ein findiger Sportlehrer wird es
verstehen, alle vorhandenen
Hand- und Turngeräte für die
verschiedenen Stundenteile der
Turnstunde voll auszunutzen.
So lassen sich in ähnlicher
Form wie bisher angeführt auch
der Barren, das Pferd sowie
Gymnastikreifen und andere
Handgeräte im einleitenden
Stundenteil verwenden.

*Einige Beispiele zur Anregung
für weitere Kombinationen:*

1. In Reihe über Hindernisse
laufen, die aus verschieden aufgestellten Turngeräten bestehen
(sie sollen überlaufen, durchkro-
chen, überklettert oder übersprungen werden).

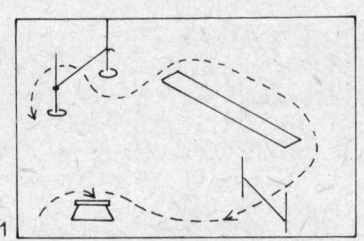

2. Verschiedene Geräte in
»Kette« oder als »Schlange«
umlaufen (der letzte Übende
muß darauf achten, daß er
nicht an ein Gerät geschleudert
wird).

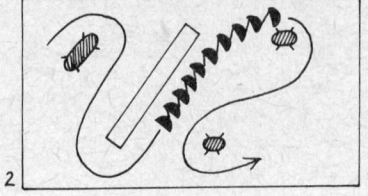

3. Haschespiel zwischen willkürlich aufgestellten Geräten.

Der vorbereitende Teil einer Übungsstunde

Der vorbereitende Teil einer Übungsstunde umfaßt vorbereitende Übungen ohne und mit Handgeräten, auch Turngeräte (Barren, Turnbank, Sprossenwand) werden einbezogen. Die Übungen können in der Form von Einzelübungen, Partner- oder Gruppenübungen durchgeführt werden.

Die vorbereitenden Übungen tragen zur allseitigen Entwicklung der Muskelkraft des ganzen Körpers bei, sie entfalten und fördern die Funktion der inneren Organe und dienen durch Koordinationsübungen der Stärkung des Nervensystems. Durchgeführt werden diese Übungen in unterschiedlichem Tempo, in verschiedenen Kombinationen und mit gesteigerter Belastung (z. B. Partnerwiderstand muß überwunden werden).

Entsprechend der Wirkung der Übungen auf den Organismus können wir folgende Unterteilung vornehmen:

1. Dehnübungen,
2. Kräftigungsübungen,
3. Lockerungsübungen,
4. Übungen zur Entwicklung der inneren Organe
5. Koordinationsübungen.

Kräftigungsübungen haben die Kräftigung der Muskelgruppen und die Stärkung der Gelenke zum Ziel. Damit es zu einer Kräftigung der Muskulatur kommt, müssen diese Übungen mit hoher Intensität durchgeführt werden, die das Maß der normalen Muskelarbeit übersteigt.

Eine kräftigende Wirkung können wir auf verschiedene Art erreichen:

1. Kraftanwendung (Überwindung des Widerstandes der Antagonisten, d. h. der Muskeln, die entgegengesetzt wirksam sind).
2. Kräftigende Bewegungen (so schnell wie möglich), bei denen wir die ganze Kraft aufwenden müssen, um bestimmte Muskelgruppen in eine schnelle oder andauernde Bewegung zu versetzen.
3. Ausführung bestimmter Übungen in mehreren Zeiten mit Bewegungsunterbrechungen (Halten) in solchen Stellungen, die bestimmte Muskelpartien besonders beanspruchen (z. B. Kniebeugen in mehreren Zeiten).
4. Oftmalige Wiederholungen der Übung.
5. Steigerung durch Belasten mit einem Partner oder mit Geräten (Handgeräte oder an Geräten wie Sprossenwand, Turnbank usw.).

Durch Kräftigungsübungen soll ein harmonischer Körperbau und eine gute Körperhaltung erreicht werden. Eine große Rolle kommt der Kräftigung der Rückenmuskulatur zu, da hierdurch

Verkrümmungen der Wirbelsäule vermieden werden können.

Dehnübungen verbessern die Beweglichkeit des Rumpfes und der Gliedmaßen. Sie betreffen die Muskeln und Bänder der Gelenke. Indem wir Muskeln dehnen, kräftigen wir gleichzeitig die entgegengesetzt wirkenden Muskeln. Um die Dehnung recht wirksam werden zu lassen, führen wir solche Übungen meist mit mehrmaligem Nachfedern aus. Zur weiteren Steigerung der Intensität verwenden wir Handgeräte (Hanteln, Keulen u. ä.), oder wir führen die Übungen an der Sprossenwand sowie mit Hilfe eines Partners aus.

Lockerungsübungen beseitigen Verkrampfungen der Muskeln und ermöglichen die Entspannung der Muskulatur. Diese Übungen führen wir locker und fließend aus unter Ausnutzung der Anziehungskraft der Erde (bei Bewegungen nach unten), besonders nach intensiven Kräftigungsübungen zur Auflockerung und Entspannung der stark beanspruchten Muskelgruppen.

Übungen zur Kräftigung der inneren Organe betreffen große Muskelgruppen, durch deren Tätigkeit gleichzeitig das Herz, die Lunge und andere innere Organe gestärkt werden. Zu diesen Übungen gehören vor allem die verschiedenen Formen des Hüpfens.

Koordinationsübungen haben das Ziel, die Arbeit des Zentralnervensystems zu verbessern. Diese Aufgaben erfüllen Übungen, die auch zur vorhergehenden Gruppe gehören. Doch gibt es auch eine ganze Reihe von Spezialübungen, z. B. ungleiche Bewegungen der Arme und Beine, Gleichgewichtsübungen u. ä.

Die Beschreibung der Übungen erfolgt in den anschließenden Abschnitten nach folgenden Gesichtspunkten:

Ausgangsstellung: Stand oder Lage (Hockstand, Seithalte der Arme, u. ä.), aus der die Übung begonnen wird.

Übung: zusammengesetzte Bewegung, bestehend aus mehreren Teilbewegungen oder Wiederholungen, die einzeln durchgeführt werden und nach der Anzahl der Zeiten numeriert sind.

Beispiel einer Übung in 6 Zeiten:

Grundstellung, Arme in Tiefhalte:
1.–2. Knie beugen in den Hockstand (Rumpf nicht vorbeugen!),
3. aufrichten in den Stand und Ausfall links seitwärts, Seitheben der Arme in die Schlaghalte,
4.–5. schlagen in die Seithalte und zwei Armkreise rückwärts,
6. Grundstellung, Arme in die Tiefhalte senken.

Die Auswahl der vorbereitenden Übungen muß sich nach dem Charakter des Hauptteiles

der Übungsstunde richten. Wir wählen solche Übungen aus, die einerseits den Körper allseitig für die folgende Beanspruchung im Hauptteil vorbereiten und die andererseits für bestimmte Muskelgruppen wichtig sind, die gestärkt werden müssen, damit darauf aufbauend in späteren Übungsstunden neue Übungen erlernt werden können.
Beim Üben müssen wir systematisch vorgehen und eine bestimmte Reihenfolge einhalten. Zum Beispiel beginnen wir mit Dehnübungen für die Armmuskeln, den Schultergürtel und für die Schultergelenke. Es folgen Übungen für den Rumpf, zur Kräftigung der Zwischenschulterblattmuskeln, der Brustmuskeln und der Bauchmuskeln, die gleichzeitig die Rückenmuskeln dehnen. Den vorbereitenden Teil der Stunde beenden wir dann mit Übungen für die unteren Extremitäten, wobei wir vor allem auch Hüpf- oder Sprungübungen einflechten. Dazwischen kann noch eine Koordinationsübung erfolgen. Alle Variationsmöglichkeiten sind auszunutzen und vielfache Kombinationen dabei anzuwenden, um immer wieder neue Anregungen zu geben, denn die Übungen haben nur dann einen Wert, wenn sie mit Lust und Freude ausgeführt werden.
Die meisten Übungen werden erst dann wirksam, wenn sie oft wiederholt werden. Kurzdauernde Übungen werden wir öfter wiederholen können (Schwungübungen und Lockerungsübungen) etwa 10- bis 12mal, länger dauernde Übungen mit großer Kraftaufwendung 5- bis 10mal. Das richtet sich in erster Linie nach dem Entwicklungs- und Leistungsstand der Übenden.
So empfehlen wir für den vorbereitenden Stundenteil für die jüngeren Schüler (8–12 Jahre) 5 bis 6 Übungen, die je nach ihrer Zielstellung 4- bis 8mal wiederholt werden.
Für die älteren Schüler (12–14 Jahre) 6 bis 10 Übungen mit 6 bis 10 Wiederholungen.
Auch für die Jugendlichen und Erwachsenen sollte man bei dieser Anzahl von Übungen (etwa 10) bei je 10 Wiederholungen bleiben.
Die Dauer des vorbereitenden Teiles beträgt für eine Übungsstunde von 60 Minuten etwa 10 bis 15 min, für eine Doppelstunde (90 Minuten) bis zu 20 min. Es entfallen also für den vorbereitenden Stundenteil etwa 15–20% der Gesamtzeit der Übungsstunde.
Übungen mit Handgeräten beziehen wir nur dann ein, wenn wenigstens für die Hälfte aller Übenden Handgeräte vorhanden sind (ausgenommen sind Medizinbälle, da genügen weniger). Vorbereitende Übungen an Geräten empfehlen wir dann, wenn so viele Geräte vorhanden sind, daß mindestens ein Drittel der Übenden gleichzeitig üben kann. Bei Partnerübungen haben wir darauf zu achten, daß immer etwa gleichgroße und gleichstarke Übende ein Paar

bilden. Die Aufstellung der Übenden wird so gewählt (in Linie zu mehreren Gliedern, im Halbkreis o. ä.), daß alle Übenden genügend Raum zum Üben haben und alle den Übungsleiter gut sehen können.
Die Kreisaufstellung benutzen wir, wenn Übungen in der Bewegung (Gehen, Laufen) an der Reihe sind. Der Übungsleiter geht (läuft) dann innerhalb des Kreises in entgegengesetzter Richtung. Üben wir im Freien, stellen wir die Übenden so auf, daß sie die Sonne im Rücken haben.
Jede Übung machen wir erst vor und erklären gleichzeitig, worauf besonders zu achten ist. Beim Vormachen führt der Übungsleiter die Übung stets spiegelbildlich vor. Während des Übens beobachtet der Übungsleiter die Ausführung, um anschließend die grundlegenden Fehler korrigieren zu können. Den Rhythmus gibt er durch Zählen an oder durch rhythmisches Sprechen (z. B. „Fe-dern").
In einer Übungsstunde sollten nicht mehr als drei völlig neue Übungen eingeführt werden, da sonst durch das Erklären und Vormachen zuviel Zeit verlorenginge.
Bei der Auswahl der Übungen ist darauf zu achten, daß sehr anstrengende Übungen mit leichteren wechseln (aktive Erholung). Die Übenden sind darauf hinzuweisen, daß sie auch bei schwierigen Übungen gleichmäßig atmen und nicht die Luft anhalten. Das Atmen soll der Bewegung angepaßt werden.

Stoffverteilung

I. Übungen ohne Gerät

Grundformen

Arme

Dehnübungen:
a) Schulter
b) Ellbogen
c) Handgelenk

Kräftigungsübungen:
Schultergürtel, Arme

Rumpf

Dehnübungen:
a) Nacken
b) Wirbelsäule (örtliche Beugung)
c) Wirbelsäule und Rumpfmuskulatur (völliges Beugen)

Kräftigungsübungen:
a) Rücken
b) Bauch: gerade Bauchmuskulatur
schräge Bauchmuskulatur

Beine

Dehnübungen:
a) Becken
b) Hüfte
c) Fußgelenk

Kräftigungsübungen:
Beckengürtel und Beine

Verschiedenes
a) Lockerungsübungen
b) Gleichgewichtsübungen
c) Koordinationsübungen

Partnerübungen

Arme

Dehnübungen
Kräftigungsübungen

Rumpf

Dehnübungen
Kräftigungsübungen

Beine

Dehnübungen
Kräftigungsübungen

Verschiedenes

II. Übungen mit Handgeräten
1. Übungen mit der Hantel
2. Übungen mit dem Stab
3. Übungen mit dem Medizinball
4. Übungen mit der Keule
5. Übungen mit dem Seil

III. Übungen an Turngeräten
1. Sprossenwand
2. Turnbank

Grundlegende Stellungen und Lagen bei den gymnastischen Übungen

Die grundlegendsten und wichtigsten Ausgangsstellungen sollen erklärt werden. Es ist darauf zu achten, daß diese Formen stets richtig ausgeführt werden, weil nur dann die entsprechenden Übungen ihre höchste physiologische Wirkung erreichen. Auch ganz geringe Fehler, die eine Übung gewöhnlich erleichtern, nehmen der Übung ihren Wert. Es ist deshalb sehr wichtig, daß alle Übungen grundsätzlich aus der angegebenen Grundstellung begonnen und auch entsprechend beendet werden.

Ausgangsstellungen

1. Grundstellung.
Sie ist die häufigste Ausgangsstellung für alle Übungen im Stand (= Streckstand). Die Beine sind geschlossen. Fußspitzen leicht geöffnet, die Fersen berühren sich, der Oberkörper ist gestreckt, der Kopf gehoben, so daß Kinn und Hals etwa einen rechten Winkel bilden. Die Schultern werden zurückgenommen, die Arme liegen seitlich locker am Körper an.
Für manche Übungen ist es vorteilhafter, aus der Schritt- oder Laufstellung zu beginnen, dabei sind die Füße leicht auseinandergestellt, das Körpergewicht ist auf beide Beine gleich verteilt (größere Standsicherheit).

2. Grätschstand und Schrittstellung.
Die Füße sind eine Schrittlänge auseinandergestellt, Fußspitzen zeigen nach vorn. Das Körpergewicht ist auf beide Beine gleichmäßig verteilt.

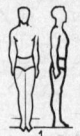 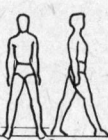

3. Ausfallschritt vorwärts, rückwärts und seitwärts mit gestrecktem, lockerem und gebeugtem Oberkörper.
Beide Beine stehen auf der ganzen Fußsohle. Das gestreckte Bein, Oberkörper, Kopf und die gestreckten Arme bilden eine Linie (kein Hohlkreuz). Becken- und Schulterlinie verlaufen parallel zueinander in der gleichen Ebene.

4. Kniestand.
Oberschenkel und Rumpf bilden eine Senkrechte, die Füße liegen mit dem Rist auf dem Boden. Der Körper ist in der Hüfte gestreckt.

5. Fersensitz.
Aus dem Kniestand setzt sich der Übende auf die Fersen, die Fußspitzen sind entweder gestreckt oder zum Unterschenkel hin angezogen.

6. Strecksitz.
Der Oberkörper wird senkrecht oder in leichter Vorlage gehalten, die Beine und Fußspitzen liegen geschlossen und gestreckt am Boden. Die Arme stützen neben dem Körper auf dem Boden, Fingerspitzen nach vorn gerichtet.

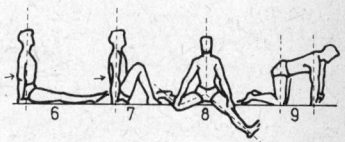

7. Hocksitz
Die geschlossenen Beine werden so weit wie möglich an den Körper gezogen, die Füße setzen mit der ganzen Sohle auf. Die Haltung des Oberkörpers ist wie beim Strecksitz.

8. Hürdensitz.
Aus dem Strecksitz wird ein Bein eingebeugt und so auf den Boden gelegt, daß der Oberschenkel zum gestreckten anderen Bein einen rechten Winkel bildet. Der Oberkörper bleibt aufrecht, die Schultern werden nicht verdreht.

9. Bankstellung.
Aus dem Kniestand vorbeugen und Aufsetzen der Hände auf dem Boden, so daß Oberschenkel und Arme senkrecht stehen. Der Kopf wird in Verlängerung der Rückenlinie gehalten, die Hände setzen mit der ganzen Handfläche auf, die Finger zeigen nach innen.

10. Liegestütz vorlings, rücklings und seitlings.
Der ganze Körper ist gestreckt und bildet eine gerade Linie, der Kopf bildet die Verlängerung der Körperlinie. Die Hände stützen mit ganzer Handfläche auf dem Boden, Finger zeigen etwas nach innen.

Besonderheiten bei einigen Übungen

1. Rückhochhalte der Arme.
Die Arme sind gestreckt in der Hochhalte so weit wie möglich über die Senkrechte hinaus nach hinten gedrückt (die Hüfte bleibt gestreckt, die Schultern werden nicht nach oben gezogen).

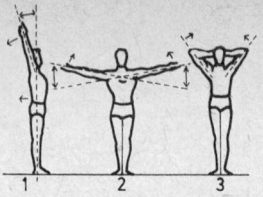

2. Rückführen der Arme aus der Seithalte.
Die Arme werden so weit wie möglich nach hinten gezogen, dabei sind die Hände in Kammhaltung etwas höher als Schulterhöhe.

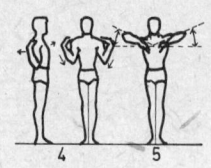

3. Nackenhalte.
Kopf und Ellbogen werden nach hinten gedrückt, der Bauch bleibt eingezogen.

4. Schulterhalte.
Aus der Seitkammhalte die Arme einbeugen, so daß die Fingerspitzen die Schultern berühren.
Die Ellbogen werden so nah wie möglich an den Körper herangezogen, die Schulterblätter berühren sich. Die Hände müssen die Schultern von der Seite berühren und nicht von vorn. Die Kopfhalte ist aufrecht, die Brust gehoben.

5. Schlaghalte.
Die Ellbogen werden nach hinten-oben gedrückt und müssen über Schulterhöhe angehoben werden. Handrücken zeigen nach oben.

6. Gewinkelte Hochhalte.
In der Seithalte bilden die Unterarme zu den Oberarmen einen rechten Winkel. Die Oberarme bilden mit der Schulterlinie eine Gerade. Handflächen zeigen nach vorn.

7. Winkelstand (aus dem Grätschstand oder Streckstand).
Der Oberkörper wird so weit vorgesenkt, daß er zum Boden eine Parallele und zu den Beinen einen rechten Winkel bildet. Der Kopf wird in der Verlängerung der Rückenlinie gehalten, der Rumpf bleibt bei Bewegungen angespannt (gestreckt).

8. Entspanntes Vorfallen des Rumpfes.
Oberkörper, Kopf und Arme hängen entspannt nach unten.

9. Vorbeugen in der Brustwirbelsäule.
Das Vorbeugen erfolgt nicht nur in den Halswirbeln, sondern in der Brustwirbelsäule, in der Hüfte bleibt der Rumpf gestreckt.

10. Seitliches Verschieben des Oberkörpers mit Nackenhalte.
Das Verschieben der Wirbelsäule beginnt bei den Halswirbeln und setzt sich über die Brustwirbel bis zur Hüfte fort.

11. Tiefe Kniebeuge.
Der Rumpf ist gestreckt und aufrecht. Das Becken wird geradlinig gesenkt.

I. Übungen ohne Handgeräte

Grundformen

Arme

Dehnübungen

Diese Übungen haben die Aufgabe, die natürliche Beweglichkeit der oberen Gliedmaßen zu entwickeln. Wir erreichen das durch Bewegungen in allen Gelenken der Arme und Schultern. Zu dieser Übungsgruppe gehören alle bogen- und kreisförmigen Bewegungen der Arme (Schwingen und Kreisen). Bei Schwungübungen ist notwendig, die Bremswirkung der antagonistischen Muskelgruppen auf ein Mindestmaß zu beschränken. Vor allem dann, wenn die Übenden im langsamen Tempo üben, müssen wir es beschleunigen, bis ein wirkliches Schwingen entsteht. Niemals die Übungen abgehackt ausführen lassen, stets auf einen fließenden Bewegungsablauf achten.

Für Kinder wählen wir Einzelbewegungen der Arme aus und kombinieren sie nicht mit Bewegungen des Rumpfes oder der Beine. Die Beweglichkeit in den Schultergelenken ist besonders bei Männern durch den Einfluß der starken Rückenmuskulatur oft gering. In solch einem Fall ist es notwendig, vorsichtig voranzugehen und allmählich die Schwierigkeiten der Übungen zu erhöhen. Bevor wir Übungen bis zur äußersten Streckung oder Dehnung durchführen können, muß die Muskulatur der Übenden gut erwärmt und der Organismus durch leichtere Übungen vorbereitet sein.
Alle Armbewegungen lassen sich durch andere Ausgangsstellungen oder Kombinationen mit Bewegungen des Rumpfes, der Beine usw. erschweren.

a) Schulter

1. Grundstellung, Arme in Tiefhalte;
a) Heben und Senken der Schultern;
b) abwechselndes Heben und Senken der linken und rechten Schulter;
c) Vor- und Rückziehen der Schultern;
d) linke Schulter vorziehen, rechte Schulter nach hinten ziehen und umgekehrt;
e) Schulterkreisen rückwärts, nach oben-hinten beginnend.

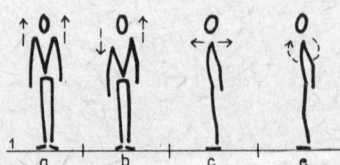

 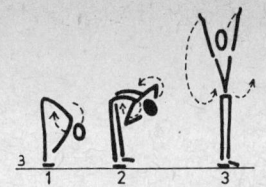 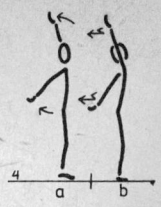

2. Grundstellung, Tiefhalte:
1. Schulterkreisen nach oben rückwärts mit gleichzeitigem leichtem Knieschwung,
2. Schulterkreisen rückwärts mit gleichzeitigem Vorbeugen des Oberkörpers,
3. Zehenstand, Schulterkreisen rückwärts.

3. Grundstellung, Tiefhalte:
1. Entspanntes Vorfallen des Rumpfes, die Hände berühren den Boden, Schulterkreisen rückwärts,
2. Winkelstand, Schulterhalte, Schulterkreisen rückwärts;
3. Hochhalte, Armkreisen rückwärts.

4. Grundstellung, Tiefhalte:
1. Vorhochschwingen links, Handfläche zeigt nach vorn, Rückschwingen rechts, Handflächen nach hinten und umgekehrt,
2. das gleiche mit Nachfedern.

5. Grundstellung, Tiefhalte:
1. Schwingen in die Vorhalte,
2. Schwingen in die Hochhalte mit Strecken nach oben.

6. Grätschstand, Tiefhalte:
1. Rumpfdrehen rechts, Heben der gebeugten Arme und Herausstoßen links, senken in die Ausgangsstellung,
2. Rumpfdrehen rechts, Heben der gebeugten Arme, Stoß rechts und senken (schnelle Armbewegungen wie beim Boxen),
3.–4. das gleiche widergleich.

7. Grätschstand, Hochhalte, Handflächen nach vorn:
1.–8. Lockeres Vorbeugen mit gleichzeitigem Armkreisen vorwärts wie beim Kraulschwimmen,
9. entspanntes Vorfallen des Rumpfes, Senken der Arme, bis sie den Boden berühren.
10.–12. langsames Aufrichten mit gebeugten Armen und in die Hochhalte strecken.

8. Grätschstand, Hochhalte, Handflächen nach vorn; Mühlkreisen vorwärts.

9. Grätschstand, Seithalte, Handflächen nach oben (Kammhalte):
1.–3. Trichterkreisen rückwärts mit Federn in den Knien,
4. Rumpfbeugen, die Fingerspitzen berühren die Fußspitzen.

10. Grundstellung, Seithalte, Handflächen nach oben:
1. Kleine waagerechte Achterkreise (Arme gestreckt),
2. das gleiche mit leichtem Rumpfvorbeugen,
3. das gleiche im Winkelstand.

11. Grätschstand, Seithalte, Handrücken nach oben:
1. Handflächen nach oben-hinten, drehen, Rückbeugen der Schultern,
2. Handflächen nach vorn drehen, Vorbeugen der Schultern.

12. Grundstellung, Tiefhalte:
1. Heben der Arme in die Vorhalte,
2. rückschwingen,
3. vorhochschwingen in die Hochhalte,
4. rückschwingen.

13. Grundstellung, Tiefhalte:
1. Heben in die Vorhalte,
2. Kniebeugen mit Rückschwingen der Arme (Rumpf bleibt aufrecht).

14. Grundstellung, Tiefhalte:
1. Schwingen in die Vorhalte und den Oberkörper zum Winkelstand senken, in den Knien federn,
2. entspanntes Vorfallen des Rumpfes mit Rückschwingen der Arme,
3. aufrichten, kreisen rückwärts,
4. schwingen in die Vorhalte mit leichtem Rückbeugen des Rumpfes,
5. aufrichten, schwingen in die Tiefhalte.

 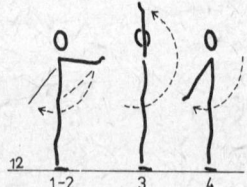 

15. Grundstellung, Tiefhalte:
1. Schwingen in die Vorhalte,
2. kreisen vorwärts,
3. schwingen in die Tiefhalte (jeweils mit Federung in den Knien).

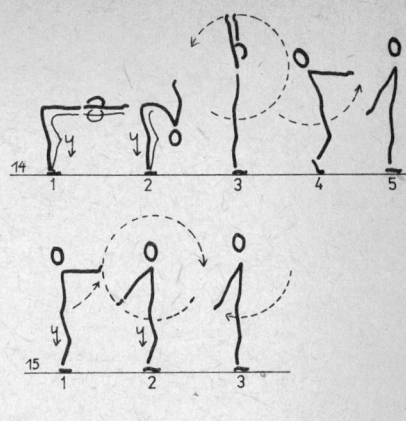

16. Grundstellung, Tiefhalte:
1. Rumpfsenken in den Winkelstand mit Rückschwingen der Arme,
2. Aufrichten mit Armkreisen rückwärts,
3. Schwingen in die Vorhalte und Rückbeugen (in der Brustwirbelsäule),
4. aufrichten und kreisen vorwärts.

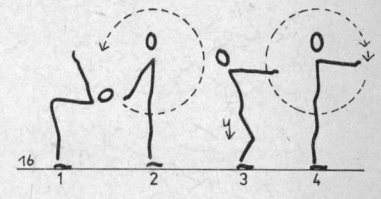

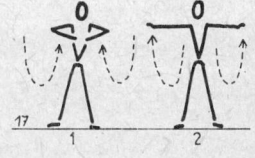

17. Grätschstand, Seithalte:
1. Schwingen in die Tiefhalte und heben in die Schlaghalte,
2. schwingen in die Seithalte.

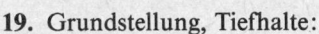

18. Grundstellung, Seithalte:
1. Tief- und vorschwingen in die Hochhalte,
2. Rückbewegung.

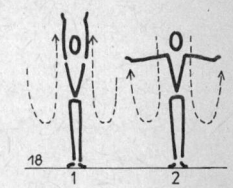

19. Grundstellung, Tiefhalte:
1. Schwingen links in die Hochhalte, rechts in die Rückhalte,
2. senken in den Winkelstand, Gegenschwingen,
3. entspanntes Vorfallen des Rumpfes, Gegenschwingen.

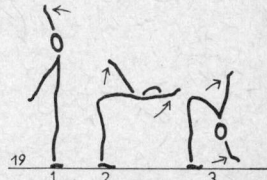

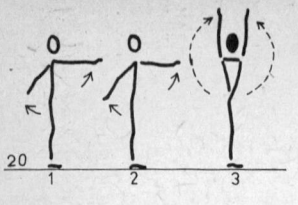

20. Grundstellung, Tiefhalte:
1. Schwingen rechts in die Vor-, links in die Rückhalte,
2. Gegenschwingen,
3. Gegenschwingen mit Rumpfdrehen links (bis in die Hochhalte), Gegenschwingen mit Rumpfdrehen rechts.

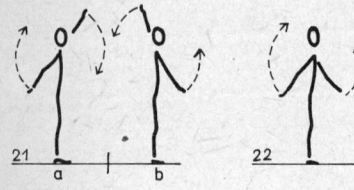

21. Grundstellung, Tiefhalte:
1. Mühlkreisen vorwärts, links beginnend,
2. Mühlkreisen rückwärts, links beginnend.

22. Grundstellung:
Gegenkreisen (links vorwärts, rechts rückwärts und umgekehrt).

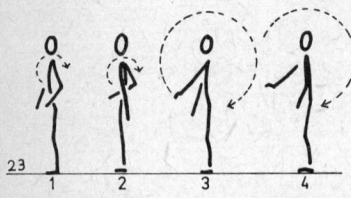

23. Grundstellung, Tiefhalte mit leicht gebeugten Armen:
1. Schulterkreis links rückwärts,
2. Schulterkreis rechts rückwärts,
3. Armkreis links rückwärts,
4. Armkreis rechts rückwärts.

24. Grundstellung:
1.–4. Im Wechsel Mühlkreisen rückwärts,
5.–8. Innenarmkreisen.

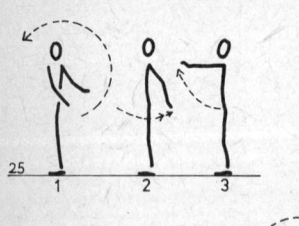

25. Grundstellung, Vorhalte:
1. Parallelkreis vorwärts an der linken Seite,
2. Rückschwingen, Handflächen nach hinten,
3. Vorschwingen der Arme und das gleiche an der anderen Seite.

26. Grätschstand, mit leicht gebeugten Knien, linke Hand auf das linke Knie gestützt:
Schnelles Innenarmkreisen außen rechts, das gleiche links.

27. Grundstellung, Vorhalte:
1.–2. Achterarmkreisen.

28. Grätschstand, Seithalte:
1.–2. Außenarmkreisen,
3.–4. Innenarmkreisen.

29. Grätschstand, Tiefhalte:
1. mit Federn in den Knien,
2. mit Heben in den Ballenstand,
3. mit kleinen Sprüngen,
4. mit Vorbeugen des Oberkörpers,
5. mit Rumpfseitbeugen nach links und rechts.

30. Grätschstand, Tiefhalte: Mühlkreisen vor dem Körper, links beginnend.

31. Grätschstand, Seithalte rechts, parallel:
1. 1½ Kreise vor dem Körper (nach unten beginnend),
2. widergleich.

32. Grundstellung, parallele Seithalte rechts:
1½ Kreise vor dem Körper mit Nachstellschritt links seitwärts.

b) Ellbogen

33. Grätschstand, Seithalte:
1. Unterarmkreis nach außen,
2. Außenarmkreis.

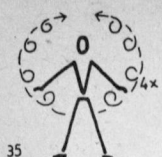  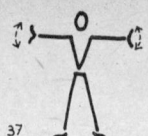 

34. Grätschstand, Tiefhalte:
1.–4. Unterarmkreis nach außen und heben in die Hochhalte,
5.–8. Unterarmkreis und senken in die Tiefhalte.

c) Handgelenk

35. Grätschstand, Tiefhalte, Hände zur Faust geballt:
1.–4. Mit viermaligem Kreisen im Handgelenk heben in die Hochhalte,
5.–8. in der gleichen Weise in die Tiefhalte senken.

36. Grätschstand, Tiefhalte, Hände zur Faust geballt:
1.–4. Mit viermaligem Kreisen im Ellbogen- und Handgelenk seitheben in die Hochhalte,
5.–8. in gleicher Weise in die Tiefhalte senken.

37. Grätschstand, Seithalte: Heben und Senken der Hände.

38. Grätschstand, Vorhalte, Handflächen nach oben: Kreisen im Handgelenk mit gleichzeitigem Anziehen der Finger, beginnend mit dem kleinen Finger, die anderen folgen, bis die Handrücken zueinander stehen, danach Finger wieder strecken.

39. Grätschsitz, Vorhalte:
a) Kreisen im Handgelenk (die Arme beschreiben dabei eine liegende Acht);
b) Kreisen im Handgelenk (die Hände beschreiben dabei eine senkrechte Acht);
c) Kreisen im Handgelenk (die Arme beschreiben dabei eine senkrecht stehende Acht).

40. Grätschstand, Schlaghalte:
a) Die Handflächen berühren sich:
1. Drehen nach innen, Fingerspitzen zum Körper,
2. Drehen nach außen, Fingerspitzen weisen vom Körper weg;
b) 1. Drehen, so daß die Fingerspitzen der linken Hand zum Körper, die der rechten Hand vom Körper weisen,
2. das gleiche umgekehrt;
c) Handrücken berühren sich;

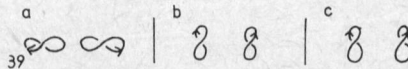

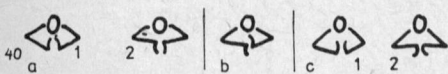

1. Drehen, Fingerspitzen zum Körper,
2. Drehen, Fingerspitzen vom Körper.

Kräftigungsübungen

Durch diese Übungen stärken wir die Armmuskulatur (Beuger und Strecker), die Muskeln des Schultergürtels, die Deltamuskeln und die Brustmuskulatur. Beim Stützen, insbesondere bei Liegestützen, werden auch die Bauch- und die langen Rückenmuskeln gestärkt.

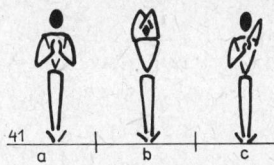

41. Schrittstellung:
a) Hinter dem Rücken die Handflächen zusammenlegen, die Finger zeigen nach oben;
b) Hochhalte, beugen und mit rechts die linke Schulter, mit links die rechte Schulter fassen;
c) links Tief-, rechts Hochhalte, beugen und hinter dem Rücken die Finger der anderen Hand erfassen (das gleiche umgekehrt).

Die Armkraft ist sehr entscheidend für große körperliche Leistungen im Sport und in der Arbeit. Den Übungen zur Kräftigung der Armmuskulatur müssen stets Lockerungs- und Dehnübungen vorausgegangen sein, weil nur ein verhältnismäßig kleiner Teil der Muskulatur angestrengt wird. Sobald wir feststellen, daß die Übenden ungleichmäßig atmen, müssen wir das intensive Üben einstellen und beruhigende Übungen ausführen lassen. Bei Kindern und Frauen sind längere Stützübungen zu vermeiden. Die Belastung darf aber wiederum nicht zu gering sein, da die Reizschwelle der Muskulatur überschritten werden muß, um einen Kraftzuwachs zu erreichen.

Es lassen sich viele Stützübungen der Arme zunächst aus der Bankstellung ausführen; das ist besonders für Anfänger zu empfehlen.

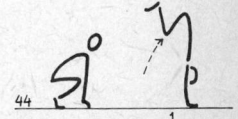

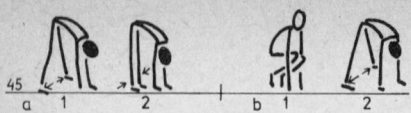 

Schultergürtel, Arme

42. Grätschstand, Tiefhalte:
1. Heben der Arme in die Vorhalte,
2. in die Seithalte führen,
3. in die Hochhalte führen, dabei die Finger spreizen und schließen.

43. Grätschstand, Seithalte:
1. Senken in die Tiefhalte,
2. Drehen der Arme und heben (Daumen nach hinten) in die Seithalte,
3. Drehen der Arme, Handrücken oben (die Übung muß sehr schnell und kraftvoll ausgeführt werden).

44. Hockstand mit Stütz auf dem Boden:
1. Mit beiden Beinen vom Boden abdrücken in den Handstand, die Beine bleiben gehockt,
2. zurück in den Hockstand.

45. Grundstellung, Rumpfbeugen vorwärts mit Stütz am Boden;
a) 1. Sprung in den Grätschstand,
2. Sprung in die Ausgangsstellung;
b) 1. Sprung in den Hockstand,
2. Sprung in den Grätschstand;
c) 1. Sprung in den Liegestütz vorlings,
2. Sprung in den Grätschstand (während der ganzen Übung bleiben die Hände am Boden).

46. Hockstand mit Stütz am Boden;
a) 1. Sprung mit Rückspreizen links,
2. Sprung mit Rückspreizen rechts (Wechselspringen);
b) 1. Sprung mit Seitspreizen links,
2. das gleiche rechts
(die Hände bleiben am Boden).

47. Hockstand mit Stütz auf dem Boden:
1. Strecken der Knie, dabei das Körpergewicht auf die Arme verlagern,
2. Rückbewegung.

48. Bankstellung:
1. Heben in den Liegestütz vorlings (Hände und Füße bleiben fest am Boden, Oberkörper und Kopf werden nach vorn geschoben),
2. senken in die Bankstellung (Hände und Füße bleiben am Boden).

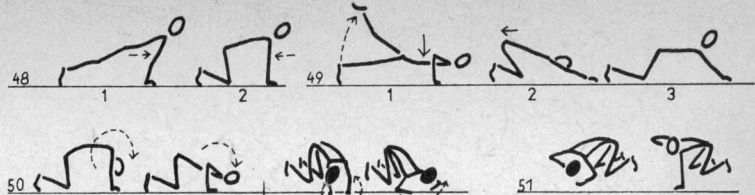

49. Rutschstellung, Arme und Beine schräg zum Boden:
1. Beugen der Arme mit Rückspreizen links,
2. rückschieben in den Fersensitz (Hände bleiben am Boden, Arme werden gestreckt, Kopf senken),
3. heben in die Ausgangsstellung (Hände und Füße bleiben am Boden).

50. Bankstellung:
a) Beugen und Strecken der Arme, der Kopf beschreibt einen senkrechten Kreis (beim Strecken der Arme wird die Wirbelsäule zum Buckel hochgedrückt, beim Beugen durchgedrückt);
b) das gleiche, aber der Kopf beschreibt einen waagerechten Kreis.

51. Bankstellung, Nackenhalte rechts:
1. Beugen links, rechts unverändert,
2. Strecken links (das gleiche umgekehrt).

52. Bankstellung, Hände weit auseinander;
1. Beugen links, rechts gestreckt,
2. Beugen rechts, links gestreckt, Kopf bewegt sich dicht über dem Boden,
3. zurück in die Ausgangsstellung.

53. Grundstellung, Tiefhalte:
1. In den Liegestütz vorlings fallen (der Rumpf bleibt gestreckt),
2.–8. stützeln rückwärts mit tiefer Rumpfbeuge vorwärts und aufrichten.

54. Grundstellung, Tiefhalte:
1. Rumpfbeugen vorwärts, Hände stützen auf dem Boden,

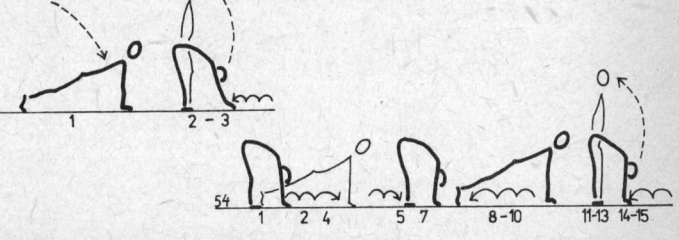

2.–4. stützeln in den Liegestütz vorlings,
5.–7. mehrere kleine Hüpfer bis in den Hockstand (Beine strecken),
8.–10. mit mehreren kleinen Hüpfern in den Liegestütz vorlings,
11.–13. stützeln rückwärts in den Stand mit tiefer Rumpfbeuge vorwärts,
14.–15. aufrichten in die Grundstellung.

55. Bankstellung:
a) Stützeln in den Liegestütz vorlings, Stützeln seitwärts im Kreisbogen nach links (90°), die Füße bleiben am Ort; Stützeln zurück in die Ausgangsstellung (wiederholen, bis der Übende einen ganzen Kreis [360°] beschrieben hat);
b) Liegestütz vorlings, stützeln im Kreis (Füße bleiben am Ort), wobei der Übende einen ganzen Kreis beschreibt.

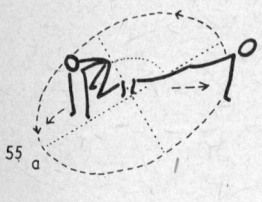
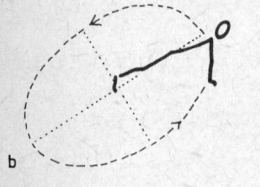

56. Liegestütz vorlings:
1. Durch Abdruck beide Hände weit auseinander stellen,
2. zurück in den Stütz.

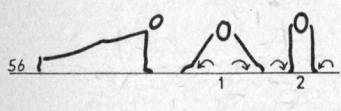

57. Liegestütz vorlings:
1. Leichtes Abdrücken beider Hände vom Boden und Stützen auf den gespreizten Fingern,
2. Stütz auf der ganzen Handfläche.

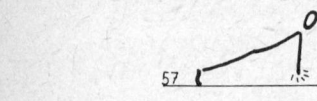

58. Liegestütz vorlings: Gleichzeitiges Abdrücken mit Händen und Füßen vom Boden, Handklatsch, und wieder in den Liegestütz fallen.

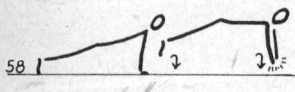

59. Liegestütz vorlings, Beine gegrätscht:
1. Rumpfdrehen rechts und Heben des rechten Armes bis in die Senkrechte,
2. Rückbewegung in den Liegestütz,
3.–4. das gleiche links.

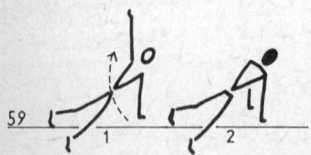

60. Liegestütz vorlings:
1. Rückspreizen links und Heben rechts,
2. senken in den Liegestütz.

61. Liegestütz vorlings:
a) 1. Beugen links und Stütz auf dem linken Unterarm, rechts unverändert,

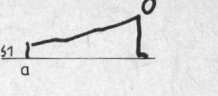

2. Beugen rechts und Stütz auf dem Unterarm, links unverändert (Ellbogen und Unterarm bilden eine Gerade),

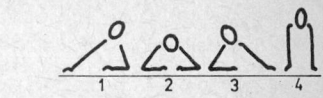

3. links in den Stütz strecken;
4. rechts in den Stütz strecken;
b) 1. in den Stütz auf den Unterarm senken,
2. in den Liegestütz heben, Hände zeigen nach vorn.

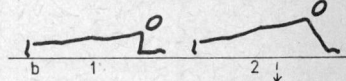

62. Liegestütz vorlings, Hände dicht beieinander, so daß sich die Fingerspitzen berühren:
1. Beugen,
2. strecken.

63. Liegestütz vorlings:
1. Beugen der Arme mit Rückspreizen links,
2. strecken, senken links.

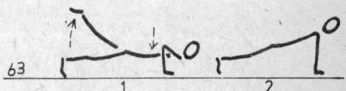

64. Liegestütz vorlings:
1. Beugen der Arme,
2. strecken links, Rumpfdrehen rechts und Heben rechts in die Senkrechte,
3.–4. das gleiche widergleich.

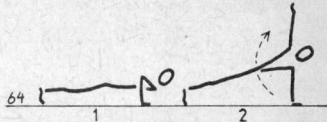

65. Liegestütz vorlings:
1. Beugen der Arme,
2. gleichzeitig mit Händen und Beinen vom Boden abdrücken.

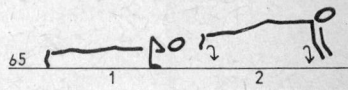

123

66. Liegestütz vorlings mit gegrätschten Beinen und gehobener Hüfte:
1.–4. Vorschieben des Rumpfes mit Beugen der Arme und zurück in den Stütz, der Kopf beschreibt dabei einen senkrechten Kreis.

67. Liegestütz vorlings:
a) 1. Schwungvolles Rumpfdrehen rechts in den Liegestütz rücklings,
2. Schwungvolles Rumpfdrehen zurück in den Liegestütz vorlings;
b) 1. durch die Arme hocken in den Liegestütz rücklings,
2. zurück in den Liegestütz vorlings hocken.

68. Liegestütz rücklings:
1. Beugen,
2. strecken.

Rumpf

Die Beweglichkeit des Rumpfes beruht in der Hauptsache auf der Beweglichkeit der Wirbelsäule. Die Beweglichkeit der Wirbelsäule ist abhängig:
1. vom Muskeltonus (Spannung der Muskeln im Ruhezustand) und der Spannung und Stärke der Bänder längs der Wirbelsäule,
2. von der Beweglichkeit der einzelnen Teile der Wirbelsäule, die auf der Funktion von Hilfsmuskeln sowie auf der Beweglichkeit der Wirbel und Zwischenwirbelscheiben beruht.

Die Beweglichkeit der einzelnen Wirbel zueinander ist gering, aber zusammengenommen ergibt diese geringe Beweglichkeit aller Wirbel eine Beugung von großem Ausmaß. Die Brustwirbelsäule hat nur eine begrenzte Beweglichkeit, während Teile der Hals- und Lendenwirbelsäule wesentlich beweglicher sind.

Von der Elastizität der Wirbelsäule ist die gesamte Beuge- und Streckfähigkeit des Rumpfes abhängig, ebenso die Dehnfähigkeit der Muskeln, in der Hauptsache der Bauchmuskulatur und der seitlichen Rumpfmuskeln.

Die Beweglichkeit der Wirbelsäule ist bei Frauen größer als bei Männern. Im fortgeschrittenen Alter verhärtet die Wirbelsäule, und ihre Beweglichkeit wird geringer. Deshalb ist es notwendig, durch geeignete Übungen die Beweglichkeit der

Wirbelsäule in allen Richtungen zu erhalten.
Es sind dies vor allem das Beugen und Strecken, wobei die einzelnen Wirbel nacheinander gebeugt oder gestreckt werden, sowie Drehungen und kreisende Bewegungen des Rumpfes.
Kombinierte Übungen mit Beugen, Drehen usw. empfehlen wir nur für fortgeschrittene Übende, die die einzelnen Teile der kombinierten Übung bereits beherrschen.

Dehnübungen

a) Nacken

69. Grundstellung, Tiefhalte:
a) Wechselndes Vor- und Rücksenken des Kopfes;
b) wechselndes Senken des Kopfes nach links und rechts (Schultern nicht anheben);
c) Kopf nach links und rechts drehen;
d) Senken des Kopfes vor- und rückwärts mit Drehen nach links und rechts;
e) Kopf nach rechts und links kreisen;
f) Kopf nach rechts und links kreisen im Wechsel.

b) Wirbelsäule (örtliche Beugung)

70. Grundstellung, Hochhalte, Handflächen zueinander;
1. Rumpfbeugen, die Finger (die Handflächen) berühren den Boden,
2. aufrichten in die Ausgangsstellung.

71. Grätschstand, Hochhalte, Handflächen zueinander:
1. Rumpfbeugen, die Hände berühren die linke Fußspitze,
2. aufrichten,
3.–4. das gleiche zur Fußspitze rechts.

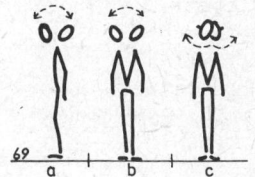

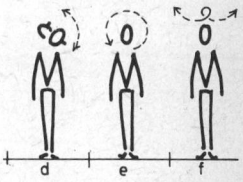

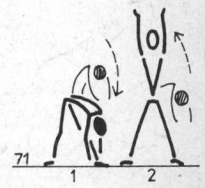

72. Strecksitz, Hochhalte, Handflächen zueinander:
1. Rumpfbeugen, die Finger berühren die Fußspitzen,
2. aufrichten in die Ausgangsstellung.

73. Grundstellung, Tiefhalte:
1. Ausfallschritt links seitwärts, Schlaghalte (der Rumpf ist gestreckt in Verlängerung des rechten Beines),
2. aufrichten (Arme und unterer Teil des Rumpfes bleiben unverändert, die seitliche Beugung erfolgt nur in der Brustwirbelsäule),
3. Rumpfbeugen links (in Verlängerung des rechten Beines),
4. Heranziehen links in die Grundstellung, senken in die Tiefhalte.

74. Grätschstand, Tiefhalte:
a) 1. Rumpfseitbeugen links, Nackenhalte,
2.–3. aufrichten in der Brustwirbelsäule, so daß die Schultergürtellinie fast waagerecht steht,
4.–6. das gleiche rechts;
b) das gleiche, jedoch mit weiterem Beugen der Lendenwirbelsäule bis zum Brustwirbelteil in der gleichen Richtung.

75. Fersensitz, Hände hinter dem Rücken im Flechtgriff:
1. Rumpfbeugen vorwärts, Kopf nach unten,
2. langsames Aufrichten, beginnend in der Lendenwirbelsäule, Kopf im Nacken (der Kopf beschreibt einen senkrechten Kreisbogen).

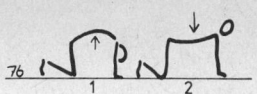
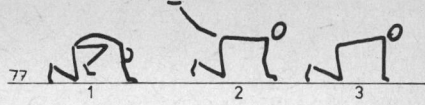

76. Bankstellung:
1. Heben des Rumpfes zum „Katzenbuckel" (Kopf senken),
2. Senken des Rumpfes, Kopf im Nacken (das Beugen der Wirbelsäule muß entweder bei den Hals- oder bei den Lendenwirbeln beginnen).

77. Bankstellung, Kopf im Nacken:
1. Heben des Rumpfes mit Anhocken links, Kopf senken,
2. Senken des Rumpfes mit Rückspreizen links, Kopf im Nacken.
3. Heranziehen links in die Bankstellung,
4.–6. das gleiche widergleich.

78. Bankstellung:
1. Senken des Rumpfes mit Rückspreizen links und Heben rechts in die Vorhalte,
2. Heben des Rumpfes mit Senken des linken Beines und des rechten Armes,
3.–4. widergleich.

79. Kriechübung:
1. Liegestütz vorlings, Seitspreizen rechts (neben der Hüfte aufsetzen), gleichzeitig berührt die linke Hüftseite den Boden, und den linken Arm führen wir so weit wie möglich vor den Körper.
2. Körpergewicht auf das rechte Bein und auf den linken Arm verlagern, die rechte Hüftseite berührt den Boden, links Seitspreizen und rechten Arm so weit wie möglich vorführen (so im Kriechen fortsetzen, die Wirbelsäule wird in einer Wellenlinie bewegt).

80. Hocksitz, die Hände stützen hinter dem Körper:
1. Beugen des Rumpfes (der Rumpf wird gelockert, ausatmen).
2. Aufrichten des Rumpfes (Brust heraus, einatmen).

c) *Wirbelsäule und Rumpf-*
muskulatur (tiefes Beugen)

Beugen

81. Grundstellung, Hände hinter dem Rücken im Flechtgriff:
1. Rumpfbeugen vorwärts mit Rückhochschwingen der Arme,
2. nachfedern,
3. aufrichten.

82. Grätschstand, Hochhalte mit Flechtgriff:
1.–2. Beugen vorwärts, Tief- und Rückschwingen der Arme (Hände so weit wie möglich zwischen den Beinen durchschwingen),
3.–4. aufrichten in die Ausgangsstellung.

83. Grätschstand, Seithalte, Handflächen nach oben:
1. Beugen vorwärts, mit Tief- und Rückschwingen der Arme zwischen die Beine, Hände berühren hinten so weit wie möglich den Boden,
2. nachfedern,
3. aufrichten in die Ausgangsstellung,
4. nachfedern.

84. Schrittstellung, links vorn, Hochhalte, Handflächen zueinander:
1. Beugen vorwärts, Tiefschwingen der Arme, Hände berühren die linke Fußspitze,
2. nachfedern,
3. aufrichten.

85. Grätschstand, Hochhalte mit Flechtgriff:
1. Beugen vorwärts auf das linke Bein, Hände berühren die Sohle des linken Fußes,
2. aufrichten,
3.–4. das gleiche widergleich.

86. Grätschsitz, Seithalte, Handflächen nach oben:
1. Beugen vorwärts, die Finger berühren so weit wie möglich vor dem Körper den Boden,
2. nachfedern,
3. aufrichten.

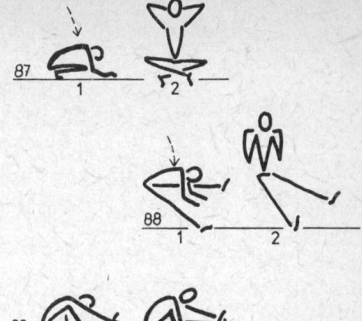

87. Schneidersitz, Nackenhalte:
1. Beugen vorwärts, Senken der Arme, Unterarme berühren den Boden,
2. aufrichten in die Ausgangsstellung.

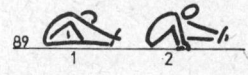

88. Grätschsitz, Schulterhalte:
1. Beugen vorwärts, Senken der Arme, Unterarme berühren den Boden,
2. aufrichten in die Ausgangsstellung.

89. Strecksitz, Anhocken rechts, Fassen des rechten Fußes mit der rechten Hand, linke Hand erfaßt den linken Fuß ebenso:
1. Strecken rechts, Anhocken links,
2. Strecken links, Anhocken rechts (die Hände bleiben an den Füßen).

90. Schneidersitz, rechte Hand faßt die linke Fußspitze, linke Hand die rechte Fußspitze:
1. Beugen vorwärts mit Strecken der Beine (bis zur völligen Streckung),
2. aufrichten, Anziehen der Beine in den Schneidersitz (die Hände bleiben an den Füßen).

91. Grätschsitz, Hände stützen auf den Boden:

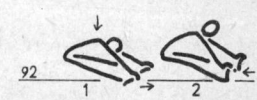

1. Anhocken links und Fassen beider Hände um die Fußsohle,
2. Strecken links mit Beugen vorwärts,
3.–4. Griff lösen, aufrichten in die Ausgangsstellung, das gleiche rechts.

92. Strecksitz, Beugen vorwärts, Hände fassen beide Fußspitzen:

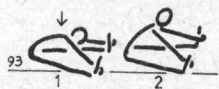

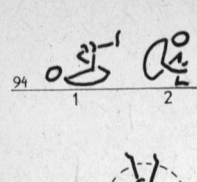

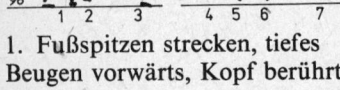

1. Fußspitzen strecken, tiefes Beugen vorwärts, Kopf berührt die Knie,
2. Anziehen der Fußspitzen, leichtes Aufrichten (die Hände bleiben an den Fußspitzen).

93. Grätschsitz, Beugen vorwärts, Füße erfassen (von innen):
1. Tiefes Beugen vorwärts (die Arme ziehen den Rumpf so tief wie möglich),
2. leichtes Aufrichten.

94. Hocksitz, die Hände umfassen die Unterschenkel:
1. rollen rückwärts in die Rückenlage (Fassung bleibt),
2. in die Ausgangsstellung rollen.

95. Grätschstand, Schräghochhalte:
1. Rumpfbeugen rückwärts (Vorschieben des Beckens) mit Rücksenken der Arme, die Hände berühren die Fersen, in den Knien leicht gebeugt,
2. nachfedern,
3. aufrichten in die Ausgangsstellung.

96. Grätschstand, entspanntes Vorfallen des Rumpfes, die Hände berühren den Boden:
1.–2. 2mal Nachfedern,

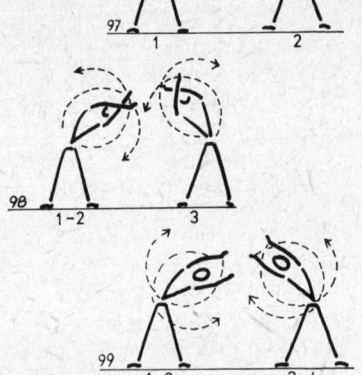

3. Aufrichten mit Armkreis rückwärts,
4. Rumpfbeugen rückwärts (Vorschieben des Beckens) mit Berühren der Fersen,
5.–6. 2mal Nachfedern (Knie vorschieben),
7. Aufrichten mit Armkreisen vorwärts,
8. Rumpfbeugen vorwärts, Hände berühren den Boden.

97. Grätschstand, Tiefhalte:
1. Rumpfbeugen links seitwärts mit Seitheben in die Hochhalte (Kreuzen der Arme über dem Kopf),
2. Aufrichten mit Seitsenken in die Tiefhalte (Kreuzen vor dem Körper),
3.–4. das gleiche nach rechts.

 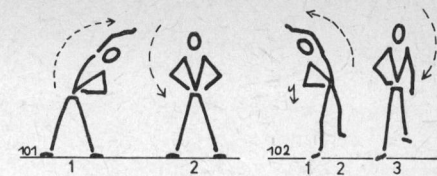

98. Grätschstand, Tiefhalte:
1.–2. Rumpfbeugen links seitwärts mit Außenarmkreisen,
3.–4. Rumpfbeugen rechts seitwärts mit Außenarmkreisen.

99. Grätschstand, Hochhalte, Handflächen zueinander:
1.–2. Rumpfbeugen links seitwärts mit Innenarmkreisen,
3.–4. Rumpfbeugen rechts seitwärts mit Innenarmkreisen.

100. Grätschstand, Schulterhalte:
1. Rumpfbeugen links seitwärts, Strecken in die Hochhalte, Handflächen nach innen,
2. aufrichten in die Ausgangsstellung,
3. das gleiche nach rechts.

101. Grätschstand, Hüftstütz:
1. Rumpfbeugen links seitwärts mit Schwingen rechts in die Rundhalte über dem Kopf,
2. aufrichten in die Ausgangsstellung,
3.–4. widergleich.

102. Schrittstellung, rechts vorn, Hüftstütz rechts, Tiefhalte links:
1. Rumpfbeugen rechts seitwärts, Schwingen links in die Rundhalte über dem Kopf,
2. nachfedern,
3. aufrichten in die Ausgangsstellung.

103. Grundstellung, Tiefhalte:
1. Rumpfbeugen links seitwärts mit Schwingen in die Hochhalte und Seitspreizen links,
2. nachfedern und aufrichten in die Ausgangsstellung,
3.–4. widergleich.

104. Grundstellung, Nackenhalte:
1. Rumpfbeugen links seitwärts mit Knieheben links seitwärts,
2. aufrichten in die Ausgangsstellung,
3.–4. widergleich.

105. Grätschstand, Tiefhalte:
1. Kniebeugen links, Rumpfbeugen rechts seitwärts, Schwingen links hinter dem Kopf, rechts hinter dem Rücken (Arme sind gebeugt),
2. nachfedern,

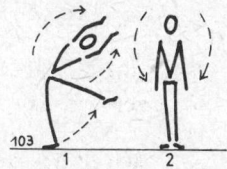  

3. Gewichtsverlagerung nach rechts, Rumpfbeugen links seitwärts, Arme wechseln die Stellung,
4. nachfedern.

106. Kniegrätschstand, Nackenhalte:
1. Rumpfbeugen links seitwärts, Senken links in die Tiefhalte, Hand berührt den Boden,
2. aufrichten in die Ausgangsstellung,
3.–4. widergleich.

Rumpfdrehungen

107. Grätschstand, gewinkelte Hochhalte:
1. Rumpfdrehen nach links,
2. nachfedern,
3.–4. widergleich.

108. Kniegrätschstand, Tiefhalte: vor dem Körper (kreuzen links über rechts):
1. Rumpfdrehen nach links mit Schwingen in die Schräghochhalte, Handflächen nach vorn,
2. Rückbewegung in die Ausgangsstellung (kreuzen rechts über links),
3.–4. widergleich.

109. Schrittknien mit Stütz auf dem linken Knie:

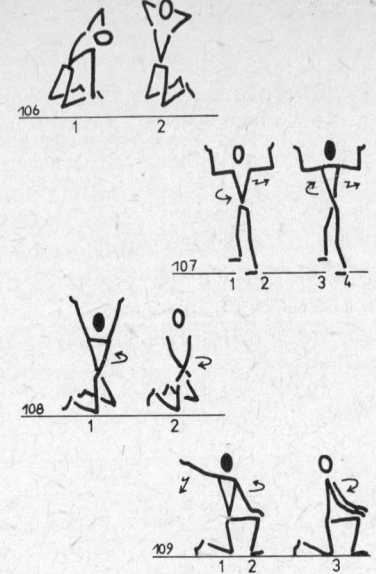

1. Rumpfdrehen nach links, mit Schwingen links in die Seithalte, Handflächen nach oben,
2. nachfedern,
3. Rückbewegung in die Ausgangsstellung.

110. Grätschsitz, die Arme entspannt neben dem Körper:
1. Rumpfdrehen nach links, schwingen in die Seithalte, Handflächen nach oben,
2. Rückbewegung in die Ausgangsstellung,
3.–4. widergleich.

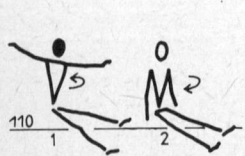 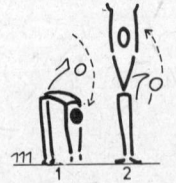 

Beugen und Drehen

111. Grundstellung, Hochhalte, Handflächen nach innen:
1. Rumpfbeugen, Hände berühren neben dem linken Fuß den Boden,
2. Rückbewegung,
3.–4. widergleich.

112. Grundstellung, Hochhalte, Handflächen nach innen:
1. Rumpfbeugen links seitwärts,
2. Rumpfbeugen vorwärts, Hände berühren den Boden neben dem linken Fuß,
3.–4. aufrichten über die Seitbeuge in die Ausgangsstellung,
5.–8. widergleich.

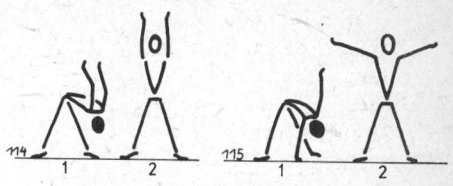

113. Grätschstand, Tiefhalte:
1. Rumpfbeugen links seitwärts mit Schwingen rechts in die Rundhalte über dem Kopf,
2. drehen und senken nach links, schwingen in die Seithalte,
3. Rückbewegung in das Rumpfseitbeugen links,
4. aufrichten in die Ausgangsstellung,
5.–8. widergleich.

114. Grätschstand, Hochhalte:
1. Rumpfbeugen vorwärts (Kopf berührt das linke Knie), mit Rückschwingen in die Rückhalte,

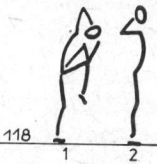

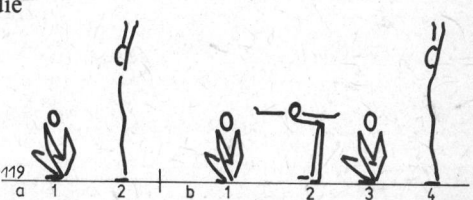

2. aufrichten in die Ausgangsstellung,
3.–4. widergleich.

115. Grätschstand, Seithalte, Handflächen nach oben:
1. Rumpfbeugen mit Tiefschwingen rechts an die linke Fußspitze (Kopf berührt das linke Knie),
2. aufrichten in die Ausgangsstellung,
3.–4. widergleich.

116. Grätschstand, Hochhalte, Handflächen zueinander:
1. Rumpfbeugen links seitwärts,
2. nachfedern,
3. Rumpfbeugen mit Schwingen links an die rechte Fußspitze,
4.–6. aufrichten in die Ausgangsstellung und das gleiche widergleich.

117. Grätschstand, Vorhalte links, Hüftstütz rechts:
1. Innenarmkreis links,
2. Gewichtsverlagerung nach links, Rumpfbeugen mit Schwingen links an die rechte Fußspitze,
3. nachfedern,
4.–6. aufrichten in die Ausgangsstellung und widergleich.

118. Grundstellung, Nackenhalte:
1. Knieheben rechts, Rumpfbeugen, linker Ellbogen berührt das rechte Knie,
2. aufrichten in die Ausgangsstellung,
3.–4. widergleich.

119. Grundstellung, Hochhalte, Handflächen zueinander:
a) 1. Hockstand, Rumpfdrehen nach links, beide Hände berühren die linke Ferse (Stand auf den ganzen Fußsohlen),
2. aufrichten in die Ausgangsstellung,
3.–4. widergleich,
b) 1. Hockstand, Rumpfdrehen nach links, beide Hände berühren die linke Ferse (Stand auf den ganzen Fußsohlen),
2. Strecken der Knie, Rumpfsenken mit Drehen nach links, Seithalte,
3. Beugen der Knie, beide Hände berühren die linke Ferse,
4. aufrichten in die Ausgangsstellung,
5.–8. widergleich.

120. Kniestand links mit Vorspreizen rechts, Tiefhalte:
1. Rumpfbeugen rückwärts mit Schwingen links in die Hochhalte,

2. Rumpfbeugen vorwärts mit Schwingen an die rechte Fußspitze,
3. nachfedern,
4. aufrichten in die Ausgangsstellung (Beinwechsel und widergleich üben).

121. Kniestand links mit Seitspreizen rechts, Tiefhalte:
1. Rumpfbeugen (Arme vor dem Kopf verschränkt), der linke Ellbogen berührt vor dem linken Knie den Boden,
2. nachfedern,
3. aufrichten mit Führen in die Seithalte,
4. Rumpfbeugen, linke Hand berührt rechte Fußspitze, Rückhalte rechts (das gleiche mit Seitspreizen links).

122. Kniestand links, mit Seitspreizen rechts, Tiefhalte:
1. Rumpfbeugen, Arme vor dem Kopf verschränkt, Unterarm berührt den Boden vor dem linken Knie,
2. nachfedern,
3. aufrichten in die Rumpfseitbeuge links mit Stütz links und Rundhalte rechts über dem Kopf (das gleiche mit Seitspreizen links).

123. Kniegrätschstand, Nackenhalte:
1. Rückdrehbeugen, Lösen der linken Hand und Berühren der rechten Ferse,
2. Rückbewegung,
3.–4. das gleiche widergleich.

124. Grätschstand, senken zum Winkelstand mit gewinkelter Hochhalte, Rumpfdrehen nach links und rechts.

125. Grätschstand, senken in den Winkelstand, Vorhalte (Hände berühren den Boden):
a) 1. Rumpfdrehen nach links mit Schwingen links in die Seithalte,
2. nachfedern,
3. Rückbewegung (Hände berühren wieder den Boden),
4.–6. widergleich;
b) das gleiche in der Bankstellung.

127. Grätschstand, Hochhalte mit Flechtgriff:
Trichterkreisen des Rumpfes, nach links beginnend (die Hände beschreiben über dem Kopf einen großen waagerechten Kreis).

128. Grätschstand, Hochhalte:
a) Senkrechtes Rumpfkreisen, nach rechts beginnend;
b) das gleiche, aber aus der Rumpfbeuge beginnend.

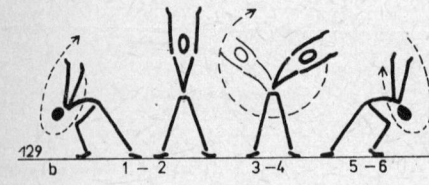

129. Grätschstand, Hochhalte, Rumpfbeugen über das rechte gebeugte Bein mit Rückschwingen der Arme:
1.–2. Aufrichten in die Ausgangsstellung,
3.–4. senkrechtes Rumpfkreisen, nach links beginnend,
5.–6. Rumpfbeugen über das gebeugte linke Bein mit Rückschwingen der Arme,
7.–12. widergleich.

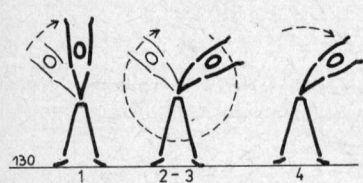

130. Grätschstand, Hochhalte, Rumpfbeugen rechts seitwärts:
1. Aufrichten,
2. senkrechtes Rumpfkreisen, nach links beginnend,
3. Rumpfbeugen links seitwärts,
4.–8. widergleich.

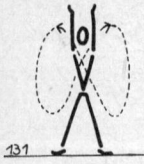

Kreisen

126. Grätschstand, Tiefhalte:
Kreisen des Kopfes und Trichterkreisen des Rumpfes nach links.

131. Grätschstand, Hochhalte:
Achterschwingen des Rumpfes.

Kräftigungsübungen

a) Rücken

Übungen zur Stärkung der Rückenmuskulatur sind gleichzeitig Haltungsübungen, denn die entsprechenden Muskeln haben die Aufgabe, den Körper aufrecht zu halten.
Die Haltungsübungen unterteilen wir in:
1. Übungen zur Stärkung der Zwischenschulterblattmuskulatur,
2. passive Übungen für den Nacken (Lockerung),
3. Übungen zur Dehnung der Brustmuskulatur,
4. Übungen zum Erreichen einer größeren Beweglichkeit der Schultergelenke.

Bei diesen Übungen ist immer auf die richtige Ausführung zu achten, besonders bei Kindern und Jugendlichen. Erst durch die richtige Ausgangsstellung und die richige Körperhaltung erreichen die Übungen ihren Wert. Oft wird es notwendig sein, daß der Übungsleiter dem Übenden hilft, die richtige Haltung in bestimmten Phasen der Übung einzunehmen. Gerade bei Kindern, für die diese Übungen von besonderem Wert sind, besteht oft noch keine feste Vorstellung, wie eine Übung auszuführen ist, wenn sie einen körperbildenden Wert haben soll. Für die folgenden Übungen sind Armführungen typisch, bei denen die Schulterblätter mit ihren Innenseiten zusammenstoßen (die Arme weisen schräg nach hinten, Handflächen nach oben, Schlaghalte der Arme mit Rückfedern u. ä.).

Auf eine häufig vorkommende Form des Rumpfrückbeugens sei noch hingewiesen. Es wird vom Rumpfrückbeugen in der Brustwirbelsäule gesprochen, das meist in Bauchlage ausgeführt wird. Bei diesem Rückbeugen bleibt die Hüfte unbeteiligt, und es wird nur der Schultergürtel nach hinten gezogen, die Beugung erfolgt in der Brustwirbelsäule. In entsprechender Form kann auch ein Vorbeugen erfolgen.

132. Vier grundlegende Übungen der Arme zur Stärkung der Zwischenschulterblattmuskulatur:

a) Schneidersitz, Tiefhalte:
1. Führen in die Schulterhalte (die Finger berühren die Schultern von außen, Ellbogen dicht am Körper),
2. strecken, Hochhalte, Handflächen zueinander,
3.–4. rückfedern,

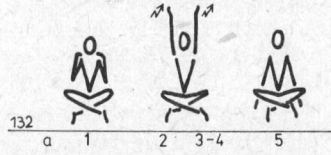

5. seitsenken in die Tiefhalte;
b) Grätschstand, Tiefhalte:
1. Heben in die Schlaghalte,
2. rückfedern,
3. seitrückschlagen, Handflächen nach oben;
c) Grundstellung, gewinkelte Hochhalte:
1. Strecken in die Diagonalhalte seitwärts links oben,
2.–3. kleine Trichterkreise rückwärts,
4. führen in die Ausgangsstellung,
5.–8. widergleich;
d) Strecksitz, Anhocken links, Fußsohle aufgestellt, Tiefhalte:
1. Arme in die Nackenhalte heben,
2. führen in die Seithalte,
3.–4. kleine Trichterkreise rückwärts,
5. senken in die Nackenhalte,
6. senken in die Tiefhalte.

133. Grätschstand, Schräghochhalte mit gebeugten Armen:
1.–2. Senken in die Schrägtiefhalte (Arme bleiben gebeugt),
3.–4. heben in die Schräghochhalte (die Übung muß langsam ausgeführt werden, kraftbetont, die Ellbogen werden nach hinten gedrückt).

134. Grundstellung, links Nackenhalte, rechts hinter dem Körper:
1. Strecken in die Seithalte (betont schräg hinten),
2. Führen links hinter den Körper, rechts in die Nackenhalte,
3.–4. widergleich (Übung kraftvoll und langsam ausführen).

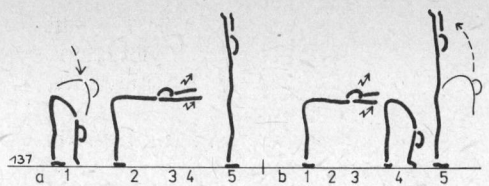 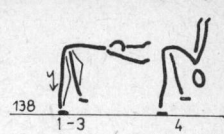

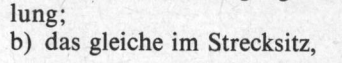

135. Grundstellung, Tiefhalte:
1.–4. Rückheben in die Hochhalte, Handflächen zueinander,
5.–8. rücksenken (langsames Hoch- und Tiefziehen der Arme).

136. a) Grundstellung, Flechtgriff hinter dem Rücken, Rumpfbeugen vorwärts mit gebeugten Knien:
1.–3. Entspanntes Rückfedern des Oberkörpers,
4. betontes Aufrichten in die Grundstellung (Hände bleiben im Flechtgriff),
5. beugen in die Ausgangsstellung;
b) das gleiche im Strecksitz,

137. Grundstellung, Hochhalte, Handflächen zueinander:
a) 1. Rumpfbeugen vorwärts, Hände berühren den Boden,
2. aufrichten in den Winkelstand,
3.–4. nachfedern,
5. aufrichten in die Ausgangsstellung;
b) 1. senken in den Winkelstand,
2.–3. nachfedern,
4. entspanntes Rumpfbeugen vorwärts,
5. aufrichten in die Ausgangsstellung.

138. Grätschstand, Rumpfbeugen vorwärts mit Rückschwingen der Arme:
1.–3. Nachfedern und heben in den Winkelstand mit Vorschwingen der Arme,
4. Rumpfbeugen vorwärts mit Rückschwingen der Arme.

139. Grätschstand, gewinkelte Hochhalte:
1. Rumpfdrehen nach links,
2. Rumpfsenken,

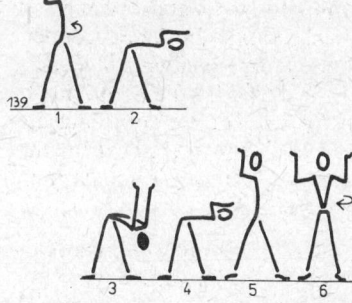

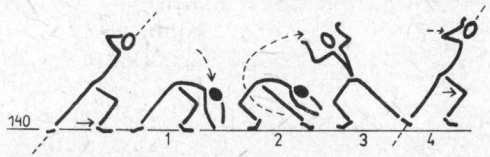

3. entspanntes Rumpfbeugen vorwärts mit Rückschwingen der Arme,
4. Rumpfsenken links mit gewinkelter Hochhalte,
5. aufrichten (Rumpfdrehung bleibt),
6. Rumpfdrehen in die Ausgangsstellung,
7.–12. widergleich.

140. Grundstellung, Ausfallschritt links seitwärts mit Rumpfdrehen links, gewinkelte Hochhalte (Rumpf und rechtes Bein bilden eine Linie):
1.–4. Entspanntes Vorfallen des Rumpfes und der Arme, Gewichtsverlagerung nach rechts und Seithochschwingen des Rumpfes, Gewichtsverlagerung nach links, Rumpfdrehen nach links in die Ausgangsstellung (die ganze Übung muß fließend durchgeführt werden, die Arme unterstützen die Rumpfdrehungen).

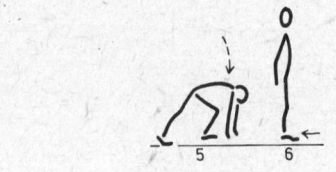

141. Grundstellung, Ausfallschritt links vorwärts, Seithalte (betont schräg nach hinten):
1.–2. Zwei Trichterkreise rückwärts,
3.–4. Ausfallschritt rechts, zwei Trichterkreise rückwärts.

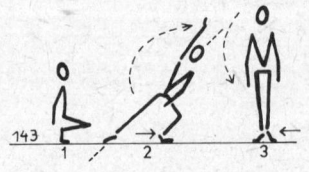

142. Grundstellung, Tiefhalte:
1. Hockstand,
2. Ausfallschritt links vorwärts, Schulterhalte (Rumpf und linkes Bein bilden eine Linie),
3. strecken in die Hochhalte (Handflächen nach innen),
4. rückfedern,
5. entspanntes Vorfallen des Rumpfes und der Arme,

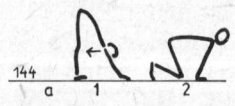

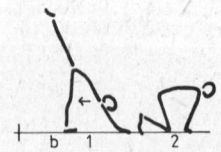

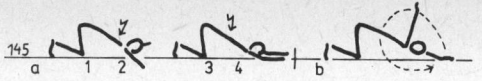

6. aufrichten in die Grundstellung, widergleich.

143. Grundstellung, Tiefhalte:
1. Hockstand,
2. Ausfallschritt links seitwärts, Hochhalte rechts,
3. aufrichten in die Ausgangsstellung,
4.–6. widergleich.

144. Bankstellung, Stütz nahe den Knien:
a) 1. Strecken der Knie, Stütz bleibt am Boden,
2. senken in die Bankstellung;
b) 1. Strecken des rechten Knies,
2. senken in die Ausgangsstellung und Beinspreizen links,
3.–4. widergleich.

145. Bankstellung, Arme weit vorschieben (Rutschstellung):
a) 1. Arme nach außen schieben,
2. nachfedern,
3. Arme vorschieben,
4. nachfedern;
b) 1.–2. Armkreis rechts vorwärts (nach hinten beginnend),
3.–4. das gleiche links;
c) 1. nachfedern (Beugen der Wirbelsäule nach unten),
2.–3. Rumpfseitbeugen links und nachfedern,
4.–5. Rückführen zur Mitte und nachfedern,
6.–7. Rumpfseitbeugen links und nachfedern,
8. rückführen zur Mitte;
d) 1.–4. stützeln nach links in die Rumpfseitbeuge links, rechte Hand kreuzt über der linken,
5.–8. rückstützeln, linke Hand kreuzt über der rechten,
9.–16. widergleich.

146. Rückenlage, Seithalte, Handflächen auf dem Boden:
a) Heben des Rumpfes vom Boden (nur mit Schulterblättern und Fersen wird der Boden berührt), Senken des Rumpfes in die Rückenlage;
b) Heben des Rumpfes (wie Übung a) und Drehen nach links und rechts (bis der Übende mit einer Beckenseite den Boden berührt).

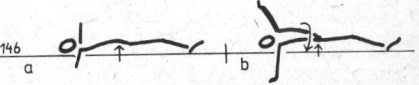

147. Bauchlage, Schräghochhalte, Handflächen auf dem Boden:

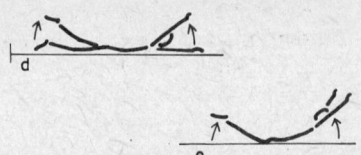

a) Heben des Rumpfes (Arme in Verlängerung des Rumpfes) und Senken (wiederholen);
b) 1. Rückführen links neben den Körper,
2. Rückführen links in die Ausgangsstellung,
3.–4. das gleiche rechts;
c) Heben und Senken beider Beine (Beine bleiben geschlossen);
d) 1.–2. Heben des linken Beines und des rechten Armes, senken,
3.–4. widergleich;
e) Heben des Rumpfes und der Beine zugleich, senken (Wiederholung).

b) Bauch

Übungen zur Stärkung der Bauchmuskulatur gehören unbedingt in jeden vorbereitenden Teil einer Übungsstunde. Die Bauchmuskeln haben die Aufgabe, den Körper aufrecht zu halten, und darüber hinaus sind sie auch mitverantwortlich für die normale Funktion einiger innerer Organe. Das bezieht sich insbesondere auf die Verdauungsorgane (Magen, Darm) sowie auf die Atmungsorgane, denn die Bauchmuskeln sind Hilfsatemmuskeln.
Bauchmuskelübungen beeinflussen auch die gleichmäßige Verteilung der Fettpolster, aus denen die Muskelgewebe die notwendige Energie entnehmen.
Bei aktiver Tätigkeit der Bauchmuskeln kann sich somit kein überflüssiges Fett in der Bauchgegend ansetzen.
In der Hauptsache beanspruchen wir die Bauchmuskeln beim Heben der Beine im Sitzen und Liegen oder durch Rumpfsenken rückwärts aus dem Sitz in die Rückenlage.
Ergänzen wir diese Übungen mit Rumpfdrehungen, beanspruchen wir auch die schrägen Bauchmuskeln.
Beispiel der methodischen Steigerung bei Bauchmuskelübungen:
Sitz mit angehobenen Beinen (Schwebesitz):
a) Heben der geschlossenen Beine und schnelles Senken;
b) die Übung schneller wiederholen;
c) Verlängerung der Zeit, in der sich die Beine in der Schwebe befinden;
d) Halten der Beine in der Schwebe und zu Boden federn, ohne diesen zu berühren;
e) sobald sich die Beine in der Schwebe befinden, Hände vom Boden lösen zur Seithalte oder Hochhalte;

f) Beinheben und Rumpfheben gleichzeitig (aus der Rückenlage);
g) Kombinationen der ausgeführten Übungen.
Bei einer intensiven Beanspruchung der Bauchmuskeln sind immer wieder Ausgleichs- und Entspannungsübungen einzuflechten.

Gerade Bauchmuskulatur

148. Strecksitz mit Stütz hinter dem Körper:
a) 1. Heben links,
2. senken,
3.–4. das gleiche rechts;
b) 1. Heben beider Beine bis zu einem Winkel von 45°,
2. senken.

149. Strecksitz mit Stütz hinter dem Körper:
1. Anhocken der Beine, Fußspitzen zum Boden,
2. strecken (die Beine bilden zum Boden einen Winkel von 45°),
3. senken (Wiederholung).

150. Schwebesitz mit Stütz hinter dem Körper:
a) Mehrmaliges Aneinanderschlagen der Füße;
b) abwechselnd Scheren links über rechts;
c) abwechselndes Beugen und Strecken links und rechts (Radfahren);

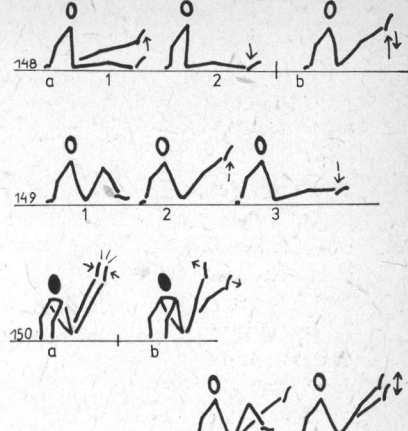

d) senkrechtes Scheren wie beim Kraulen.

151. Strecksitz mit Stütz, Anhocken rechts:
1. Heben links,
2. Senken links (das gleiche rechts).

152. Strecksitz mit Stütz:
1. Heben der Beine,
2.–5. langsames Senken bis dicht über den Boden, Füße kreisen dabei nach außen, entspannt auf den Boden legen.

153. Grätschsitz mit Stütz, Beine heben:
a) Das rechte Bein schreibt die Zahlen 1 bis 10;
b) das gleiche mit beiden Beinen gleichzeitig;
c) das gleiche mit geschlossenen Beinen.

154. Hocksitz, die Hände erfassen die Füße von außen:
a) 1. Strecken nach schräg oben,
2. Rumpfbeugen vorwärts und Beine auf den Boden legen,
3. Aufrichten mit Anhocken der Beine (Fassung bleibt während der ganzen Übung unverändert);

b) 1. Beine nach schräg oben strecken,
2. Griff lösen. Senken der Beine und heben in die Hochhalte, Handflächen zueinander.
3. Anhocken, Füße wieder erfassen.

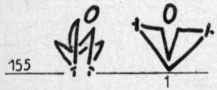

155. Hocksitz, Fassen der Füße von innen:
1. Beine schräg nach oben strecken,
2. Anhocken (Handfassung bleibt unverändert).

156. Strecksitz, Anhocken links und Fassen links am Knöchel mit rechts:
1. Rechts zwischen linkem Bein und rechtem Arm durchschieben und schräg nach oben strecken,
2. Rückziehen rechts und senken.

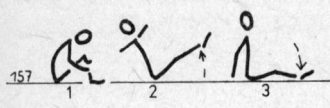

157. Strecksitz, Stütz hinter dem Körper:
1. Anhocken mit Rumpfbeugen, die Hände umfassen die Unterschenkel,
2. strecken schräg nach oben, schwingen in die Seithalte, Handflächen nach oben,
3. senken, hinter dem Körper stützen.

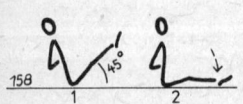

158. Strecksitz, Arme hinter dem Rücken verschränkt:
1. Beide Beine heben bis zu einem Winkel von 45°
2. senken.

159. Schwebesitz, Seithalte: Gleichzeitig Beinkreisen nach außen und Trichterkreisen der Arme rückwärts.

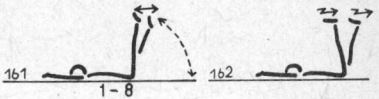

160. Rückenlage, Hochhalte, Handflächen nach oben: Leichtes Anheben der Beine und Scheren nach oben und unten (Kraulen).

161. Rückenlage, Hochhalte, Handflächen nach oben:
1.–8. Langsames Heben der Beine mit gleichzeitigem Scheren nach oben und unten (bis zur Senkrechten),
9.–16. langsames Senken der Beine mit Scheren.

162. Rückenlage, Hochhalte: Heben der Beine bis in die Senkrechte, die Fußspitzen zum Unterschenkel ziehen, Scheren der Beine (Beine dürfen in den Knien nicht gebeugt werden).

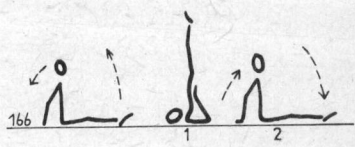

163. Rückenlage, Hochhalte, Handflächen nach oben:
1. Heben der Beine bis in die Senkrechte,
2.–3. grätschen und dabei senken, wiederholen.

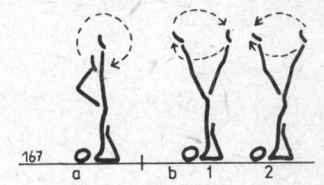

164. Rückenlage, Tiefhalte: Stufenweises Heben der Beine nach 5 Zeiten (von 1–5 zählen).

165. Nackenstand, die Fußspitzen berühren hinter dem Kopf den Boden:

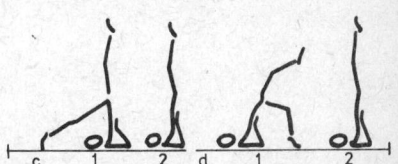

167. Nackenstand mit Hüftstütz:
a) Abwechselndes Beugen und Strecken der Beine (Radfahren);
b) 1. Bogenspreizen nach außen, rechtes Bein nach vorn,
2. das gleiche, linkes Bein nach vorn;
c) 1. Senken rechts, die rechte Fußspitze berührt den Boden,
2. heben,
3. das gleiche links;
d) 1. Senken des gebeugten linken Beines, bis die Fußspitze den Boden berührt,
2. Rückbewegung,
3.–4. das gleiche rechts;
e) 1. Anhocken der Beine,
2. strecken, die Fußspitzen berühren den Boden,
3. heben;
f) Anhocken der Beine und senken, bis die Unterschenkel links neben dem Kopf den Boden berühren,
2. strecken,
3.–4. das gleiche nach rechts.

168. Grundstellung, Tiefhalte:
1. Rücktreten links und Rumpfsenken rückwärts (Rumpf in Verlängerung des rechten Beines), Schulterhalte,
2. strecken in die Hochhalte,
3. rückfedern,
4. senken in die Schulterhalte,
5. aufrichten in die Grundstellung.

169. Kniestand, Tiefhalte:
1. Rumpfsenken rückwärts (Oberschenkel und Rumpf bilden eine Linie),
2. aufrichten.

1. Knie an die Brust ziehen,
2. Beine strecken.

166. Strecksitz, Stütz hinter dem Körper:
1. Rückrollen in den Nackenstand (Kerze) mit Hüftstütz,
2. abrollen in den Strecksitz mit Stütz hinter dem Körper.

170. Kniestand, Rumpfbeugen vorwärts, die Hände berühren neben den Knien den Boden:
1.–3. Aufrichten, Rückbeugen mit Schwingen in die Hochhalte, Hände berühren den Boden hinter dem Kopf,
4. aufrichten und Vorbeugen mit Seitvorführen der Arme.

171. Strecksitz, Rumpfsenken rückwärts bis zu einem Winkel von 45° zum Boden, Arme locker am Körper:
1. Rumpfsenken in die Rückenlage mit Heben der gestreckten Beine bis zu einem Winkel von 45°
2. aufrichten in die Ausgangsstellung (der Winkel zwischen Oberkörper und den Beinen bleibt unverändert).

172. Strecksitz, Schlaghalte:
1. Leichtes Rücksenken mit gleichzeitigem Schlagen in die Seithalte nach hinten-oben, Handrücken nach oben,
2.–3. Trichterkreisen rückwärts,
4. Rumpfbeugen vorwärts und schwingen in die Hochhalte (Hände berühren die Fußspitzen),
5. schnelles Aufrichten in die Ausgangsstellung.

173. Rückenlage, Beine leicht angehockt, Fußsohlen auf dem Boden, Arme locker am Körper:
1. Rumpfheben mit Heben der Arme, die Hände berühren die Knie,
2. Rückbewegung.

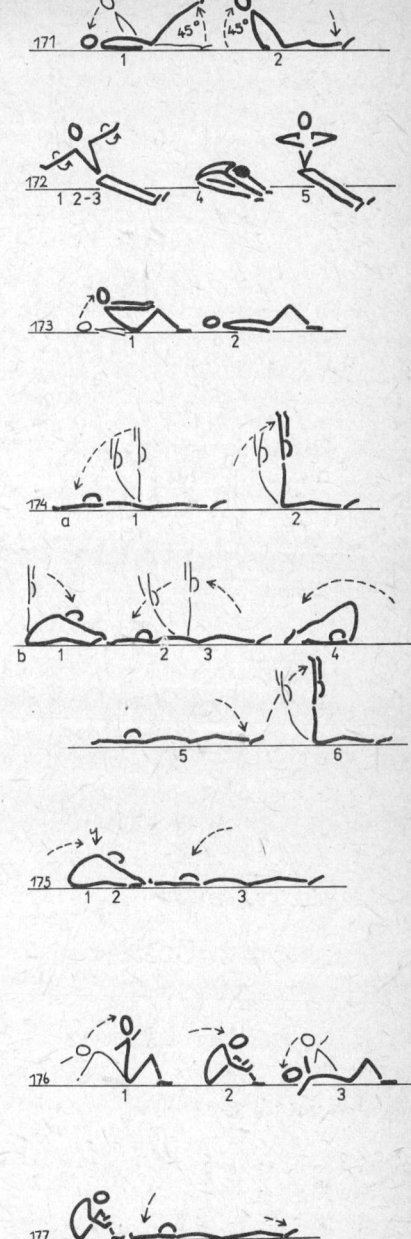

174. Strecksitz, Hochhalte, Handflächen zueinander:
a) 1. Senken in die Rückenlage, Hochhalte,
2. aufrichten in den Strecksitz;
b) 1. Beugen vorwärts, Hände berühren die Fußspitzen,
2. aufrichten,
3. senken in die Rückenlage,
4. Heben der Beine, rückrollen in die Nackenlage (Fußspitzen berühren den Boden),
5. abrollen in die Rückenlage,
6. aufrichten in den Strecksitz (Arme bleiben während der ganzen Übung in Hochhalte).

175. Rückenlage, Hochhalte, Handflächen zueinander:
1. Aufrichten und Beugen vorwärts, Hände berühren die Fußspitzen,
2. nachfedern,
3. senken in die Rückenlage.

176. Rückenlage, Beine angehockt, Fußsohlen auf dem Boden, Seithalte, Handflächen berühren den Boden:
1. Aufrichten, Kopf und Arme verlassen den Boden zuletzt,
2. entspanntes Vorfallen des Rumpfes, Hände umfassen die Knie,
3. senken in die Rückenlage, Arme schwingen in die Seithalte.

177. Rückenlage, Hochhalte, Handflächen nach oben:
1. Heben in den Hocksitz, Hände umfassen die Knie,
2.–4. senken in die Rückenlage mit Hochhalte.

178. Hocksitz, Hände umfassen die Fußgelenke von außen:
1. Strecken der Beine schräg vorhoch (Griff bleibt),
2. rückrollen (Arme und Beine bleiben gestreckt),
3. Griff lösen, senken in die Rückenlage mit Hochhalte,
4. aufrichten in die Ausgangsstellung.

179. Rückenlage, Hochhalte, Handflächen zueinander:
a) 1. Heben in den Sitz mit Vorspreizen links, Fassen des Fußgelenkes, den Kopf zum Knie heranziehen,
2. Rückbewegung,
3. das gleiche mit dem rechten Bein;
b) heben in den Schwebesitz, die Hände berühren die Fußspitzen, Rückbewegung.

180. a) Strecksitz, Hochhalte, Rumpfbeugen vorwärts, bis die

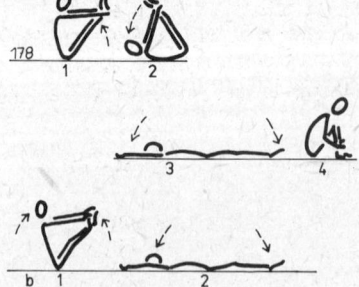

Hände die Fußspitzen berühren:
1.–2. Rollen rückwärts, bis die Fußspitzen hinter dem Kopf den Boden berühren, Arme liegen auf dem Boden,
3.–4. aufrichten (Kopf zuletzt vom Boden abheben) und Rumpfbeugen vorwärts, bis die Hände die Fußspitzen berühren,
5. nachfedern;
b) Grätschsitz, Rumpfbeugen vorwärts, Arme berühren vor dem Rumpf den Boden:
1.–2. Rollen rückwärts (Beine werden beim Rückrollen geschlossen angehockt und wieder gegrätscht) in die Nackenlage, die Beine berühren hinter dem Kopf den Boden,
3.–4. Rückbewegung in die Ausgangsstellung (Beine wieder schließen, anhocken und grätschen).

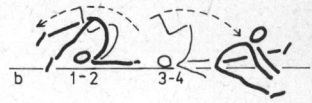
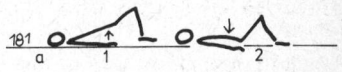

181. Rückenlage, die Beine sind angehockt, Fußsohlen auf dem Boden, Arme liegen locker neben dem Rumpf:
a) 1. Becken vom Boden heben (nur Schulterblätter und Fußsohlen stützen auf dem Boden),
2. senken;
b) das gleiche, aber beim Anheben des Beckens wird gleichzeitig ein Bein schräg hoch gehoben (abwechselnd links und rechts).

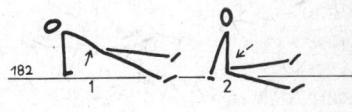

182. Grätschsitz mit Stütz hinter dem Körper:
1. Becken heben in den Grätschliegestütz rücklings,
2. senken in den Grätschsitz.

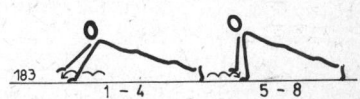

183. Liegestütz vorlings:
1.–4. Hände stützeln so weit wie möglich vor, Füße bleiben fest am Ort,
5.–8. Rückbewegung.

Schräge Bauchmuskulatur

184. Strecksitz, Stütz hinter dem Rücken:
1. Linkes Bein heben und nach rechts drehen, Fußspitze berührt neben rechtem Bein den Boden,
2. Rückbewegung.
3.–4. das gleiche rechts.

185. Strecksitz, Stütz hinter dem Körper:
1. Bogenspreizen links nach links,
2. Bogenspreizen rechts nach links (fortsetzen im Kreise nach links), das gleiche in entgegengesetzter Richtung.

186. a) Strecksitz, Stütz hinter dem Körper:
Mit Schwung Beine anhocken (Fußsohlen auf dem Boden) und gleichzeitig ganze Drehung nach links in den Strecksitz (Übung schnell ausführen, mit den Händen vom Boden abstoßen), das gleiche entgegengesetzt;
b) Rückenlage, Arme locker neben dem Körper:
Rumpf und Beine leicht vom Boden abheben, mit Hilfe der Hände langsam eine ganze Drehung nach links ausführen, das gleiche entgegengesetzt.

187. Strecksitz, Unterarme stützen hinter dem Körper, Anheben der Beine bis zu einem Winkel von 45° zum Boden:
1. Beine anhocken und links neben dem Rumpf auf den Boden legen (das linke Bein berührt mit seiner ganzen Außenseite den Boden).
2. strecken in den Schwebesitz (Ausgangsstellung),
3.–4. widergleich.

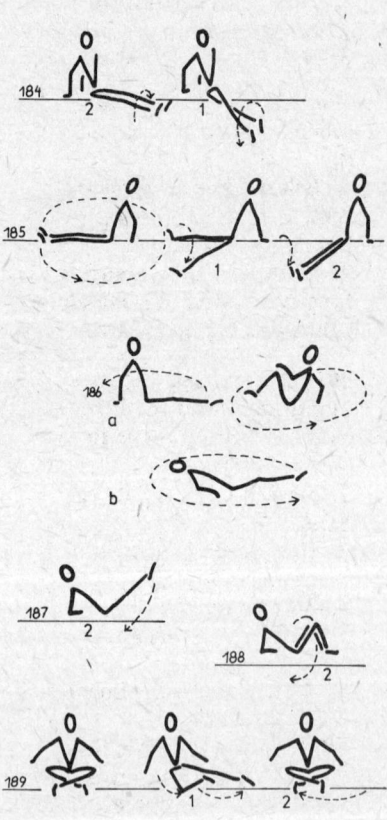

188. Hocksitz, Unterarmstütz:
1. Die angehockten Beine nach links auf den Boden legen (das linke Bein berührt mit seiner ganzen Außenseite den Boden),
2. Rückbewegung,
3. das gleiche nach rechts.

189. Schneidersitz, links über rechts, Arme locker am Körper (nicht vom Boden abdrücken):
1. Strecken der Beine nach links seitwärts,
2. Rückbewegung in die Ausgangsstellung,
3.–4. zur anderen Seite.

190. Sitz auf dem rechten Oberschenkel, Arme locker am Körper:
1. Beide Beine nach rechts schwingen zum Sitz auf dem linken Oberschenkel,
2. Beine in die Ausgangsstellung schwingen, die Hände berühren nicht den Boden.

191. Rückenlage, Seithalte, Handflächen auf dem Boden:
a) 1. Heben links bis in die Senkrechte,
2. Senken links zur linken Seite,
3. Heranziehen links in die Ausgangsstellung,
4.–6. widergleich;
b) 1. Heben links in die Senkrechte,
2. Senken links, im Bogen zum rechten Arm,
3. Heben links in die Senkrechte und Senken im Bogen zur linken Seite, bis die Fuß-

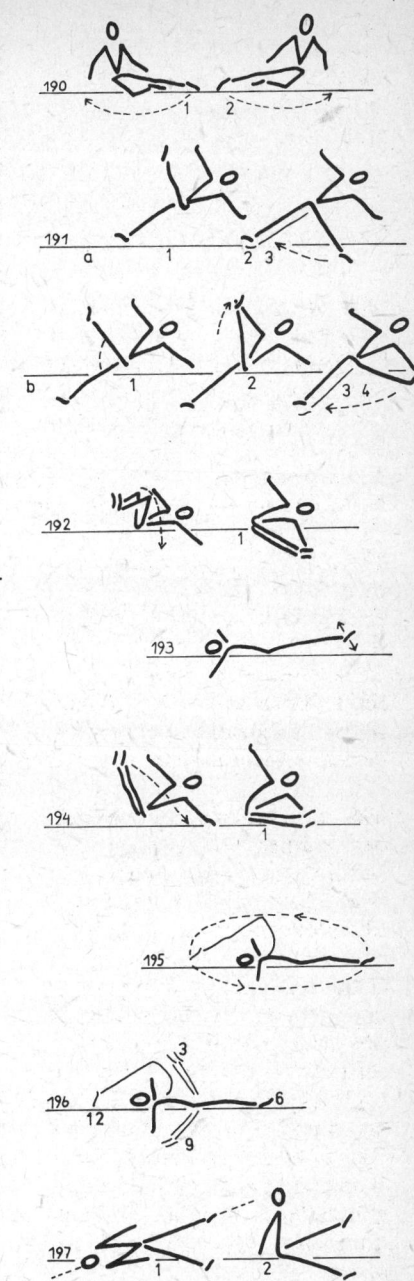

spitze den linken Arm berührt,
4. Heranziehen links in die Ausgangsstellung,
5.–8. widergleich.

192. Rückenlage, Seithalte, Anhocken der Beine:
1. Beine nach links drehen und gleichzeitig strecken, bis die Fußspitzen den linken Arm berühren,
2. Beine anhocken und in die Ausgangsstellung drehen,
3. das gleiche nach rechts.

193. Rückenlage, Seithalte, Handflächen auf dem Boden: Beine leicht anheben, auf- und abfedern.

194. Rückenlage, Seithalte, Handflächen auf dem Boden, Beine bis in die Senkrechte heben:
1. Die geschlossenen Beine nach links auf den Boden legen,
2. Rückbewegung,
3.–4. das gleiche nach rechts.

195. Rückenlage, Seithalte, Handflächen auf dem Boden: Kreisen der Beine und des Rumpfes nach links, die Fußspitzen beschreiben einen Kreis auf dem Boden (das Kreisen erfolgt über die Nackenlage).

196. Rückenlage, Seithalte, Handflächen auf dem Boden: Nach den Angaben des Sportlehrers werden die geschlossenen Beine in eine bestimmte Stellung gebracht (z. B. wie bei der Uhr, „ein Viertel", „Halb", „um zwölf" usw.).

197. Grätschsitz, Arme locker hinter dem Körper:
1. Rumpfsenken in die Rückenlage, Oberkörper in Verlängerung des linken Beines,
2. heben in den Grätschsitz,
3.–4. das gleiche nach links.

198. Grätschsitz, die Arme locker neben dem Körper:
1. Rumpfbeugen vorwärts, Hände berühren die Fußspitze des linken Beines,
2. Aufrichten mit Drehung nach rechts und senken in die Seitenlage (während der ganzen Übung bleiben die Fersen fest am Boden),
3.–4. widergleich.

199. Liegestütz vorlings:
1. Arme beugen mit Bogenspreizen rechts über das linke Bein, die linke Fußspitze berührt den Boden nahe der Schulterlinie,

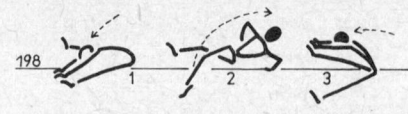

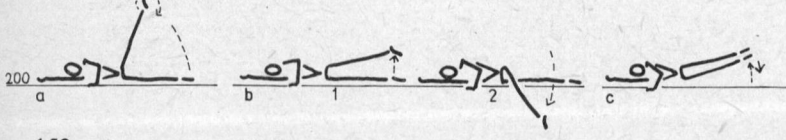

2. Rückbewegung,
3.-4. widergleich.

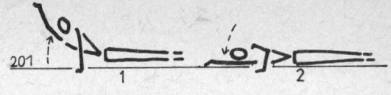

200. Seitenlage rechts, rechter Arm in Hochhalte, linker Arm von der Brust aufgestützt:
a) 1. Seitspreizen links,
2.-3. Trichterkreisen links,
4. Senken links;
b) 1. Rückschwingen links,
2. Vorschwingen links;
c) 1. Heben beider Beine,
2. senken
(a, b, c widergleich).

201. Seitenlage rechts, rechter Arm in Hochhalte, linker Arm vor der Brust aufgestützt:
1. Rumpf heben (Arm bleibt in Hochhalte),
2. senken, widergleich.

202. Sitz auf dem rechten Oberschenkel, das rechte Bein kreuzt über dem linken, rechts Stütz auf dem Boden, links locker am Körper:
1. Heben des Beckens in den Liegestütz rechts seitlings, links in die Hochhalte schwingen,
2. in die Ausgangsstellung senken.

203. Liegestütz rechts seitlings, links locker am Körper. Mit kleinen Schrittchen einen Kreis um den Stützarm beschreiben.

Beine

Dehnübungen

Diese Übungen verbessern die Beweglichkeit der Gelenke, dehnen die Muskeln der vorderen und der hinteren Beinseite. Vor allem die Muskeln und Bänder des Unterschenkels (Wade), die durch langes Sitzen verkürzt sein können, benötigen diese Übungen. Es ist angebracht, vorsichtig zu beginnen und allmählich intensiv zu üben, damit keine Muskelrisse auftreten.

a) Becken

Das Becken ist mit der Wirbelsäule durch die untersten Wirbel, (Kreuzbein, Steißbein) fest verbunden und hat daher eine große Bedeutung für die aufrechte Haltung des gesamten Rumpfes und dessen Beweglichkeit. Die normale Neigung des Beckens beträgt 28° und kann unter Belastung bis zu 45° errei-

chen. Deshalb ist es wichtig,
daß der obere Teil des Beckens
bewußt nach hinten geneigt und
der untere Teil nach vorn geschoben wird.

Durch bestimmte Übungen
müssen die Muskeln, die das
Becken in seiner richtigen Stellung halten, geübt und gekräftigt werden; das sind die
Bauchmuskeln, die Gesäß- und
Lendenmuskeln.

Die Beweglichkeit des Beckens
ist bei Frauen meist größer als
bei Männern. Die richtige Stellung des Beckens und eine bestimmte Beweglichkeit hat für
die Frau eine besondere Bedeutung während der Schwangerschaft.

Die folgenden Übungsgruppen
umfassen Bewegungen des Beckens nach vorn, zur Seite, nach
hinten und kreisende Bewegungen. Diese Übungen werden
vorwiegend im Stand, aber auch
im Knien oder in der Seitenlage
ausgeführt.

204. Laufstellung, Arme locker
am Körper:
Beckenkreisen, nach rechts beginnend, mit leichtem Kniefedern.

205. Grundstellung, Tiefhalte:
1.–3. Senken in den Hockstand
mit gleichzeitigem Vor- und
Rückbewegen des oberen Beckenteiles.
4.–6. Aufrichten mit der gleichen Beckenbewegung.

206. Rückenlage, Beine angehockt, die Fußsohlen auf dem
Boden:

1. Die Wirbelsäule gerade auf
den Boden drücken,
2. Heben des Hüftwirbelteiles
vom Boden.

207. Grätschstand, Seithalte:
a) Becken nach links und
rechts schieben (die Beckenbewegung erfolgt in einer
Ebene);
b) Beckenkreisen nach hinten
(das Becken beschreibt einen
Halbkreis);
c) Beckenkreisen nach vorn im
Halbkreis;
d) Beckenkreisen nach links
und rechts (voller Kreis).

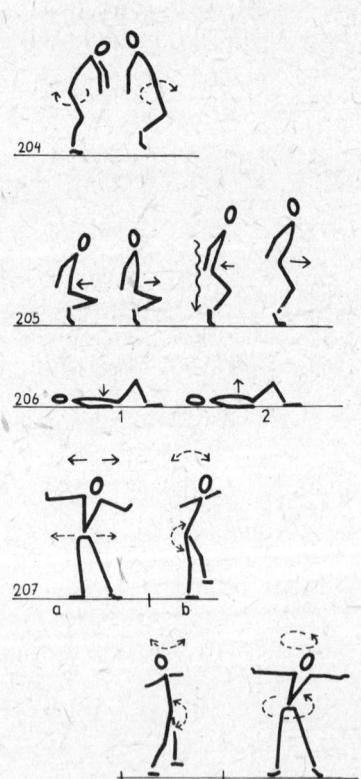

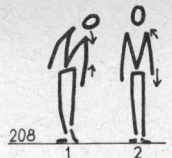 

208. Grundstellung, Tiefhalte:
1. Anheben der linken Beckenseite, dabei das ganze Bein abheben und Rumpfbeugen links seitwärts,
2. Grundstellung,
3.–4. widergleich.

209. Strecksitz, Seithalte:
a) Abwechselnd rechtes und linkes Bein aus der Hüfte vorschieben;
b) das gleiche in der Rückwärtsbewegung,
c) das gleiche im Hocksitz, Hände umfassen die Knie.

b) Hüfte

Die Beweglichkeit in den Gelenken, besonders aber im Hüftgelenk, ist von entscheidender Bedeutung für die Beweglichkeit des gesamten Körpers. Große Beweglichkeit im Hüftgelenk verhilft zu guten Leistungen im Gehen, Laufen und Springen. Das Hüftgelenk ist nicht in alle Richtungen gleich beweglich, seitliche Bewegungen sind nur in geringerem Maße möglich. Die Beweglichkeit des Hüftgelenks vergrößern wir durch Beinbewegungen in alle Richtungen, wobei die entsprechenden Muskeln gedehnt werden. Die gewünschte Beweglichkeit erreichen wir nicht durch kraftvollen Einsatz, sondern nur durch oftmaliges Wiederholen. Lockeres Beinschwingen und -kreisen, Übungen im Schneidersitz, im Hürdensitz, im weiten Grätschstand u. ä. sind geeignet, die Beweglichkeit des Hüftgelenks zu vergrößern.

210. Grundstellung, Vorhalte:
1. Hohes Vorspreizen links mit Rückschwingen der Arme,
2. Rückbewegung,
3.–4. das gleiche rechts.

211. Grundstellung, Seithalte:
1. Hohes Vorspreizen links mit Handklatsch unter dem linken Knie,
2. Rückbewegung,
3.–4. das gleiche rechts.

212. Grundstellung, Flechtgriff vor dem Körper:
1. Mit dem linken Bein durch die Arme steigen,
2. Rückbewegung,
3.–4. das gleiche rechts.

213. a) Grundstellung, Seithalte:
Vor- und Rückschwingen des linken Beines;
b) Stand rechts mit Rückspreizen links, Vorhalte links, rechts Rückhalte:
1. Vorschwingen links mit Wechselschwingen der Arme,
2. Rückschwingen links mit Wechselschwingen der Arme;
c) Schrittstellung, Seithalte:
1. Vorspreizen links,
2. Rückschwingen links,
3. Vorschwingen links mit ½ Drehung rechts (Arme bleiben in Seithalte)
(a, b, c, widergleich).

214. Grundstellung, Seithalte:
1. Vorschwingen links,
2. Rückschwingen links,
3.–4. Vorhochschwingen links, (zügig),

5. Rückschwingen links,
6. Vorschwingen links,
7.–8. betontes Rückschwingen des linken Beines, das gleiche rechts.

215. Grundstellung, Seithalte:
Achterkreisen des linken Beines (in waagerechter Ebene), das gleiche rechts.

216. Grundstellung, Seithalte:
1. Vorspreizen links, Fußspitze zum Unterschenkel anziehen,
2. Senken links,
3. Vorspreizen links, Fußspitze gestreckt,
4. Senken links,
5.–9. das gleiche rechts.

217. Grundstellung, Seithalte:
1. Knieheben links, Hände umfassen das Knie,
2. Heranziehen links an den Körper,
3. senken, Hände lösen,
4.–6. das gleiche rechts.

218. Grundstellung, Tiefhalte:
a) 1. Vorhochspreizen links, Hände erfassen den Fußknöchel,
2. heranziehen zum Körper,
3. senken (Griff lösen),
4.–5. das gleiche rechts;
b) das gleiche in Rückenlage.

219. Schrittstellung, links vorn, Arme locker am Körper:
1. Rumpfvorbeugen, das linke Fußgelenk erfassen und versuchen, den Kopf an das Fußgelenk heranzuziehen (das linke

Knie wird dabei gebeugt),
2. zurück in die Ausgangsstellung, (das gleiche in Schrittstellung rechts).

220. Bankstellung:
1. Vorziehen links bis zwischen die Arme,
2. Rückführen links, auf die rechte Ferse setzen (Becken wird nach hinten geschoben),
3. Vorziehen links und aufrichten in die Bankstellung,
4.–6. widergleich.

221. Bankstellung:
1. Seitheben des linken Beines,
2. Seitvorschwingen und Strecken links neben die Hand,
3. Bogenspreizen in die Ausgangsstellung,
4.–6. das gleiche rechts.

222. Kniewaage links:
1. Linkes Bein senken und auf die rechte Ferse setzen,
2. aufrichten in die Kniewaage links,
3.–4. widergleich.

223. Bankstellung:
1. Den linken Unterschenkel rückheben und am Fußgelenk erfassen,
2. Heranziehen links zum leicht durchgebeugten Rücken,
3. senken in die Bankstellung,
4.–6. das gleiche rechts.

224. Kniestand rechts mit Vorspreizen, links Hochhalte.
1. Rumpfbeugen vorwärts, das linke Fußgelenk erfassen,
2. nachfedern,
3. aufrichten mit Armkreis rückwärts,
4.–6. widergleich.

225. Kniestand rechts mit Vorspreizen links, Hochhalte: Körper:
1. Verlagern des Körpergewichts auf das linke Bein,
2. Rückbewegung in die Ausgangsstellung,
3.–4. widergleich.

226. Kniestand, Vorhalte:
1. Senken in den Sitz links neben die Unterschenkel mit Rückschwingen der Arme,
2. aufrichten in den Kniestand, Vorhalte,
3.–4. das gleiche nach rechts.

227. Kniestand, Schrägvorhalte:
1. Senken in den Sitz links (Füße rechts neben den Unterschenkeln),

2. Beine vor dem Körper wechseln zum Sitz rechts neben den Unterschenkeln,
3. aufrichten in den Kniestand (die ganze Übung muß fließend erfolgen).

228. Grätschkniestand, Arme locker am Körper:
1. Zwischen die Beine setzen,
2. aufrichten in den Grätschkniestand (ohne Hilfe der Hände).

229. Grundstellung, rechts parallele Seithalte:
1. Schwingen links seitwärts (nach innen kreuzend vor dem Standbein) mit Schwingen der Arme nach links in die parallele Seithalte,
2. Rückbewegung,
3. Arme in die linke parallele Seithalte schwingen,
4.–6. widergleich.

230. Grundstellung, Seithalte:
1. Schwingen links seitwärts (nach außen, Fußspitze berührt linke Hand),
2. Schwingen links nach innen (kreuzen vor dem Standbein, Fußspitze berührt rechte Hand),
3. Schwingen links in die Ausgangsstellung,
4.–6. widergleich.

231. Grundstellung, Seithalte:
1. Schwingen links nach rechts,
2. Seithochschwingen links nach links, die linke Fußspitze berührt die linke Hand,

3. Schwingen links nach rechts hinter dem Standbein (Standbein leichte Kniebeuge),
4. schwingen in die Ausgangsstellung,
5.–8. widergleich.

232. Grundstellung, Hüftstütz:
1. Knieheben links,
2. Auswärtsdrehen links,
3. Strecken links,
4. Senken links in die Grundstellung,
5.–8. das gleiche rechts.

233. Grundstellung, Seithalte:
1. Knieheben links seitwärts (bis das Knie den linken Arm berührt),
2. Senken links,
3.–4. das gleiche rechts.

234. Stand rechts mit Seitstellen links, Seithalte:
1. Knieheben links nach rechts seitwärts,
2. Schwingen links nach links außen in die Ausgangsstellung, das gleiche rechts (die Beinbewegung ist fließend, das Knie beschreibt einen Kreis in senkrechter Ebene).

235. Grundstellung, Tiefhalte:
1. Knieheben links, linke Hand erfaßt den linken Fuß von innen an der Fußsohle,

2. Strecken links nach außen schräg-hoch,
3. Griff lösen, senken in die Ausgangsstellung,
4.–6. das gleiche rechts.

236. a) Grundstellung, Hüftstütz:
Hüpfen in den Grätschstand, dabei die Weite vergrößern und zurück in die Grundstellung;
b) das gleiche im Winkelstand mit Stütz auf dem Boden.

237. Weiter Grätschwinkelstand mit Handstütz auf dem Boden:

1. Gewichtsverlagerung nach links, Hüfte weit nach links schieben (die rechte Fußspitze angewinkelt),
2. widergleich.

238. Hockstand mit Hüftstütz:
1. Vorspreizen links,
2. Seitspreizen links,
3. Anziehen links,
4.–6. das gleiche rechts,

239. Bankstellung:
1. Knieheben links seitwärts,
2. Strecken links (zur Seite),
3. Rückhochspreizen links,
4. Anziehen links in die Ausgangsstellung,
5.–8. das gleiche rechts.

240. Bankstellung:
1. Seitspreizen links und Heben rechts in die Seithalte,
2. Rückbewegung,
3.–4. widergleich.

241. Hürdensitz, rechts vorn, Hochhalte:
1. Vorführen links in den Strecksitz und Heben beider Beine in den Schneidersitz,
2. Beugen rechts und führen in den Hürdensitz mit Hochhalte.

242. Strecksitz mit Nackenhalte, Anziehen links:
1. Hürdensitz mit Rumpfbeugen vorwärts und Vorschwingen der Arme (Hände berühren die rechte Fußspitze),
2. Rückbewegung in die Ausgangsstellung,
3.–4. widergleich.

243. Hürdensitz, rechts vorn, Arme locker am Körper:

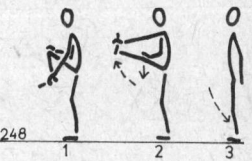

1. Rumpfbeugen vorwärts mit Vorschwingen der Arme, die Hände berühren die rechte Fußspitze,
2. aufrichten und Rumpfbeugen rückwärts, Arme schwingen mit nach hinten, linker Ellbogen berührt linken Fuß,
3.–4. widergleich.

244. Hürdensitz, rechts vorn, Arme locker am Körper:
1. Rumpfbeugen vorwärts (zwischen die Beine), vorschwingen,

161

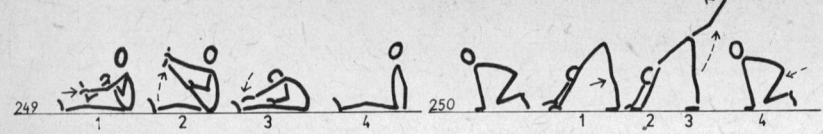

Hände berühren den Boden,
2. Rumpfbeugen links seitwärts (zum linken Knie), Hoch halte,
3. aufrichten und Rumpfdrehen nach rechts, Seithalte, linke Hand berührt rechtes Knie,
4.–6. widergleich.

245. Grätschstand, Tiefhalte:
1. Rumpfdrehen nach links mit gleichzeitigem Senken in den Hürdensitz, links vorn,
2. Aufrichten mit Drehen in den Grätschstand,
3.–4. das gleiche nach rechts (Füße bleiben am Ort).

246. Schneidersitz, links über rechts, Arme locker am Körper:
a) Linke Hand erfaßt das linke Knie, rechte Hand die linke Fußsohle, das Bein an den Körper heranziehen (Schienbein waagerecht zum Körper gerichtet;
b) linkes Bein an den Körper heranziehen, die Fußspitze berührt die Stirn;
c) das linke Bein hinter den Kopf heben (Ferse am Hals) (wie a, b und c mit rechts).

247. Hocksitz, die Hände zwischen den Knien, Knie zur Seite auseinanderdrücken.

248. Grundstellung, Tiefhalte:
1. Knieheben links, linke Hand erfaßt linke Fußsohle, rechte Hand am linken Knie,
2. Strecken links (Unterschenkel nach oben, rechte Hand drückt das Knie durch),
3. Hände lösen und das Bein senken,
4.–6. das gleiche rechts.

249. Strecksitz, Arme locker am Körper:
1. Anhocken links, linke Hand erfaßt Fußsohle, rechte Hand das Knie,
2. Strecken links (rechte Hand drückt Knie durch),
3. Senken links mit Rumpfbeugen vorwärts (Griff unverändert),
4. aufrichten in die Ausgangsstellung,
5.–8. das gleiche rechts.

250. Bankstellung, die Hände dicht an den Knien:
1. Knie strecken und Heben des Rumpfes (mit der ganzen Fußsohle am Boden bleiben),
2. Rückspreizen links,
3. Nachfedern links (nach hinten-oben),
4. senken in die Bankstellung,
5.–8. das gleiche rechts.

c) Fußgelenk

251. Vierfüßlerstand, abwechselnd die linke und rechte Ferse vom Boden abheben, das Knie wird dabei gebeugt.

252. Strecksitz mit Rumpfsenken rückwärts und Unterarmstütz:
1. Anziehen links mit Anziehen des Fußes (Fußspitze zum Unterschenkel anziehen),
2. Strecken links und Senken mit gestreckten Fußspitzen.

253. Rückenlage, Heben der gestreckten Beine zur Senkrechten, Arme liegen neben dem Körper auf dem Boden:
1. Anziehen der Beine, dabei Füße anziehen,
2. strecken (Fußspitzen strecken).

254. Rückenlage, Arme in Seithalte (Handflächen auf dem Boden):
a) Links heben mit gleichzeitigem Anziehen und Strecken des Fußes, das gleiche rechts;
b) beide Beine anheben, dabei die Füße im Wechsel anziehen und strecken.

Kräftigungsübungen

Die Kraft, speziell die der unteren Extremitäten, hat für den Menschen eine erstrangige Bedeutung. Für die Arbeit im Stehen und in der Bewegung brauchen wir kräftige und gesunde Beine.
Bei der Kräftigung der Muskulatur der unteren Extremitäten muß man darauf achten, daß dabei sämtliche Beuger und Strecker des ganzen Beines beansprucht werden. An der Bewegung des Fußgelenks sind z. B. auch die auf der hinteren Seite des Fußes liegenden Streckmuskeln beteiligt, für das Strecken des Knies sind die Muskeln des Schienbeins sehr wichtig, und beim Hüftgelenk spielen die auf der hinteren Seite der unteren Gliedmaßen liegenden Muskeln eine bedeutende Rolle. Die Bewegung der unteren Gliedmaßen setzt sich also aus einem großen Komplex einzelner Muskeln zusammen. Sehr wichtig ist die Kräftigung der Wadenmuskulatur und des „dreiköpfigen Oberschenkelmuskels". Die Kräftigung der Muskulatur der Fußsohle verbessert die Längs- und Querwölbung des Fußes, und damit kann Fußschmerzen vorgebeugt werden.
Bei Frauen und Kindern müssen die Übungen richtig dosiert werden. Sobald sich Ermüdungserscheinungen zeigen, z. B. bei Kniebeugen, ist es notwendig, Lockerungsübungen

einzuflechten, um die Muskeln wieder gut zu durchbluten und den Abtransport der Schlackenstoffe zu beschleunigen.
Führen wir Übungen aus der Hocke, Kniebeugen u. ä. aus, müssen wir das eigene Körpergewicht überwinden und kräftigen dadurch die Muskeln der unteren Gliedmaßen, besonders der Strecker.
Zu den wirksamsten Übungen dieser Gruppe gehört das Hüpfen in den unterschiedlichsten Formen. Dabei stärken wir vor allem die Wadenmuskeln und verbessern unsere Sprungkraft.

Methodischer Weg bei Hüpfübungen

a) Pause nach jedem Sprung;
b) nach jedem Sprung Federn oder Zwischenhupf;
c) in einem bestimmten Rhythmus hüpfen;
d) Hüpfen bis zu einer bestimmten Höhe;
e) aus dem Stand in der kleinen oder tiefen Kniebeuge;
f) mit Hilfe eines Körperschwunges, der Arme oder des freien Beines (Schwungbein — bei Sprüngen auf einem Bein);
g) mit $\frac{1}{2}$ oder $\frac{1}{1}$ Drehung.

Beckengürtel und Beine

255. Grätschstand mit Beugen links, parallele Seithalte rechts:
1. Hüftschwung nach rechts, Arme schwingen vor dem Körper nach links,
2. Hüftschwung nach links mit Schwingen der Arme nach rechts.

256. Schrittstellung, rechts vorgestreckt, links gebeugt, Vorhalte:
1. Hüftschwung vorwärts mit Rückschwingen der Arme,
2. Hüftschwung rückwärts mit Vorschwingen der Arme.

257. Grätschstand, Hochhalte, Handflächen zueinander:
1. Gewichtsverlagerung nach rechts, Rumpfbeugen seitwärts nach rechts, Hände berühren den Boden (so weit wie möglich auf der rechten Seite),
2. Schwingen des Rumpfes nach links (Gewichtsverlagerung nach links), die Hände berühren den Boden (so weit wie möglich auf der linken Seite),
3. aufrichten in die Ausgangsstellung.

258. Grätschstand, Hochhalte:
1. Kniebeugen (Knie nach außen drücken),
2. strecken (Arme bleiben in Hochhalte).

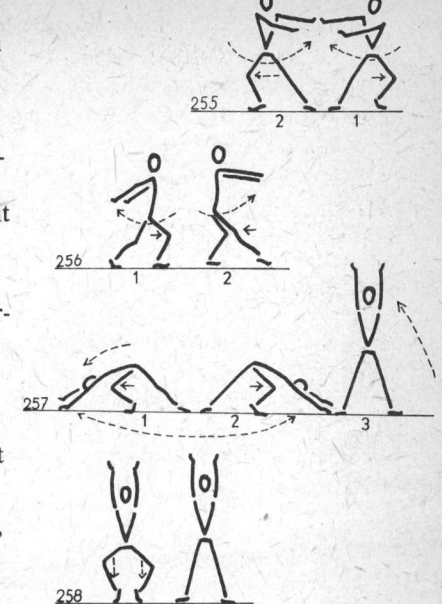

259. Grundstellung, Tiefhalte:
1. Senken in den Hockstand rechts mit Seitstellen links,
2. aufrichten in die Grundstellung,
3.–4. widergleich.

260. Grätschstand, Seithalte, Handflächen nach oben:
a) 1.–2. Tiefe Kniebeuge rechts, linkes Bein ist gestreckt, mit Abschwingen in die Tiefhalte,
3.–4. Aufrichten mit Schwingen in die Seithalte.
5.–8. das gleiche links;

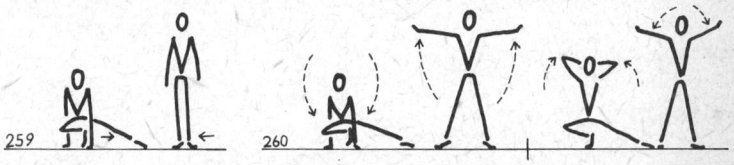

b) 1.–2. Tiefe Kniebeuge rechts, Nackenhalte,
3.–4. aufrichten, schwingen in die Seithalte,
5.–8. das gleiche links.

261. Schrittstellung, rechts vorn, tiefe Kniebeuge links:
1. Strecken links in die Schrittstellung,
2. tiefe Kniebeuge rechts durch Hüftschwung vorwärts,
3. Strecken rechts in die Schrittstellung,
4. tiefe Kniebeuge links (die Füße bleiben am Ort).

262. Ausfallschritt rechts vorwärts mit Stützen auf dem rechten Knie:
1. Aufrichten mit Vorschwingen links und schwingen in die Rückhalte,
2. Rückschwingen links mit Schwingen in die Vorhalte,
3. Kniebeugen rechts und Senken links in die Ausgangsstellung (Hände stützen wieder auf dem rechten Knie),
4.–6. das gleiche umgekehrt.

263. Grätschstand, Seithalte:
a) 1. Kniebeugen links,
2. ¼ Drehung links (Knie bleibt gebeugt),
3. Aufrichten mit ¼ Drehung rechts in die Ausgangsstellung;
b) 1. Kniebeugen links,
2. ¼ Drehung links (Knie bleibt gebeugt),
3. Hüftschwung rückwärts, dabei links strecken, rechts beugen,
4. Aufrichten mit ¼ Drehung rechts in die Ausgangsstellung,

a) und b) widergleich.

264. Hockstand links und Vorstellen rechts, Arme locker am Körper:
a) 1. Wechselhüpfen, Kniebeugen rechts, Vorstellen links,
2. Wechselhüpfen usw. („Kosakentanz");
b) das gleiche mit Seitspreizen.

265. Grätschstand, Nackenhalte:
1. ¼ Drehung links in das Schrittknien rechts mit Schwingen in die Seithalte (Füße bleiben am Ort),
2. Rückbewegung,
3.–4. das gleiche nach rechts.

266. Schrittknien links, Seithalte:
1. ½ Drehung links in das Schrittknien rechts,
2. ½ Drehung rechts in das Schrittknien links.

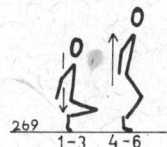

267. Fersensitz rechts mit Vorstellen links und Rumpfbeugen vorwärts (Hände berühren die linke Fußspitze):
1. Hüftschwung in das Schrittknien rechts (das Körpergewicht lastet auf dem linken Bein), schwingen in die Hochhalte,
2. senken in die Ausgangsstellung,
3.–4. widergleich.

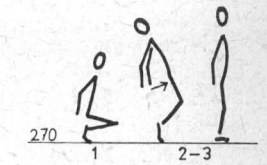

268. Kniestand rechts mit Seitspreizen links, Seithalte:
1. Fersensitz rechts mit Rumpfsenken vorwärts und Führen in die Vorhalte,

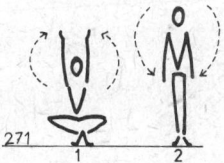

2. Rückbewegung in die Ausgangsstellung,
3.–4. das gleiche im Kniestand links.

269. Grundstellung, Tiefhalte:
1.–3. Kniebeugen (Rumpf bleibt aufrecht, Knie geschlossen).
4.–6. aufrichten (Rumpf nicht vorbeugen).

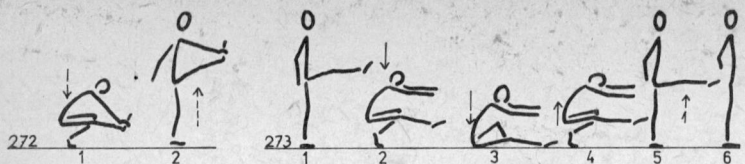

270. Grundstellung, Tiefhalte:
1. Kniebeugen (Knie geschlossen),
2.–3. Aufrichten mit betontem Hüftschwung nach vorn.

271. Grundstellung, Tiefhalte:
1. Kniebeugen (Knie zeigen nach außen) mit Schwingen über die Seit- in die Hochhalte,
2. aufrichten in die Grundstellung, senken in die Tiefhalte.

272. Grundstellung, Vorspreizen rechts, rechte Hand erfaßt rechten Fuß am Spann:
1. Kniebeugen links,
2. aufrichten, rechtes Bein wird gehalten,
3.–4. widergleich.

273. Grundstellung, Tiefhalte:
1. Vorspreizen rechts,
2. Kniebeugen links mit Heben in die Vorhalte,
3. senken in den Sitz (rechtes Bein bleibt gestreckt), Vorhalte,
4. heben in den Hockstand links mit Vorspreizen rechts,
5. aufrichten in den Stand links, senken in die Tiefhalte,
6. senken in die Grundstellung,
9.–12. widergleich.

274. Hockstand mit Vorspreizen rechts, Vorhalte:
1. In die Nackenlage rollen, Arme in Hochhalte auf dem Boden,
2. rollen in den Hockstand rechts mit Vorspreizen links, Vorhalte,
3.–4. widergleich.

275. Grundstellung, Tiefhalte:
1. Kniebeugen links und Rückstellen rechts mit Stütz auf dem Boden,
2. Strecken links in die Standwaage vorlings mit Rückschwingen der Arme,

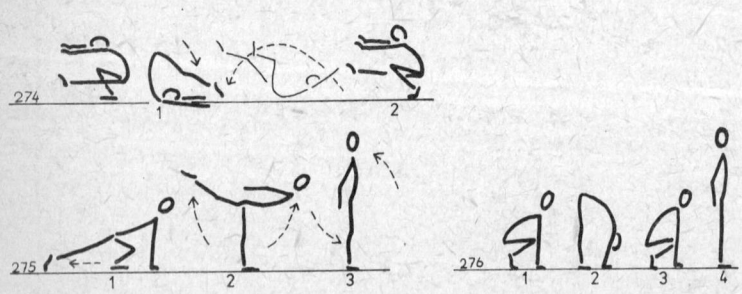

3. aufrichten in die Grundstellung,
4.–6. widergleich.

276. Grundstellung, Tiefhalte:
1. Hockstand mit Stütz auf dem Boden,
2. Knie strecken (Hände bleiben am Boden),
3. Hockstand,
4. aufrichten in die Grundstellung.

277. Grundstellung, Tiefhalte:
1. Hockstand mit Stütz auf dem Boden,
2. Sprung in den Liegestütz vorlings,
3. Sprung mit Grätschen der Beine,
4. anhocken in den Hockstand,
5. aufrichten in die Grundstellung.

278. Rumpfbeugen vorwärts mit Stütz auf dem Boden (Beine gestreckt):
1. Senken in die tiefe Kniebeuge (Knie nach außen),
2. Strecken der Knie und sofortiges Senken in den Hockstand (Knie geschlossen),
3. im Hockstand nachfedern,
4. Strecken der Knie und senken in die tiefe Kniebeuge (Knie nach außen).

279. Hockstand, Vorhalte:
1. Senken in den Kniestand mit Rumpfsenken rückwärts und schwingen in die Hochhalte,
2. heben in den Hockstand mit Vorhalte.

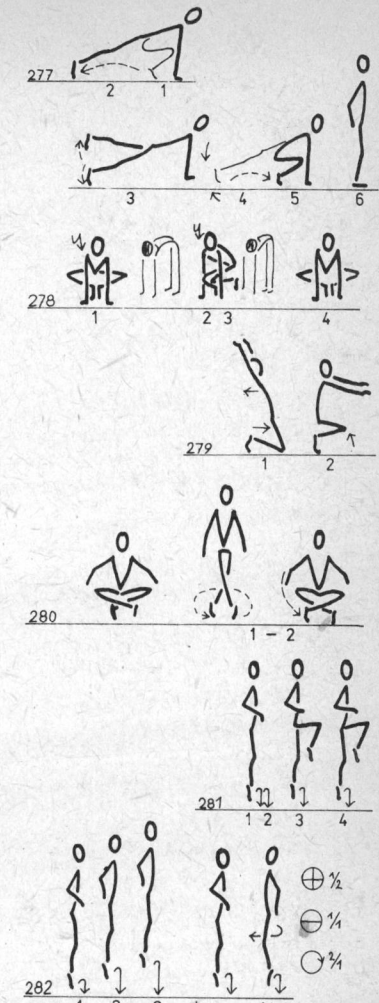

280. Schneidersitz (rechts über links):
1.–2. Aufrichten mit ¹⁄₁ Drehung links und wieder Setzen in den Schneidersitz (links über rechts),
3.–4. widergleich (die Hände dürfen nicht zu Hilfe genommen werden, Füße am Ort).

281. Grundstellung, leicht gebeugte Tiefhalte:
1.–2. 2mal Schlußhüpfen,
3. Hüpfen links mit Knieheben rechts,
4. Hüpfen rechts mit Knieheben links.

282. Grundstellung, Tiefhalte:
a) 1. Schlußsprung (geringe Höhe),
2. Schlußsprung (etwas höher),
3. hoher Schlußsprung;
b) Schlußsprünge, nach jedem dritten Sprung eine Drehung (¼, ½ und ⅟₁ Drehung) links oder rechts.

283. Grundstellung, Arme locker am Körper:
1.–2. Schlußsprung nach links seitwärts und Schlußsprung am Ort,
3.–4. Schlußsprung rückwärts und Schlußsprung am Ort,
5.–6. Schlußsprung nach rechts seitwärts und Schlußsprung am Ort.

7.–8. Schlußsprung vorwärts und am Ort.

284. Grundstellung, Tiefhalte:
Schlußspringen, jeder dritte Sprung höher und
a) mit Grätschen und Schwingen in die Schräghochhalte;
b) mit Anhocken an die Brust;
c) mit Rückheben und Schwingen in die Hochhalte;
d) mit Grätschristsprung;
e) mit Scheren;
f) mit Rückheben und Rückbeugen, Hände berühren die Knöchel von außen;
g) mit Anhocken und Öffnen der Knie, Hände berühren die Knöchel von innen;
h) mit Außen- oder Innenarmkreisen.

285. a) Stand mit gekreuzten Beinen, links vor rechts, Tiefhalte:
1. Springen mit Wechseln der Beine (rechts vor links),
2. das gleiche, links vor rechts;
b) Grundstellung, Tiefhalte: Springen mit Kreuzen der Beine (links vor rechts) und Landen mit gekreuzten Beinen, Springen und Landen in der Grundstellung.

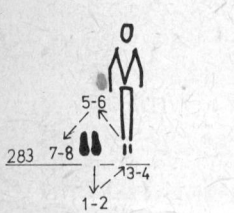

286. Grundstellung, Seithalte:
Schlußsprünge mit Beckendrehen nach links und rechts.

287. Grätschstand, Seithalte:
1. Sprung in den Stand mit gekreuzten Beinen, Hüftstütz,
2. Sprung in den Grätschstand mit Schwingen in die Seithalte,
3. Sprung in den Stand mit gekreuzten Beinen (widergleich),
4. Sprung in den Grätschstand mit Schwingen in die Seithalte.

288. Grundstellung, Tiefhalte:
1. Sprung in den Grätschstand mit Schwingen in die Seithalte,
2. Sprung in die Grundstellung mit Schwingen in die Tiefhalte,
3. Sprung in den Grätschstand mit Schwingen in die Hochhalte und Handklatsch über dem Kopf,

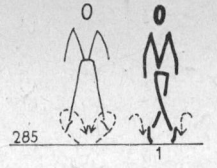

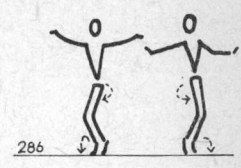

4. Sprung in die Grundstellung mit Schwingen in die Tiefhalte.

289. Grätschstand, Tiefhalte:
1. Sprung in die Grundstellung mit Schwingen in die Seithalte,
2. Sprung in den Grätschstand mit Schwingen in die Tiefhalte.

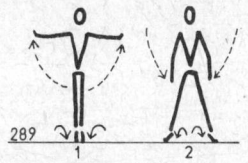

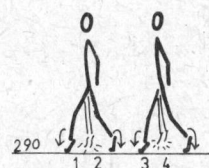

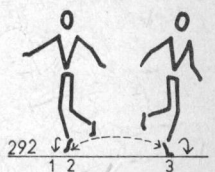

2. Sprung in die Ausgangsstellung,
3. wie 1.,
4. Sprung in die Schrittstellung rechts vorn.

291. Grätschstand, Tiefhalte:
1.–2. 2mal Springen, Grätschstand,
3. Sprung mit 2mal Zusammenschlagen der Füße (Innenseiten) und Landen im Grätschstand.

292. Grundstellung, Tiefhalte:
1. Sprung links, Landen rechts,
2. Springen rechts am Ort,
3. Sprung rechts, Landen links,
4. Springen links am Ort.

293. Grundstellung, Tiefhalte:
1. Sprung links mit Knieheben rechts,
2. Sprung links mit Vorschwingen rechts,
3.–4. das gleiche umgekehrt.

294. Grundstellung, Tiefhalte:
1. Sprung links mit Vorschwingen rechts,
2. Sprung rechts mit Vorschwingen links,
3. Sprung links mit Rückschwingen rechts,
4. Sprung rechts mit Rückschwingen links.

290. Schrittstellung, links vorn, Tiefhalte:
1. Sprung mit Beinwechsel, in der Luft schlagen die Füße mit der Innenseite zusammen,

295. Grundstellung, Tiefhalte:
1.–2. 2mal Hüpfen links mit Vorschwingen rechts,
3.–4. 2mal Hüpfen rechts mit Rückschwingen links,

5.–8. widergleich.

296. Grundstellung, Nackenhalte:
1.–2. 2mal Hüpfen links mit Seitspreizen rechts,
3.–4. 2mal Hüpfen rechts mit Seitspreizen links.

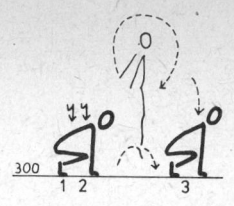

297. Grundstellung, Tiefhalte:
1. Sprung in den Hockstütz mit Rückstellen links,
2. Sprung in die Grundstellung,
3.–4. das gleiche umgekehrt.

298. Hockstand, Vorhalte:
1. Sprung rechts (hoch) mit Vorspreizen links und Handklatsch unter dem linken Bein,
2. Sprung in den Hockstand,
3.–4. widergleich.

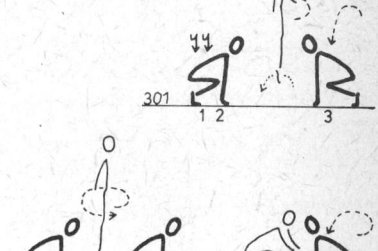

299. Hockstand, Tiefhalte:
a) 1. Sprung (hoch) in den Grätschstand (zum Stand auf den Fersen) mit Schwingen in die Hochhalte,
2. Sprung in den Hockstand, schwingen in die Tiefhalte,
b) 1. Sprung (hoch) mit ¼ Drehung links in die Schrittstellung links vorn (Stand links auf der Ferse, rechts auf der Fußspitze mit Schwingen in die Seithalte,
2. Sprung in die Ausgangsstellung,
3.–4. widergleich.

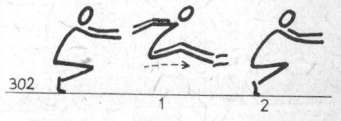

300. Hockstand mit Stütz auf dem Boden:
1.–2. 2mal Federn im Hockstand,
3. Schlußsprung mit Armkreisen rückwärts.

301. Hockstand mit Stütz auf dem Boden:
a) 1.–2. 2mal Federn im Hockstand,
3. Schlußfolgerung mit ½ Drehung links;
b) das gleiche mit ¹⁄₁ Drehung;
c) das gleiche in Hockstellung.

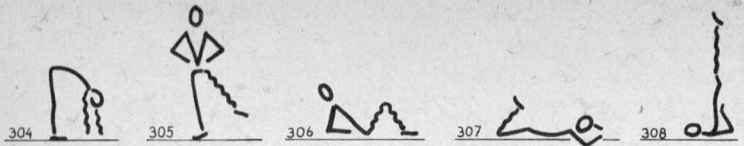

302. Hockstand, Vorhalte:
1. Sprung mit Vorschnellen der Unterschenkel und Rückschwingen der Arme,
2. Landen im Hockstand mit Vorschwingen der Arme.

303. Hockstand links mit Seitspreizen rechts und Stütz auf dem Boden:
Drehen mit kleinen Sprüngen links, die rechte Fußspitze beschreibt einen Kreis;
Drehen in beiden Richtungen.

Verschiedenes

a) Lockerungsübungen

Lockerungsübungen wenden wir bei übermäßig gespannten, harten Muskeln an, ferner zur Vorbereitung der Muskulatur für Dehnungsübungen.
Durch Auflockerung verbessern wir das Muskelgefühl. Wir werden sie oft nach Kraftübungen anwenden, wenn die Muskeln stark beansprucht wurden und eine gute Durchblutung notwendig ist. Das Auflockern ganzer Muskelgruppen ist sehr schwer, jedoch ist diese Fähigkeit der Entspannung notwendig für jede fließende Bewegung.

304. Grundstellung, Rumpfbeugen vorwärts, Arme hängen entspannt nach unten:
Lockern der Armmuskulatur.

305. Stand rechts mit Seitspreizen links, Hüftstütz:
Muskeln des linken Beines entspannen und lockern.

306. Hocksitz mit Stütz der Unterarme auf dem Boden:
Lockern der Beinmuskeln.

307. Bauchlage mit Rückheben der Unterschenkel, Arme angewinkelt vor dem Kopf:
Lockern der Wadenmuskeln.

308. Nackenstand mit Stütz in den Hüften:
Lockern der Beinmuskeln.

309. Strecksitz mit Stütz hinter dem Körper:
Auflockern der Beinmuskeln durch abwechselndes leichtes Anhocken und Strecken der Beine rechts und links im Wechsel.

310. Rückenlage, Beine und Arme senkrecht:

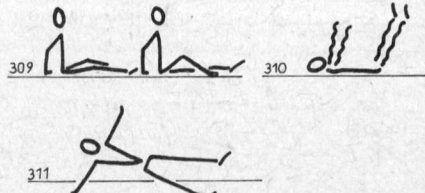

Lockern der Arm- und Beinmuskeln.

311. Rückenlage, Beine gegrätscht, Seithalte:
Die Muskulatur des ganzen Körpers entspannen.

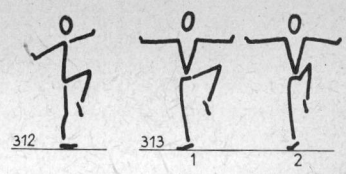

312. Stand links mit Knieheben rechts, Seithalte, Rückbewegung.

313. Stand rechts mit Knieheben links, Seithalte:
1. Führen des linken Beines seitwärts,
2. Rückbewegung und widergleich.

314. Stand rechts, Seitspreizen links, Seithalte:
a) Kleine Kreise links;
b) Achterkreise links und widergleich.

315. Grundstellung, Tiefhalte:
1. Knieheben rechts mit Diagonalhalte links vorn,
2. Wechselschwingen (Beinhaltung bleibt),
3. Strecken rechts mit Wechselschwingen,
4. Rückspreizen rechts mit Wechselschwingen, widergleich.

316. Grundstellung, Tiefhalte:
1. Senken in die Standwaage links mit Seithalte,
2. aufrichten in die Grundstellung,
3.–4. widergleich.

317. Grätschstand, parallele Seithalte rechts:
1. 1 Drehung links auf dem linken Fuß mit Seithalte in den Grätschstand mit paralleler Seithalte,
2. das gleiche, $1/1$ Drehung rechts in die Ausgangsstellung.

c) Koordinationsübungen (ungleiche Bewegungsführungen, asymmetrische Übungsformen)

Durch diese Übungen schulen wir die Koordinationsfähigkeit der Übenden, sie verlangen eine hohe Konzentration, und durch sie wird das Bewegungsgefühl geschult.

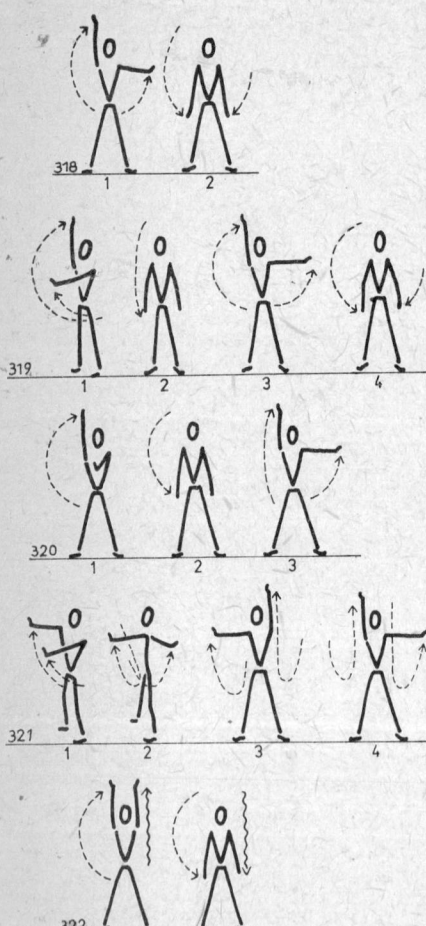

318. Grätschstand, Tiefhalte:
1. Heben rechts in die Hoch- und links in die Seithalte,
2. senken in die Tiefhalte,
3.–4. widergleich.

319. Grätschstand, Tiefhalte:
1. Heben links in die Vor- und rechts in die Hochhalte,
2. senken in die Tiefhalte,
3. heben links in die Seit- und rechts in die Hochhalte,
4. senken in die Tiefhalte,
5.–8. widergleich.

320. Grätschstand, Tiefhalte:
1. Heben links in die Vor- und rechts in die Hochhalte,
2. senken in die Tiefhalte,
3. heben links in die Seit- und rechts in die Hochhalte.
4. senken in die Tiefhalte,
5.–8. widergleich.

321. Grätschstand, Tiefhalte:
1. Heben links in die Vor- und rechts in die Seithalte,
2. senken links und heben in die Seithalte, senken rechts und heben in die Vorhalte,
3. senken links und heben in die Hochhalte, senken rechts und heben in die Seithalte,
4. senken links und heben in die Seithalte, senken rechts und heben in die Hochhalte.

322. Grätschstand, Tiefhalte:
a) 1. Heben in die Hochhalte, rechts über die Seithalte, links über die Vorhalte,
2. senken rechts über die Seithalte, links über die Vorhalte,
3.–4. widergleich.
b) 1. heben in die Hochhalte,

rechts über die Seit-, links über die Vorhalte,
2. senken rechts über die Vor-, links über die Seithalte,
3.–4. widergleich.

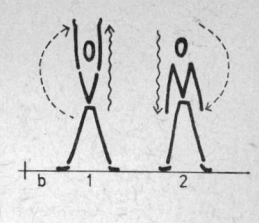

323. Grätschstand, Seithalte:
1. Außenarmkreis links, Unterarmkreis (Außenkreis) rechts,
2. widergleich.

324. Grätschstand, Seithalte:
1. 2 Außenarmkreise links, Unterarmkreis (Außenkreis) rechts,
2. widergleich.

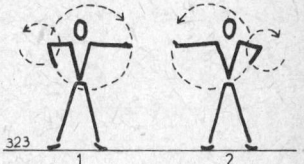

325. Grätschstand, Seithalte:
a) 1.–3. Außenarmkreis links, 2mal rechts Vor- und Rückdrehen des Armes (Handrücken nach vorn und nach hinten),
4.–6. widergleich;
b) 1.–3. 1 Außenarmkreis und 1 Unterarmkreis links, rechts dreimal Vor- und Rückdrehen,
4.–6. widergleich.

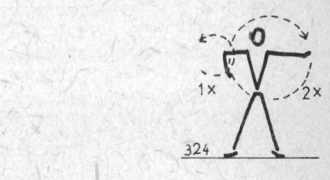

326. Grätschstand, Tiefhalte:
1. Heben über die Seit- in die Hochhalte,
2. senken links,
3. heben links, senken rechts,
4. senken links in die Ausgangsstellung.

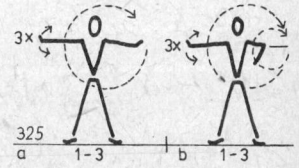

327. Grätschstand, Tiefhalte:
Links heben in die Seithalte, führen in die Vorhalte, in die Tiefhalte; rechts das gleiche, aber auf jede dritte Zählzeit eine Bewegung und widergleich.

328. Grätschstand, Tiefhalte:
1.–3. Links heben über die Seit- in die Hochhalte, rechts

über die Vor- in die Seit- zur Vorhalte.
4.–6. Links senken in die Tiefhalte, rechts über die Seit- in die Vor-, in die Tiefhalte.
7.–12. widergleich.

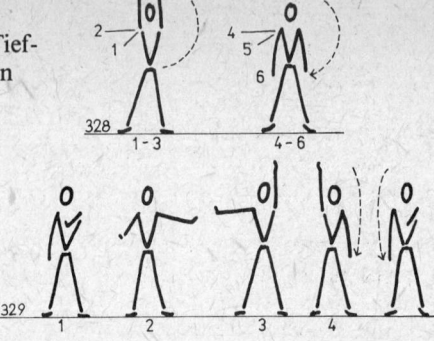

329. Grätschstand, Tiefhalte:
a) 1. Heben links in die Vorhalte,
2. führen links in die Seithalte und heben rechts in die Vorhalte,
3. heben links in die Hochhalte und führen rechts in die Tiefhalte,
4. senken in die Tiefhalte und heben rechts in die Hochhalte usw.

Partnerübungen

Partnerübungen gehören zu den gebräuchlichsten vorbereitenden Übungen. Sie haben den Vorteil, daß man sie überall, auch dort, wo es keine Turn- oder Handgeräte gibt, ausführen kann.
Durch Partnerübungen können wir besonders (wie an der Sprossenwand) die Beweglichkeit und Elastizität der Übenden entwickeln. Durch Hilfe des Partners kann die Beweglichkeit der Gelenke (besonders der Hüft- und Schultergelenke) erweitert werden, indem die Dehnung oder Beugung bis zur äußersten Grenze durch Druck oder Zug erfolgt.
Von großer Bedeutung sind auch die kraftschulenden Übungen, die man partnerweise ausüben kann; sie sind besonders geeignet zur Kräftigung der Bauch- und Rückenmuskulatur sowie der Brustmuskeln.
Bei den Partnerübungen ist den Übenden stets die Aufgabe der entsprechenden Übung zu erläutern.
Die Sportler werden möglichst so aufgeteilt, daß immer etwa gleichgroße und gleichkräftige Übende ein Paar bilden. Die Durchführung einzelner Übungen richtet sich nach dem Ziel, das wir erreichen wollen, so werden manche Übungen langsam, andere schnell, manche kraftvoll oder schwungvoll ausgeführt. Die meisten Übungen lassen sich im gleichen Rhythmus ausführen. Das schafft eine größere Intensität und erleichtert die Übersicht. Nur wenige Übungen verlangen einen individuellen Rhythmus.

Partnerübungen lassen sich unterteilen in:

1. Übungen mit Partnerhilfe – einer hilft dem anderen bei der Ausführung einer Bewegung bzw. unterstützt sie,
2. aktive Übungen – beide Übenden führen die Übung mit annähernd gleichem Kraftaufwand aus,
3. Widerstandsübungen – ein Übender führt eine Bewegung gegen den Widerstand des anderen aus.

Bei den Übungen mit Partnerhilfe ist stets das Maß der Unterstützung anzugeben, d. h., eine zu geringe Hilfe bei Beugeübungen ist wertlos, während eine übermäßige zu Verletzungen führen kann.

Arme

Dehnübungen

1. Grätschstand im Abstand von einem Schritt mit den Rücken zueinander, Hochhalte mit Handfassung:
Senken in die Tiefhalte mit leichtem Rumpfbeugen rückwärts (Handfassung bleibt). Aufgabe der Übung: Kräftigung der Rückenmuskulatur und Dehnung der Brustmuskeln.

2. Fersensitz mit den Rücken zueinander, Tiefhalte mit Handfassung außen:
Hüftschwung vorwärts in den Kniestand mit Schwingen in die Hochhalte und rückbeugen in der Brustwirbelsäule (Handfassung bleibt) und entspannt in die Ausgangsstellung senken.

3. Grätschstand mit den Rücken zueinander, mit Handfassung in der Hochhalte:
Armkreisen vor- bzw. rückwärts.

4. Grundstellung, mit den Rücken zueinander, Handfassung in Tiefhalte:
Seitspreizen links mit Schwingen in die Hochhalte, Rückbewegung (Verbesserung der Beweglichkeit des Hüftgelenks).

5. Grätschstand im Abstand von einem Schritt mit dem Gesicht zueinander, Rumpfbeugen vorwärts und Handfassung (dicht über dem Boden):
Aufrichten in den Winkelstand (Arme werden zur Seite gedrückt), entspanntes Vorfallen des Rumpfes.

Kräftigungsübungen (Übende A und B)

6. A in Bankstellung, B drückt auf die Schultern, A beugt und streckt die Arme, B leistet Widerstand.

7. Das gleiche im Liegestütz.

8. A im Grätschwinkelstand mit Flechtgriff (Ellbogen nach außen), B in Rückenlage und stemmt sich gegen die Unterarme von A, der mit seinem Körpergewicht die Arme von B belastet, B beugt und streckt die Arme.

9. A in Rückenlage, Arme in Vorhalte,
B liegt rücklings mit gegrätschten Beinen über A, der stützt B an den Schultern und beugt und streckt die Arme.

10. A in Rückenlage, Arme in Vorhalte,
B im Liegestütz vorlings auf den Händen von A, beide beugen und strecken die Arme gleichzeitig.

11. A in Rückenlage, Arme in Vorhalte, Hände erfassen die Knöchel von B im Liegestütz auf den Unterschenkeln von A, beide beugen und strecken die Arme gleichzeitig.

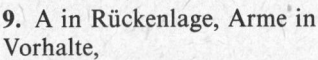

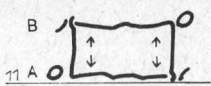

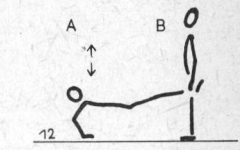

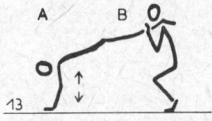

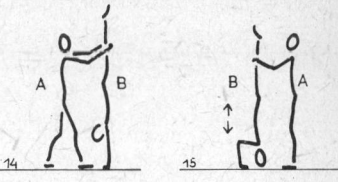

12. A im Liegestütz rücklings, B hält die Beine von A, der die Arme beugt und streckt.

13. A im Liegestütz vorlings, B hat die Beine von A auf seinen Schultern, A beugt die Arme, B beugt die Knie.

14. B im Handstand.
A erfaßt die Unterschenkel von B,

das gleiche abwechselnd in schneller Wiederholung.

15. B abwechselnd im Kopf- und Handstand,
A unterstützt, indem er B an den Unterschenkeln hält.

16. B umfaßt A von hinten unter den Armen (Flechtgriff vor der Brust und dreht sich im Kreise.

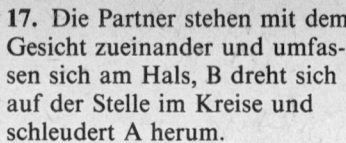

17. Die Partner stehen mit dem Gesicht zueinander und umfassen sich am Hals, B dreht sich auf der Stelle im Kreise und schleudert A herum.

18. Grätschstand mit dem Gesicht zueinander, Arme in Schrägtiefhalte:
A erfaßt die Handgelenke von B, B versucht die Arme zu heben.

19. Grätschstand, mit dem Gesicht zueinander, Arme in gebeugter Seithalte mit Handfassung:
A muß gegen den Widerstand von B die Arme in die Seithalte strecken.

Rumpf

Dehnübungen

20. B im Strecksitz, Rumpfbeugen vorwärts, die Hände berühren die Fußspitzen,
A unterstützt durch Druck auf die Schultern.

21. B in Rückenlage, Hände erfassen das rechte Fußgelenk von A, Heben der gestreckten Beine, A erfaßt die Fußgelenke von B und unterstützt das Heranziehen der Beine zum Kopf.

22. B steht im Grätschstand mit Rumpfbeugen vorwärts, Arme schwingen zwischen den Beinen nach hinten,
A sitzt hinter B im Grätschsitz, erfaßt die Arme von B und unterstützt das Vorbeugen.

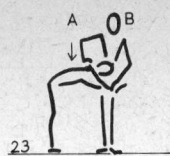  

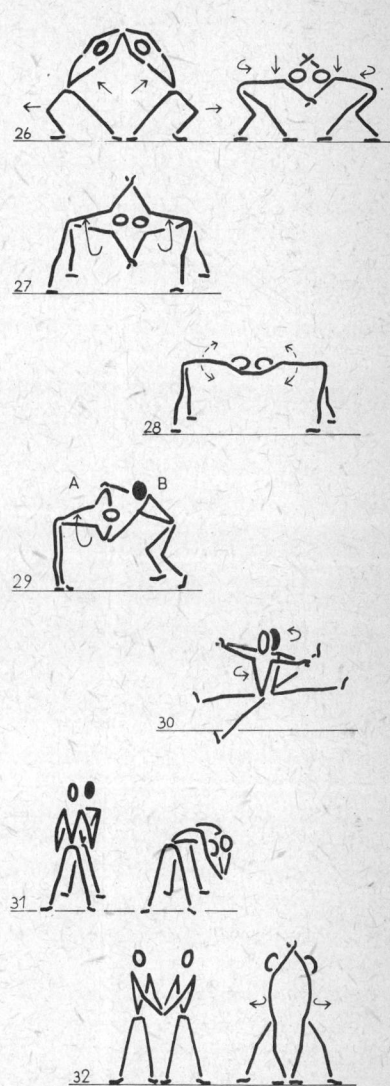

23. A im Stand rechts mit Vorspreizen links, B hält das linke Bein von A:
A erfaßt seinen linken Knöchel mit beiden Händen und zieht seinen Oberkörper an das Bein heran, B unterstützt, indem er mit seiner rechten Hand auf die Schultern drückt.

24. Grundstellung mit den Rücken zueinander, Handfassung in Schräghochhalte:
Ausfallschritt seitwärts mit Rumpfbeugen seitwärts über die gestreckten Beine.

25. A Stand rechts mit Seitspreizen links, Nackenhalte:
B erfaßt das linke Bein von A mit seiner linken Hand und mit seiner rechten Hand unter den rechten Arm von A, B unterstützt damit das Rumpfseitbeugen von A.

26. Schrittstellung, rechtes bzw. linkes Bein vorgestellt, mit dem Gesicht zueinander, Handfassung in Schräghochhalte:
Rumpfdrehen nach auswärts (die inneren Beine stemmen gegeneinander, die äußeren im Knie gebeugt), Rückbewegung und Rumpftieffedern.

27. Grätschstand mit dem Gesicht zueinander, Rumpfsenken und Handfassung in Schräg-

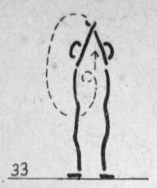

Rückbewegung in die Ausgangsstellung.

33. Grundstellung im Abstand von 1 Schritt mit den Rücken zueinander, Handfassung in Schräghochhalte:
$1/1$ Drehung mit Unterwinden.

34. Grundstellung mit dem Gesicht zueinander, Vorhalte mit Handfassung:
Übersteigen der gefaßten Arme und $1/1$ Drehung mit Unterwinden.

Kräftigungsübungen

a) Rückenmuskeln

35. Grundstellung, Rücken an Rücken, Hochhalte mit Handfassung:
B zieht A an den Armen hoch (etwa 20 cm vom Boden), indem B den Schultergürtel vorbeugt.

36. Das gleiche im Strecksitz, Rücken an Rücken, im Wechsel vorbeugen.

37. B im Winkelstand, er faßt A an der Hüfte und federt im Rumpf, A unterstützt B, indem er auf die Schultern drückt.

hochhalte: Rumpfdrehen nach links und rechts.

28. Wie Übung 27, aber Hände auf die Schulterblätter legen.

29. A Winkelstand mit Nackenhalte:
Rumpfdrehen nach links und rechts, B unterstützt, indem er A an den Ellbogen faßt.

30. Grätschsitz, Rücken an Rücken, Seithalte mit Handfassung: Rumpfdrehen nach links und rechts.

31. Grätschstand mit den Rücken zueinander, Tiefhalte mit Handfassung:
Rumpfdrehbeugen nach beiden Seiten, Arme in Beugerichtung mitbewegen.

32. Grätschstand nebeneinander mit Zweihandfassung:
Partner führen gleichzeitig $1/4$ Drehung nach außen durch, Arme schwingen in die Hochhalte (Füße drehen am Ort, die Wirbelsäule wird im Brustwirbelteil nach hinten gebeugt),

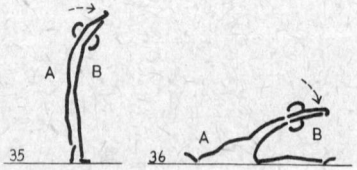

38. Kniestand, Gesicht zueinander, Rumpfsenken vorwärts, Hände auf die Schulterblätter legen:
Federn im Rumpf.

39. A Grundstellung, Arme in Hochhalte mit Flechtgriff:
B steht hinter A, erfaßt dessen Hände mit der linken, stützt die rechte Hand gegen die Schulterblätter und zieht die Arme nach hinten zum Rückbeugen des Schultergürtels.

40. A Grätschwinkelstand, Arme über dem Kopf im Flechtgriff. B erfaßt mit der einen Hand die Hände von A und zieht diese nach oben, mit der anderen Hand drückt er die Schulterblätter von A nach unten (A führt ein Rückbeugen des Schultergürtels aus).

41. B im Hockstand, Rumpf leicht vorgebeugt, Arme gebeugt, A faßt in die gebeugten Arme und legt die Hände auf die Schulterblätter, dann drückt er die Ellbogen von A zueinander.

42. Partner hintereinander, B im Hocksitz, die Hände umfassen den Nacken von A, der hinter B steht und ein Knie gegen die Schulterblätter von B stemmt:
A richtet sich leicht auf und drückt mit dem Knie gegen die Schulterblätter von B, dessen Schultergürtel wird nach hinten gebeugt.

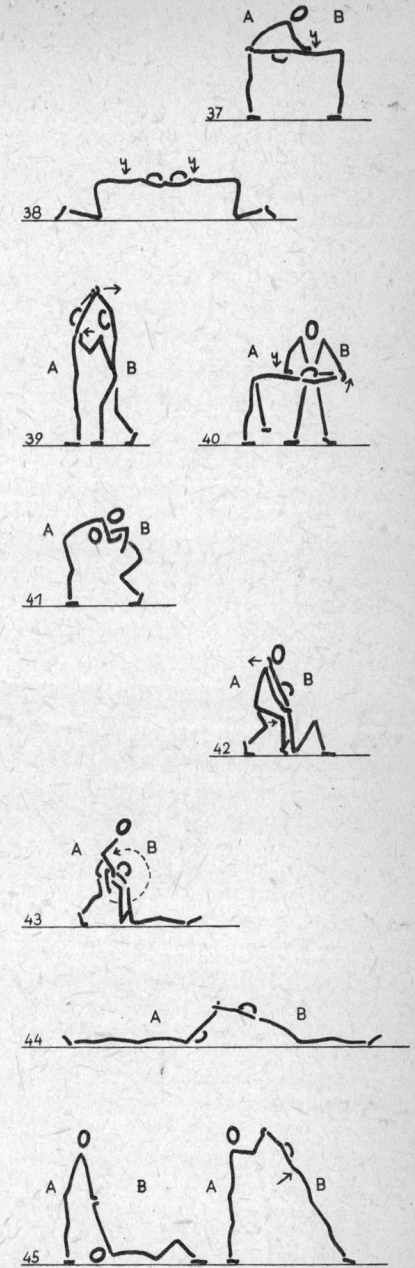

A hebt B in den Stand, Rumpf gestreckt mit Rückbeugen des Schultergürtels.

46. A in Bauchlage, Arme schräg-hoch, B erfaßt die Arme von A und zieht sie nach hinten, während er mit den Knien im Rücken stemmt:
Rückbeugen des Schultergürtels mit Hilfe des Partners.

47. B in Bauchlage, Arme schräg-hoch:
A hebt federnd die Beine von B an, es erfolgt dadurch ein Beugen im Brustwirbelteil.

43. Partner hintereinander, B im Strecksitz, Arme gebeugt nach hinten:
A steht hinter B und hat den rechten Unterschenkel gegen den Rücken von B gestemmt, faßt die Arme von B in den Ellbogen und unterstützt beim Schulterkreisen rückwärts.

44. A und B in Rückenlage mit Handfassung über den Köpfen:
B hebt, gestützt von A, den Rumpf vom Boden und beugt den Schultergürtel nach hinten zurück in die Rückenlage, A unterstützt die Beugung der Wirbelsäule, indem er die Arme von B zurückhält.

45. Partner hintereinander, B in Rückenlage mit angehockten Beinen, Arme in Vorhalte, A steht hinter dem Kopf und erfaßt die Hände von B:

b) Bauchmuskeln

48. B im Strecksitz, Arme in Nackenhalte, A in Bankstellung, Hände stützen auf den Unterschenkeln von B:
B hebt und senkt den Rumpf,
a) Senken, zuerst berührt das Becken, dann der Rücken und zuletzt der Kopf den Boden (beim Heben umgekehrt);
b) Rumpfsenken mit geradem Rumpf (Arme immer in Nackenhalte).

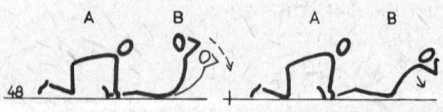

49. B im Strecksitz mit vorgebeugtem Rumpf, Hände umfassen das rechte Bein am Fußgelenk; Rumpf in die Rückenlage senken und heben, Hände bleiben am rechten Bein und heben es mit hoch,
A in Bankstellung, Hände halten das linke Bein von B fest auf dem Boden.

50. Grätschsitz mit dem Gesicht zueinander, Beine verschränkt, Arme in Nackenhalte:
Gleichzeitig den Rumpf senken und heben.

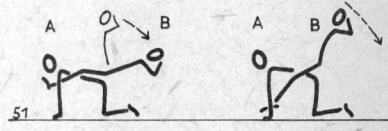

51. A in Bankstellung, B sitzt auf den Hüften von A und hat die Beine unter den Armen von A eingeklemmt, Arme in Nackenhalte:
A senkt den Rumpf rückwärts und hebt ihn.
Abwandlung: A stützt seine Hände auf den Füßen von B und ermöglicht B das Rückbeugen.

52. Kniestand mit dem Gesicht zueinander, Arme angewinkelt, Handflächen gegeneinander gestützt:
Die Partner drücken sich voneinander ab (der gestreckte Rumpf wird zurückgesenkt), aufrichten und erneut abstoßen (wiederholen).

53. Kniestand rechts mit Vorstellen links, mit dem Gesicht zueinander, Handfassung in Schulterhöhe:
Abwechselndes Vor- und Rückbeugen der Partner.

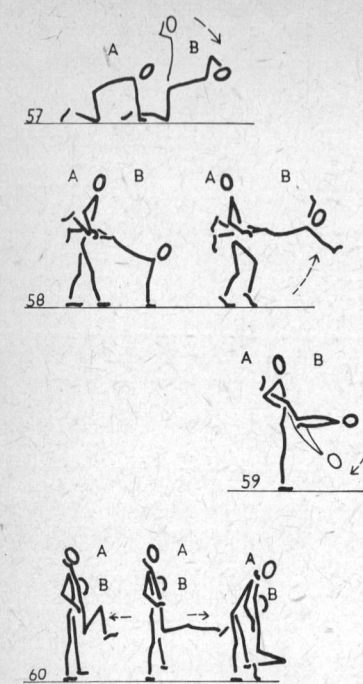

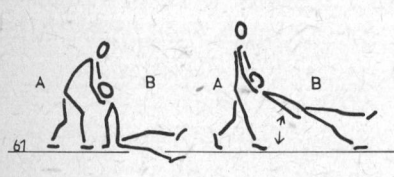

56. Hürdensitz, mit dem Gesicht zueinander, links stemmt gegen das Knie des angewinkelten rechten Beines des Partners, Einhandfassung rechts:
Rumpfbeugen rückwärts (Kopf berührt den Boden) und vorwärts im Wechsel.

57. B im Kniestand, Arme in Nackenhalte, A in Bankstellung dahinter, Hände auf den Fußgelenken von B:
B senkt den Rumpf in den Kniewinkelstand und richtet sich wieder auf.

58. B im Liegestütz vorlings, Beine umklammern die Hüften des hinter ihm stehenden A:
B schnellt vom Boden ab mit Seitschwingen der Arme, A stützt den Partner an den Oberschenkeln.

59. Das gleiche, aber B wird rücklings gehalten (Arme sind am Körper):
Den Rumpf aufrichten und senken.

60. Grundstellung, A hinter B, B umfaßt den Hals seines Partners, hockt die Beine an und wird so getragen:
B streckt die Beine nach vorn und hockt sie wieder an. A setzt dann B durch langsames Rumpfbeugen in den Hockstand ab.

61. B im Grätschsitz, A steht hinter B, Arme locker am Körper:
Mit Hüftschwung vorwärts hebt sich B in den Grätschliegestand, A unterstützt, indem er B am Nacken hält.

54. Grätschsitz mit dem Gesicht zueinander, Füße gegeneinander gestemmt, Handfassung:
Abwechselndes Vor- und Rückbeugen der Partner (Beine müssen gestreckt bleiben).

55. Das gleiche mit Rumpfkreisen (beim Rückbeugen Kopf dicht über den Boden führen).

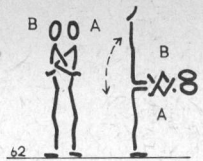
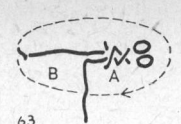
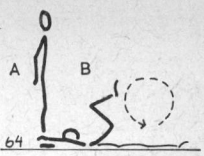

62. Grundstellung, Rücken an Rücken, Arme eingehakt: Abwechselndes Vor- und Rückbeugen der Partner; wenn A sich vorbeugt, wird B mit hochgehoben und umgekehrt. Der Hochgehobene hebt gleichzeitig auch die Beine bis zur Senkrechten.

63. Das gleiche, aber A führt in der Rumpfbeuge $1/1$ Drehung aus.

64. A steht hinter B, B in Rückenlage, Arme in Hochhalte, Hände umfassen die Fußgelenke von A:
B beschreibt mit geschlossenen Beinen einen senkrechten Kreis, indem er das Becken etwas vom Boden abhebt, die Beine anhockt und streckt.

65. A im Schrittknien hinter B, B in Rückenlage, Arme in Hochhalte, Hände umfassen das rechte Fußgelenk von A:
B hebt beide Beine, A zieht das linke Bein nach hinten und stößt das rechte Bein von B zum Boden und umgekehrt.

66. A im Strecksitz, mit beiden Händen die Rechte von B erfaßt, B im Grätschstand mit der rechten Seite zu A; zieht A in den Stand und setzt ihn langsam wieder hin. Die Füße von A stemmen gegen das rechte Bein von B (wird A gehoben, bleiben die Beine gestreckt).

67. B in Seitenlage, Arme in Hochhalte:
B Rumpfheben seitwärts, A hält die gekreuzten Beine von B am Boden fest.

68. In Rückenlage Kopf an Kopf, Handfassung in Schräghochhalte: Beide heben die Beine zur Senkrechten und senken sie seitwärts auf den Boden (in entgegengesetzter Richtung) im Wechsel nach links und rechts.

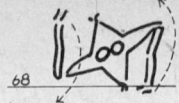

69. Schwebesitz mit Stütz hinter dem Körper, Gesicht zueinander. Die Partner sitzen so dicht gegenüber, daß sich die Unterschenkel kreuzen: Beinkreisen dicht über dem Boden, sie dürfen mit denen des Partners nicht zusammenstoßen.

Beine

Dehnübungen

70. Grundstellung mit dem Gesicht zueinander, Schulterfassung: Gleichzeitiges Rückschwingen des rechten Beines, beim Vorschwung schnell an den Körper ziehen (Unterschenkel stehen waagerecht). Das gleiche links.

71. Grundstellung nebeneinander mit Schulterfassung: Abwechselndes Vor- und Rückschwingen der äußeren Beine.

72. Grundstellung mit dem Gesicht zueinander, Schulterfassung: B spreizt das linke Bein vor und legt es von innen auf die rechte Schulter von A, A drückt mit seiner Schulter das Bein zum Körper von B.

73. Nebeneinander, A im Stand rechts mit Knieheben links seitwärts:
Rumpfbeugen vorwärts, B unterstützt, indem er am Knie- und Fußgelenk zufaßt.

74. Schneidersitz mit dem Gesicht zueinander, Vorhalte mit Handfassung, Fußsohlen gegeneinandergestemmt:
Abwechselndes Strecken der rechten und linken Beine über Kreuz nach schräg oben.

75. Das gleiche, beide Beine gleichzeitig strecken.

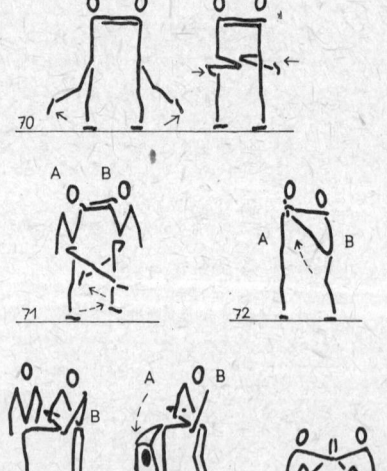

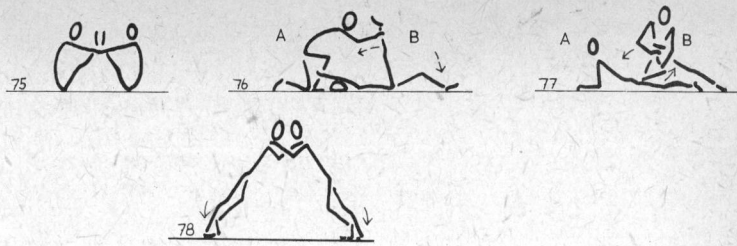

76. B in Rückenlage, A im Schrittknien hinter B, der umfaßt das Fußgelenk von A und hebt das rechte Bein bis zur Senkrechten:
A faßt das Bein am Knöchel und zieht es an sich heran, B drückt das linke Bein so fest wie möglich auf den Boden.

77. A in Bauchlage mit Stütz auf den Unterarm und Rückheben des rechten Beines:
B kniet neben A, erfaßt das rechte Bein am Fußgelenk und Knie und drückt es zum Rücken hin, bis die Ferse das Gesäß berührt.

78. Grundstellung mit dem Gesicht zueinander, Schulterfassung:
Die Partner beugen die Arme ein und stützen sich gegeneinander:
Schnelles Fersenheben links und rechts im Wechsel (lifting, Fußgelenkarbeit).

Kräftigungsübungen

79. a) Grundstellung, Rücken an Rücken, Arme eingehakt:
Gemeinsam Kniebeugen und Aufrichten;
b) das gleiche ohne Armfassung, nur Rücken an Rücken gelehnt.

80. Grundstellung, Gesicht zueinander, Vorhalte mit Handfassung:
Gleichzeitig Kniebeugen und Aufrichten.

81. Das gleiche, aber im Wechsel:
A Kniebeugen, B Aufrichten.

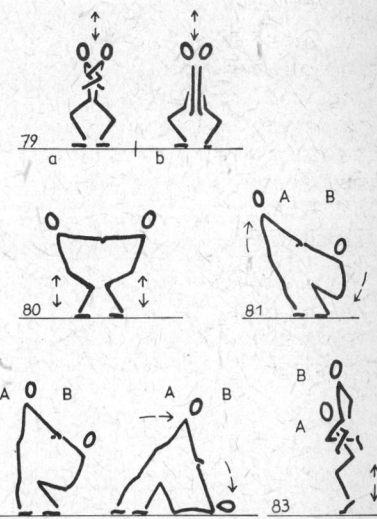

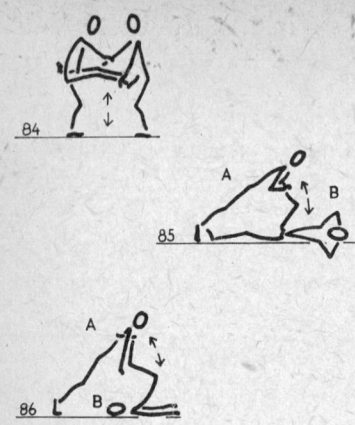

84. Mit dem Gesicht zueinander, vorspreizen rechts, der Partner erfaßt das Bein mit der linken Hand, dann reichen sich beide ihre Rechte:
Kniebeugen links und aufrichten.

85. B in Rückenlage, Nackenhalte, Knieheben links:
Beugen und strecken links mit Belastung.
A stützt sich mit der Brust auf die linke Fußsohle von B und hält sich am Fußgelenk fest.

86. B im Nackenstand, Beine leicht gehockt:
Beugen und Strecken der Beine mit Belastung.
A wird von B mit den Beinen gestützt (Füße in den Achselhöhlen).

87. A in Rückenlage, Beine bis zur Senkrechten gehoben:
Beugen und Strecken der Beine mit Belastung. A stützt B mit den Fußsohlen an der Hüfte, B bleibt ganz gestreckt, Handfassung.

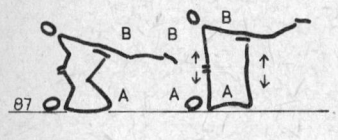

88. Rückenlage, Fußsohlen gegeneinander, Beine leicht gehockt:
A streckt die Beine gegen den Widerstand von B und umgekehrt.

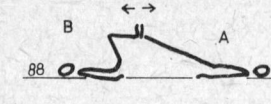

89. Grätschsitz mit dem Gesicht zueinander, Stütz hinter dem Rücken:
A und B heben die Beine vom Boden, A schließt die Beine, so daß sie zwischen den Beinen von B schweben. A muß jetzt gegen den Widerstand von B seine Beine grätschen.

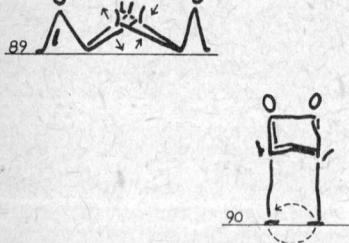

82. Das gleiche bis in die Rückenlage mit angehockten Beinen.

83. B im Grätschsitz auf den Schultern von A, A Kniebeugen und Aufrichten.

90. Gesicht zueinander, Schulterfassung:
Vorspreizen des rechten Beines, der Partner erfaßt es mit der rechten Hand, Hüpfen links im Kreise.

91. Das gleiche, aber das rechte Bein wird auf die linke Schulter des Partners gelegt.

92. Hockstand mit dem Gesicht zueinander, Handfassung in Schulterhöhe:
Beide stellen das linke Bein vor, Hüpfen mit Beinwechsel (Kosakentanz).

93. Hockstand mit dem Gesicht zueinander, Handfassung in Schulterhöhe:
Hüpfen im Kreise.

94. Das gleiche, aber Rücken an Rücken, Arme eingehakt.

Verschiedenes

Zu dieser Gruppe zählen wir Übungen, die mehr in spielerischer Form von einer großen Anzahl von Paaren gleichzeitig ausgeführt werden können.

95. Bauchlage mit den Köpfen zueinander, linke Hand neben der Brust aufgestützt:
Sie reichen sich ihre rechten Hände (rechter Arm gebeugt, Ellbogen setzt auf dem Boden auf) mit den Handflächen zueinander und versuchen so, den Arm des anderen zur Seite auf den Boden zu drücken.

96. Grätschsitz, Rücken an Rücken, Arme eingehakt:
Es wird versucht, den Partner zur Seite zu ziehen.

97. Rückenlage nebeneinander, Hüfte an Hüfte, Arme in Seithalte:
Beide heben gleichzeitig das innere Bein bis zur Senkrechten, stemmen es in der Kniekehle gegeneinander und versuchen, das Bein des Partners nach hinten wegzudrücken.

98. Schrittstellung mit dem Gesicht zueinander, Handfassung rechts:

99. Hockstand mit dem Gesicht zueinander, Handflächen stützen gegeneinander:
Es muß versucht werden, den Partner aus dem Gleichgewicht zu bringen.

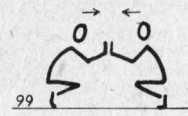

100. Grätschstand mit dem Gesicht zueinander, A hat die Arme in Vorhalte, Handrücken nach oben, B hält seine Arme mit den Handflächen nach oben und streicht mit den Fingern über die Handflächen von A. B muß versuchen, A schnell – mal rechts, mal links – auf die Handrücken zu schlagen. Gelingt ihm das, darf er immer weiter probieren. Schlägt er einmal daneben, denn A darf die Hände wegziehen, wird gewechselt.

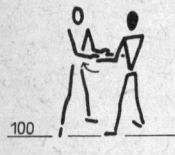

101. Grätschstand, Rücken an Rücken im Abstand von etwa einem Schritt:
Die Partner versuchen, sich gegenseitig mit dem Gesäß zu prellen und aus dem Gleichgewicht zu bringen (Füße bleiben am Ort).

102. Grätschstand mit der rechten Seite zueinander, Handfassung rechts:
Jeder versucht, den anderen zu sich herüberzuziehen.

103. Grätschstand, mit dem Gesicht zueinander (Brust an Brust), Hände auf dem Kopf übereinandergelegt, Ellbogen zeigen nach außen:
Die Partner drücken ihre Ellbogen gegeneinander, jeder versucht, den anderen nach hinten zu drücken.

Durch Ziehen oder Drücken muß versucht werden, den Partner aus dem Gleichgewicht zu bringen (muß ein Partner eine Fußsohle vom Boden abheben, erhält der andere einen Punkt).

II. Übungen mit Handgeräten

In den meisten Turnhallen sind Handgeräte wie Hanteln, Turnstäbe, Sprungseile, Keulen u. ä. vorhanden, die aber von den Turnlehrern und Übungsleitern noch viel zuwenig genutzt werden. Das ist sehr schade, denn Handgeräte können den Wert bestimmter Übungen sehr erhöhen. Es wird empfohlen, Handgeräteübungen zu einem festen Bestandteil des Turnunterrichts wie auch der Übungsstunden in den Sportgemeinschaften werden zu lassen.

Handgeräte können bei allen Altersstufen Verwendung finden. Es ist nur notwendig, die Übungen entsprechend auszuwählen und sie für die bestimmten Muskelgruppen richtig zu dosieren.

Bei Übungen mit Handgeräten ist darauf zu achten, daß jeder Übende genug Platz hat, um seine Bewegungen frei ausführen zu können, und dabei keiner behindert oder verletzt wird.

In dem folgenden Abschnitt werden Übungen für Hanteln, Stab, Seil, Keulen und Medizinball angeführt. Darüber hinaus gibt es aber noch andere Geräte (Reifen, Bälle u. ä.), die genauso wertvoll sind und für die sich zum Teil die aufgeführten Übungen ebenso eignen. Der Sportlehrer kann sich auch behelfen, indem er die angeführten Übungen mit Steinen, selbstgefertigten Stöcken oder kleinen Sandsäcken ausführen läßt.

Übungen mit der Hantel

Übungen mit Hanteln haben vorwiegend muskelstärkenden Charakter, doch lassen sich mit ihnen auch Dehn-, Gewandtheits- und Schwungübungen ausführen.

Es sollen hier nur solche Übungen mit Hanteln angeführt werden, die für die allgemeine Körpererziehung in Schulen und Sportgemeinschaften von Bedeutung sind.

Bei Übungen mit Hanteln sind einige Grundsätze zu beachten. Das Üben darf nicht zu lange dauern. Hantelübungen über die ganze Zeit des vorbereitenden Stundenteils sind nicht angebracht. Besser ist es, Hantelübungen mit Lockerungsübungen und Dehnübungen abzuwechseln, damit die Übenden nicht vorzeitig ermüden und im Hauptteil der Stunde noch leistungsfähig sind.

Am geeignetsten sind Hanteln im Gewicht von 1 bis 2 kg. Das Gewicht muß in jedem Fall dem Entwicklungsstand der Übenden entsprechen. Bei Schülern unter 10 Jahren verwenden wir keine Hanteln im Unterricht.

Für die Übungen mit der Hantel ist auch das Tempo der Bewegungsausführung entscheidend. Eine schneller oder langsamer ausgeführte Bewegung macht oft die kräftigende Wirkung aus. Die Ausnutzung der Erdanziehung ermöglicht bei manchen Übungen eine kurze Entspannung und Erholung. Dabei ist auch auf eine richtige Atmung zu achten.

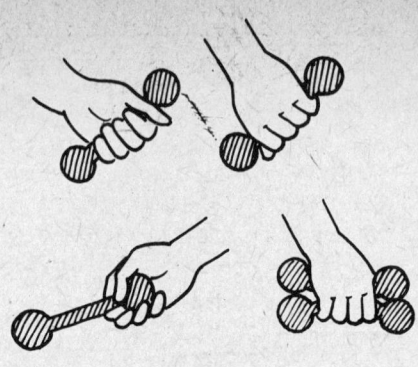

Die kleinen Hanteln lassen sich in verschiedener Art halten:
a) in jeder Hand eine Hantel, normaler Griff,
b) zwei Hanteln in einer Hand, normaler Griff,
c) in jeder Hand eine Hantel, jede umfaßt eine Kugel.
Bei den folgenden Übungen wird die Hantelhaltung nicht besonders erwähnt, wenn sie wie im Beispiel a) gehalten werden.
Auf die besonderen Griffe b) und c) wird hingewiesen.
Einen großen Teil aus der Gruppe der Übungen ohne Handgeräte können wir auch mit Hanteln ausführen, z. B. Übungen zur Kräftigung der Arme und des Rumpfes. Sie werden im folgenden nicht noch einmal aufgeführt. Wir bringen nur die grundlegendsten Übungen für die einzelnen Muskelgruppen.

Kräftigungsübungen
Arme

1. Grundstellung, Seithalte (Vor- und Hochhalte): Trichterkreisen, scheren, beugen und strecken.

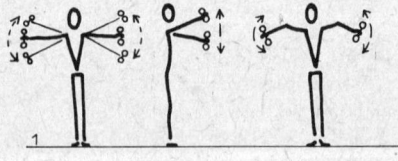

2. Grundstellung, Seithalte: Führen in die Vor-, Hoch- und Tiefhalte mit gleichzeitigem Beugen und Strecken oder Kreisen im Handgelenk.

3. Grundstellung, Seithalte:
1. Senken in die Tiefhalte,
2. heben über die Seit- in die Hochhalte,
3. senken (die Bewegungen werden beschleunigt ausgeführt, kurz vor Erreichen der „Halte" abgebremst).

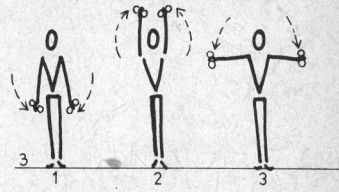

4. Grundstellung, Tiefhalte:
1.–2. Vorschwingen in die Hochhalte,
3. rückfedern,
4.–6. entspannt abschwingen.

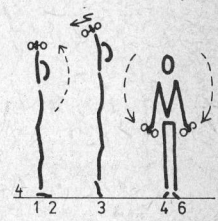

5. Grundstellung, Tiefhalte, leicht angewinkelt:
a) 1. Rückschwingen mit Kniefedern,
2. Vorschwingen mit Kniefedern bis in die Schulterhöhe;
b) das gleiche mit Wechselschwingen.

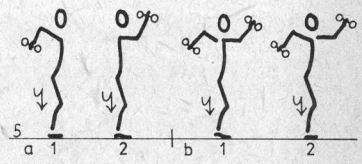

6. Grundstellung, Tiefhalte:
1. Heben in die Seithalte schräg nach hinten, Handflächen nach oben,
2. abschwingen, Arme kreuzen vor dem Körper (rechts über links),
3. Wechseln der Arme (links über rechts),
4. Heben in die Seithalte, Handrücken nach oben,
5. Senken in die Tiefhalte.

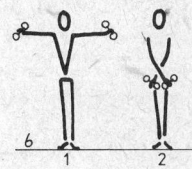

7. Grundstellung, Tiefhalte:
1. Schwingen über die Seit- in die Hochhalte und in den Ballenstand heben,

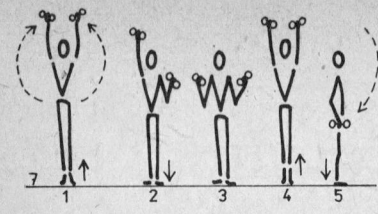

2. Grundstellung, linken Arm beugen,
3. rechts beugen,
4. Strecken in die Hochhalte und in den Ballenstand heben,
5. Grundstellung, senken über die Vor- und die Tiefhalte.

8. Grundstellung, Tiefhalte:
1. Heben in die Seithalte, Handflächen nach oben,
2. beugen links (Faust vor der linken Schulter),
3. beugen rechts,
4. Ellbogen senken (sie berühren den Rumpf),
5. in die Hochhalte strecken und in den Ballenstand heben,
6. Senken in die Grundstellung.

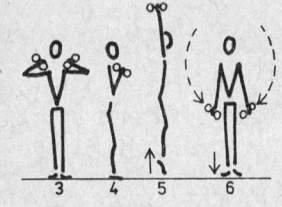

9. Grätschstand, Tiefhalte, beide Hanteln in der linken Hand:
1. Links über die Seit- in die Hochhalte heben,
2. beugen,
3. Strecken in die Hochhalte und in den Ballenstand heben,
4. entspannt abschwingen links hinter dem Rücken, mit Kniefedern; das gleiche rechts.

10. Grätschstand, Tiefhalte, beide Hanteln in der linken Hand:
1. Links über die Seit- in die Hochhalte heben,
2.–3. 2mal Unterarmkreisen über dem Kopf,
4.–5. entspannt abschwingen über die Vor- in die Tiefhalte; das gleiche rechts.

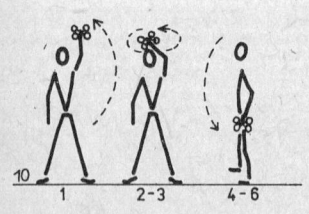

Rumpf

11. Grätschstand, Tiefhalte:
1. Rumpfsenken vorwärts mit Heben in die Hochhalte;
2. federn in der Rumpfbeuge (Arme nach oben drücken, Brust nach unten),
3. entspannt Rumpf und Arme senken,
4. Aufrichten in die Ausgangsstellung.

12. Grundstellung, Tiefhalte, die Hanteln liegen etwa 20 cm vor den Füßen:
1. Entspanntes Vorfallen des Rumpfes, Hände berühren die Fußgelenke,
2. nachfedern,
3. Hanteln an den Kugeln erfassen,
4.–6. Rumpf über den Winkelstand zum Streckstand heben, Arme in Hochhalte,
7. Hockstand mit Senken der Arme, Hanteln vor den Füßen ablegen,
8. in die Grundstellung aufrichten.

13. Weite Grätschstellung, Hochhalte, beide Hanteln in der linken Hand:
1. Tiefes Rumpfbeugen vorwärts, linke Hand am rechten Fuß (Hanteln berühren die Fußspitzen) und rückschwingen rechts,

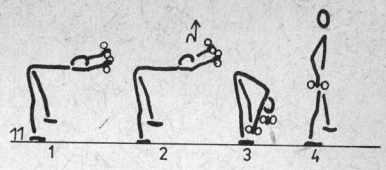

2. aufrichten in die Ausgangsstellung und die Hanteln in die rechte Hand übergeben,
3.–4. widergleich.

14. Grundstellung, Hochhalte, Hanteln an den Kugeln halten:
1. Ausfallschritt links vorwärts mit Rumpfbeugen vorwärts, die Hanteln berühren so weit wie möglich vor dem Rumpf den Boden,
2. Aufrichten in die Ausgangsstellung,
3.–4. widergleich.

15. Wie 14. mit Ausfallschritt links seitwärts und Rumpfdrehbeugen links.

16. Enger Grätschstand, Hochhalte, die Hanteln mit beiden Händen fassen:
Trichterkreisen des Rumpfes nach rechts und links.

17. Kniestand, Tiefhalte, Hanteln an der Kugel gefaßt:
1. Setzen rechts, die Unterschenkel heben, Rumpfbeugen vorwärts mit Seitschwingen der

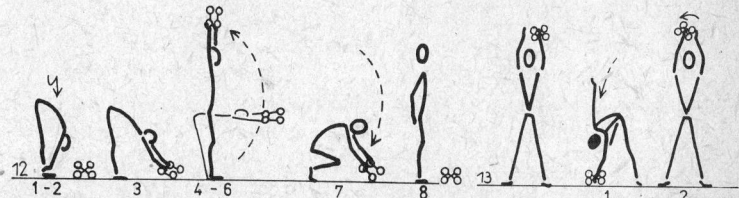

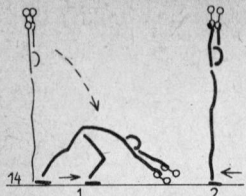 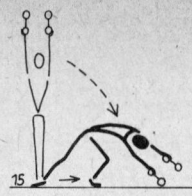 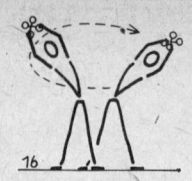

Arme, die Hanteln berühren den Boden seitlich vom rechten Unterschenkel,
2. nachfedern,
3. Aufrichten in den Kniestand, Tiefhalte,
4.–6. das gleiche nach der anderen Seite.

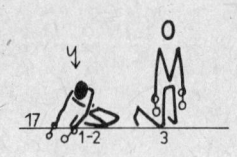

18. Kniestand rechts mit Seitstellen links, Hochhalte, die Hanteln an der Kugel gefaßt:
1. Rumpfbeugen links seitwärts,
2. aufrichten und Rumpfbeugen rechts seitwärts.

19. Schneidersitz, Tiefhalte:
1. Heben über die Seit- in die Hochhalte schräg nach hinten,
2. beugen, Hände in Schulterhöhe,
3. strecken,
4. Senken in die Tiefhalte.

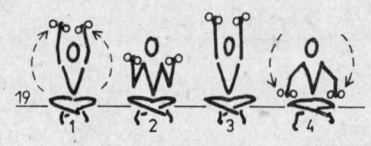

20. Das gleiche mit Rumpfdrehen nach links und rechts.

21. Strecksitz, Hochhalte, die Hanteln liegen rechts hinter dem Körper:
1. Rumpfdrehen nach rechts, Hanteln erfassen,
2. Rückbewegung in die Ausgangsstellung,
3. Rumpfdrehen nach links,

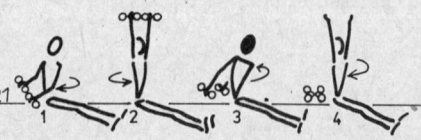

Hanteln links hinter dem
Rumpf ablegen,
4. Rückbewegung.

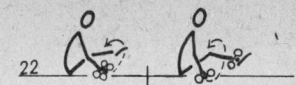

22. Strecksitz, Tiefhalte, beide Hanteln in der linken Hand: Heben der Beine, die Hanteln unter den Knien von einer Hand in die andere geben. Das gleiche mit einer Hantel, während die andere zur Erschwerung zwischen die Füße geklemmt wird.

23. Grätschsitz, Hochhalte:
1. Rumpfbeugen vorwärts über das linke Bein, Hanteln unterhalb des linken Knies ablegen (jede auf eine Seite),
2. aufrichten, Seithalte (Handflächen nach oben),
3. Rumpfbeugen vorwärts, Hanteln wieder aufnehmen,
4. aufrichten in die Ausgangsstellung;
das gleiche nach rechts.

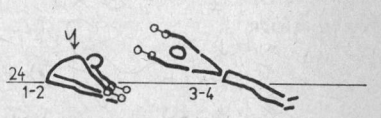

24. Rückenlage, Hochhalte, in jeder Hand eine Hantel an der Kugel gefaßt:
1. Aufrichten in den Strecksitz und Rumpfbeugen vorwärts, die Hanteln berühren die Fußspitzen,
2. nachfedern,
3.–4. aufrichten und in die Rückenlage senken.

Beine

Dehn-, Lockerungs- und Kräftigungsübungen für die Beinmuskeln empfehlen wir ohne Hanteln, da ihr Gewicht für diese Übungen keinen praktischen Wert hat.

Man kann mit Hanteln in den Händen hüpfen und springen und auf diese Weise die Übungen erschweren. Doch zur eigentlichen Kräftigung der Beinmuskeln muß dann schon die Scheibenhantel verwendet werden, mit der Übungen wie tiefes Kniebeugen, Sprünge in der Kniebeuge u. a. ausgeführt werden können.

Verschiedenes

Gewandtheits- und Geschicklichkeitsübungen

Hierher gehören Übungen, die der Verbesserung des Koordinationsvermögens, der Geschicklichkeit und der Gewandtheit dienen. Wir lassen sie vorwiegend am Ende des vorbereitenden Teils ausführen.

25. Grätschstand, in Wettkampfform die Hanteln aufneh-

men und niederlegen, Füße bleiben am Ort:
Die Hanteln liegen verschieden vor den Füßen und müssen so schnell wie möglich (in jeder Hand eine Hantel) zur Hochhalte gebracht werden:
a) Hanteln liegen über Kreuz zwischen den Füßen,
b) Hanteln liegen an den Fußspitzen,
c) Hanteln liegen über Kreuz an einer Fußspitze,
d) Hanteln liegen in verschiedener Form vor oder hinter dem Übenden.

26. Das gleiche in Grundstellung, die Hanteln liegen so weit vor dem Übenden, daß er sie durch einen Ausfallschritt erreichen kann. Das Standbein bleibt am Ort.

27. Grundstellung, Hanteln liegen dicht hinter den Fersen:
Kniebeugen mit Rumpfdrehen rechts, die Hanteln aufheben, die Fußsohlen nicht vom Boden abheben.

28. Rückenlage, Hanteln hinter dem Kopf:
Hanteln erfassen, aufrichten in den Stand, Arme in Hochhalte (wer ist am schnellsten?).

29. Strecksitz, Hanteln dicht vor den Füßen:
Die Hanteln einzeln mit den Füßen nach hinten tragen und ablegen.

30. Hocksitz, eine Hantel liegt auf dem Spann der Füße:
Beine strecken und die Hantel langsam in den Schoß rollen lassen.

31. Grundstellung, eine Hantel in der linken Hand:
Die Hantel um die Beine herumreichen (Rumpfvorbeugen) oder um ein Bein (linkes Bein vorgespreizt), auch als Wettkampf geeignet.

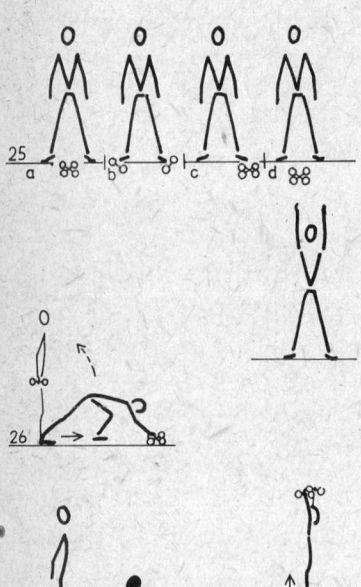

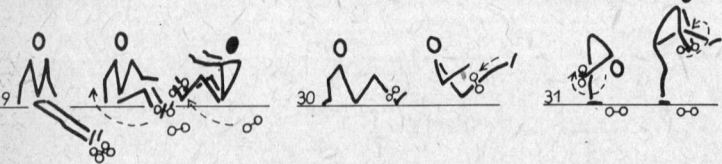

Partnerübungen mit Hanteln

Partnerübungen mit Hanteln sind wenig bekannt. Dabei lassen sich die meisten schon angeführten Übungen mit Hanteln auch zu zweien ausführen. Das wird vor allem dort notwendig sein, wo nicht genügend Hanteln zur Verfügung stehen. Hier sollen noch einige spezielle Partnerübungen mit Hanteln angeführt werden:
Die Übenden halten dabei die Hanteln jeweils an einer Kugel, bei der Erklärung der Übungen wird das nicht noch einmal erwähnt.

Arme

1. Rücken zueinander, Tiefhalte: Arme beugen und strecken in die Seit- oder Hochhalte.

2. Rücken zueinander, Hochhalte: Vorfedern rechts und Rückfedern links und umgekehrt.

3. Das gleiche aus der Seithalte (auch Trichterkreisen).

4. Rücken zueinander, Tiefhalte:
1. Über die Seit- in die Hochhalte heben,
2. senken (ein Übender leistet dabei Widerstand).

Rumpf

5. Grätschstand mit den Rücken zueinander (½ Schritt Abstand), Tiefhalte:

1. **Rumpfbeugen seitwärts, Seithochschwingen des äußeren Armes über den Kopf (das Gewicht der Hantel unterstützt das Seitbeugen), der innere Arm wird hinter den Rücken geschwungen,
2. nachfedern,
3. aufrichten in den Ballenstand, Hochhalte,
4. Grätschstand, abschwingen,
5.–8. das gleiche nach der anderen Seite.

6. Wie 5., Rumpfbeugen seitwärts abwechselnd nach links und rechts mit Nachfedern, das äußere Bein wird jeweils gebeugt.

7. Kniestand, Rücken zueinander, Hochhalte, einer hat in jeder Hand eine Hantel:
1.–2. Rückbeugen, die Hanteln dem Partner übergeben (Vorsicht!),
3.–4. Fersensitz und Rumpfbeugen vorwärts (Kopf an die Knie) mit Rückhochschwingen der Arme.

8. Kniestand mit den Rücken zueinander, Tiefhalte, einer hält in jeder Hand eine Hantel: Rumpfdrehen und Übergeben der Hanteln.

9. A im Strecksitz, Hochhalte, in jeder Hand eine Hantel:
1. Rumpfbeugen vorwärts, die Hanteln berühren die Fußspitzen,
2. nachfedern,
3.–4. aufrichten und langsam in die Rückenlage senken.
B im Fersensitz hält die Beine von A an den Fußgelenken und drückt sie fest auf den Boden (Aufgaben wechseln).

10. A in Bauchlage, Hochhalte, in jeder Hand eine Hantel:
1.–2. Rumpfheben und nachfedern,
3. senken,
B im Fersensitz unterstützt, indem er die Beine auf den Boden drückt (Aufgaben wechseln).

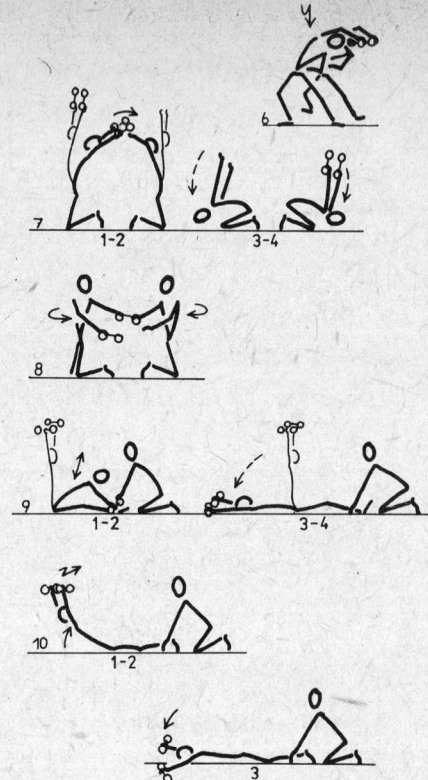

Beine

Partnerübungen zur Kräftigung der Beine wurden schon in den vorhergegangenen Kapiteln angeführt.

Übungen mit dem Stab

Den Stab können wir als Hilfsmittel bei verschiedenartigsten Übungen oder zur Erschwerung verwenden. Wir benutzen den Stab als Sprunghindernis (Hürde) sowie als Kriechhindernis; wir können den Stab aber auch werfen, balancieren, fangen und für Trageübungen gebrauchen. Er ist besonders für Partnerübungen geeignet.

4. Grundstellung, Stab waagerecht in Tiefhalte vorn:
1. In die Vorhalte heben,
2. beugen, Stab vor der Brust,
3. in die Hochhalte strecken,
4. beugen, Stab auf die Schulterblätter senken,
5. strecken,
6. in die Ausgangsstellung senken.

Arme

Dehnübungen

1. Grundstellung, den Stab waagerecht in Tiefhalte vor dem Körper:
1. In die Hochhalte schwingen,
2. rückfedern,
3. in die Ausgangsstellung senken.

2. Grundstellung, Stab waagerecht in Tiefhalte vorn:
1. In die Vorhalte heben,
2. beugen (Stab vor der Brust),
3. strecken,
4. senken in die Ausgangsstellung.

3. Grundstellung, Stab waagerecht in Tiefhalte vorn:
1. In die Hochhalte heben,
2. beugen, Stab auf die Schulterblätter senken,
3. strecken, Stab über dem Kopf.
4. senken in die Ausgangsstellung.

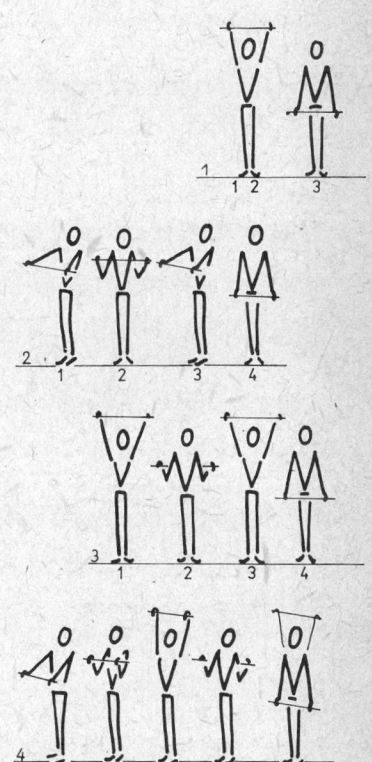

5. Grundstellung, Stab waagerecht in Tiefhalte vorn:
1. In die Vorhalte heben,
2. Stab vor der Brust in die Senkrechte drehen (linke Hand oben),
3. drehen in die Waagerechte,
4. in die Ausgangsstellung senken,
5.–8. das gleiche umgekehrt.

6. Grundstellung, Stab in Tiefhalte, waagerecht vorn:
1. In die Hochhalte heben,
2. über dem Kopf drehen, linke Hand nach vorn,
3. in die Waagerechte drehen,
4. in die Ausgangsstellung senken,
5.–8. das gleiche umgekehrt.
Diese und ähnliche Übungen lassen sich auch aus anderen Ausgangsstellungen (Grätschstand, Hockstand, Kniestand, Sitz, Rückenlage) ausführen.

7. Grundstellung, Stab waagerecht in Tiefhalte vorn:
1.–2. Kreisen vor dem Körper nach rechts (zur rechten Schulter),
3.–4. kreisen nach links (das Kreisen führen nur die Arme aus, der Rumpf bleibt gestreckt).

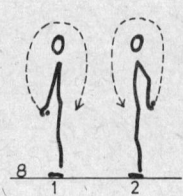

8. Grundstellung, Stab waagerecht in Tiefhalte vorn:
1.–2. Den Stab über den Kopf heben, ohne die Hände zu lösen, in die Tiefhalte hinter dem Körper, das gleiche zurück.

9. Grundstellung, Stab waagerecht in Tiefhalte hinten:
1. Aus der Tiefhalte hinter dem Rücken den Stab so weit wie

möglich vom Rumpf wegheben,
2. nachfedern,
3. senken.

10. Das gleiche mit Rumpfbeugen vorwärts.

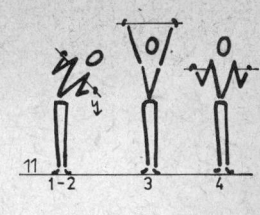

Hier wurde nur eine kleine Auswahl von Übungen für die Arme gebracht. Es gibt unzählige Möglichkeiten, die Übungen durch andere Griffe am Stab, durch andere Ausgangsstellungen usw. abzuwandeln. Bei Kindern kann man mit dem Stab die verschiedensten Nachahmungsübungen ausführen lassen (Holzhacken, Paddeln, Mähen usw.), doch muß hierbei besonders darauf geachtet werden, daß jeder Übende genügend Platz hat.

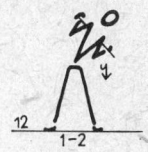

Kräftigungsübungen

Kräftigungsübungen unterscheiden sich nicht sonderlich von den schon erwähnten Dehnübungen. Wir erreichen eine Kräftigung der entsprechenden Muskeln auch dadurch, daß wir schneller üben oder die Übungen aus erschwerenden Ausgangsstellungen ausführen lassen.

Rumpf

11. Grundstellung, Stab waagerecht hinter den Schultern:
1. Rumpfbeugen links seitwärts,
2. nachfedern,
3. strecken in die Hochhalte,
4. in die Ausgangsstellung senken,
5.–8. zur anderen Seite.

12. Wie 11. im Grätschstand.

13. Das gleiche mit Kniebeugen und im Kniestand mit seitgestelltem Bein.

14. Grätschstand, Stab waagerecht über dem Kopf:
1. Rumpfbeugen links seitwärts,
2. nachfedern,
3.–4. das gleiche zur anderen Seite.

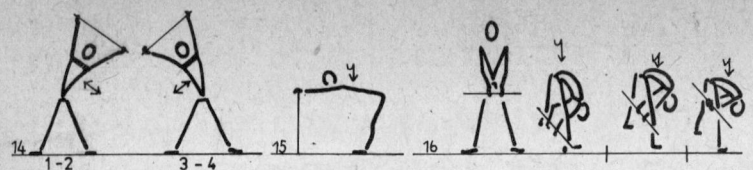

15. Winkelstand, Hochhalte, Stab senkrecht vor dem Körper aufgestellt (beide Hände fassen das oberste Ende des Stabes):
Federn in der Rumpfbeuge vorwärts, Kopf im Nacken.

16. Weiter Grätschstand, Stab waagerecht in Tiefhalte vorn (Hände fassen die Mitte des Stabes):
Rumpfbeugen vorwärts, den Stab zwischen den Beinen nach hinten durchschieben, an der Rückseite der Beine den Stab Stück für Stück höher heben, während der Rumpf weiter tief federt.

17. Grätschstand, Stab waagerecht über dem Kopf:
1. In den Grätschwinkelstand senken,
2. Arme beugen, Stab hinter dem Kopf auf die Schulterblätter ziehen,
3. Stab in Hochhalte strecken,
4. entspanntes Vorfallen des Rumpfes, Stab berührt den Boden,
5. Aufrichten in die Ausgangsstellung.

18. Grätschstand, Stab waagerecht über dem Kopf:
1. Rumpfbeugen rückwärts (in der Brustwirbelsäule),
2. nachfedern,
3. aufrichten und entspanntes

Vorfallen des Rumpfes (Stab berührt den Boden),
4. Aufrichten in die Ausgangsstellung.

19. Grundstellung, auf dem Stab stehend (mit den Fußspitzen):
1. Hockstand, den Stab an den Enden erfassen,
2. Beine strecken, Hände bleiben am Stab,
3. Hockstand,
4. Hände lösen und in die Grundstellung aufrichten.

20. Grätschstand, den Stab waagerecht in der rechten Hand vorn: Rumpfbeugen vorwärts und den Stab durch die Beine hindurch von einer Hand in die andere reichen (Stab beschreibt eine Acht).

21. Kniestand, Stab waagerecht über dem Kopf:
1. Rumpfbeugen vorwärts, der Stab berührt den Boden,
2. nachfedern,
3. aufrichten und Rückbeugen.

22. Das gleiche im Kniestand mit Vorstellen rechts (links).

23. Strecksitz, Stab in Tiefhalte an den Oberschenkeln:
1. Rückbeugen in der Brustwirbelsäule mit Schwingen in die Hochhalte (Stab über dem Kopf),
2. aufrichten und Rumpfbeugen vorwärts, Stab berührt die Fußspitzen,
3. Aufrichten und Schwingen in die Hochhalte,
4. Senken in die Tiefhalte.

24. Grätschsitz, Hochhalte, Stab liegt auf den Fußgelenken:
Rumpfbeugen vorwärts, den Stab an seinen Enden erfassen und so schnell wie möglich aufrichten, mit dem Stab in die Hochhalte, senken in die Rückenlage; aufrichten und Rumpfbeugen vorwärts, Stab wieder ablegen und zurück in die Ausgangsstellung.

25. Grätschsitz, Stab in Hochhalte:

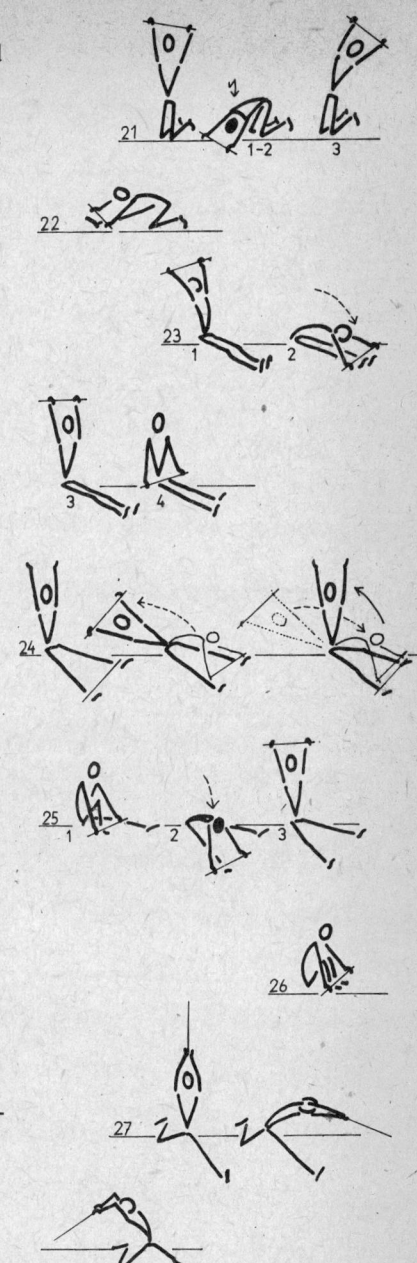

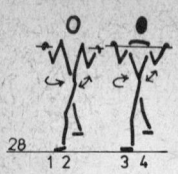

1. Anhocken rechts (Ferse am Boden), Stab gegen den rechten Fuß stemmen,
2. das rechte Bein strecken mit tiefem Rumpfbeugen vorwärts,
3. Aufrichten in die Ausgangsstellung,
4.–6. das gleiche links.

26. Wie 25. mit Anhocken beider Beine.

27. Hürdensitz, linkes Bein gestreckt, Stab senkrecht über dem Kopf (beide Hände fassen an einem Ende): Rumpfbeugen nach allen Seiten, der Stab berührt so weit wie möglich vom Rumpf entfernt den Boden.

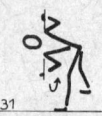

28. Grätschstand, Stab waagerecht hinter den Schultern:
1. Rumpfdrehen links (Füße bleiben am Ort),
2. nachfedern,
3.–4. das gleiche umgekehrt.

29. Das gleiche mit dem Stab waagerecht in Hochhalte.

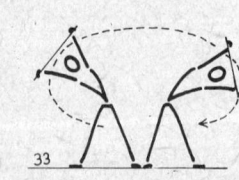

30. Das gleiche, aber beim Drehen nach links wird auch der Stab mit nach links gedreht (rechte Hand nach vorn): das gleiche nach rechts.

31. Grätschwinkelstand, Stab waagerecht hinter den Schultern:
1. Rumpfdrehen nach links (Stab senkrecht),
2. nachfedern,
3.–4. das gleiche zur anderen Seite.

32. Grätschstand, Stab waagerecht in Hochhalte:
1. Rumpfsenken,
2. Rumpfdrehen nach links,
3. Rückbewegung,
4. Aufrichten in die Ausgangsstellung (Stab bleibt in Hochhalte),
5.–8. das gleiche umgekehrt.

33. Grätschstand, Stab waagerecht in Hochhalte:
Rumpfsenken und Trichterkreisen des Rumpfes (Kreisen nach rechts und hinten beginnend), Stab bleibt in Hochhalte.

34. Das gleiche, aber den Stab waagerecht hinter den Schultern.

35. Grätschstand, Stab waagerecht in Tiefhalte vorn:
Entspanntes Vorfallen des Rumpfes und Rumpfkreisen nach links oben beginnend, Arme folgen dem Rumpf; das gleiche nach rechts.

36. Grätschstand, den Stab mit beiden Händen an einem Ende gefaßt, senkrecht vor den Beinen aufgestellt:
Rumpfkreisen zur Seite, nach hinten und wieder vor, der Stab beschreibt mit dem freien Ende auf dem Boden einen Kreis (der Stab berührt ständig den Boden).

37. Das gleiche im Kniestand.

38. Das gleiche, den Stab abwechselnd mit der linken und rechten Hand halten.

a) Bauchmuskulatur

39. Grundstellung, Stab waagerecht in Tiefhalte:
1. Ausfallschritt links rückwärts, Rumpfsenken rückwärts (Rumpf in Verlängerung des rechten Beines, schwingen in die Hochhalte),
2. nachfedern,
3. Aufrichten in die Grundstellung,
4.–6. das gleiche umgekehrt.

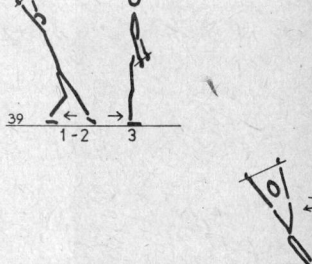

40. Das gleiche mit Rumpfdrehen nach links und rechts (stärkt die seitlichen Bauchmuskeln).

41. Schrittstellung, links vorn, Stab waagerecht hinter den Schultern:
1. Rumpfsenken rückwärts (Rumpf in Verlängerung des linken Beines), rechts gebeugt,
2. Gewichtsverlagerung auf das linke Bein (linkes Bein beugen) und Rumpfsenken vorwärts (nach viermaliger Ausführung die Beine wechseln).

42. Weiter Grätschstand, Rumpfsenken vorwärts, den Stab mit beiden Händen an einem Ende erfaßt, das andere Ende so weit wie möglich vor den Beinen am Boden: Bogenkreisen des Rumpfes abwechselnd nach links und rechts, das freie Ende des Stabes beschreibt vor den Beinen einen Halbkreis.

43. Kniestand, Stab waagerecht in Hochhalte:
1. Rumpfsenken rückwärts, den Stab nach hinten drücken,
2. rückfedern,
3. aufrichten und Rumpfbeugen vorwärts in den Fersensitz, Stab vor den Knien ablegen und Arme rückschwingen.

44. Das gleiche mit Rumpfdrehen nach links oder rechts.

45. Strecksitz, Hände stützen hinter dem Körper, Stab liegt quer auf den Fußgelenken, in den Schwebesitz heben mit Seithalte.

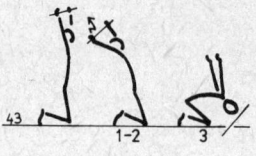

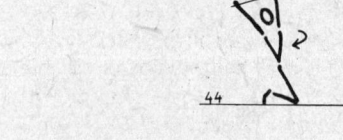

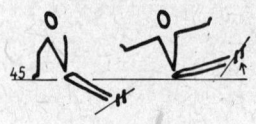

46. Strecksitz, Arme in Hochhalte, Stab liegt quer auf den Fußgelenken:
Durch schnelles Heben der Beine den Stab hochwerfen und mit beiden Händen fangen, dann Beine langsam senken.

47. Strecksitz, Stab waagerecht in Hochhalte:
1. Beine schnell durchhokken,
2. Beine über den Stab strekken,
3. Senken der gestreckten Beine,
4.–6. zurück in die Ausgangsstellung (danach führen wir beide Teile hintereinander aus).

48. Strecksitz, Stab waagerecht in Tiefhalte auf den Oberschenkeln:
1. Hochschwingen des linken Beines und Durchstecken zwischen Armen und Stab,
2. Rumpfbeugen vorwärts, mit Hilfes des Stabes Heranziehen des linken Beines an den Körper (Stab oberhalb der Ferse),
3. nachfedern,
4. Bein zurückziehen und auf den Boden senken, Ausgangsstellung,
5.–8. das gleiche rechts.

49. Das gleiche mit beiden Beinen zugleich.

50. Das gleiche in Rückenlage.

51. Hocksitz, Fußsohlen gegen den Stab gestemmt:
1. Heben der gehockten Beine,
2. schräg hoch strecken,
3. anhocken,
4. die gehockten Beine auf den Boden senken (Fußsohlen gegen den Stab gestemmt).

b) Rückenmuskulatur

52. Grätschstand, Stab waagerecht in Tiefhalte vorn:

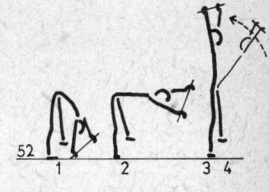

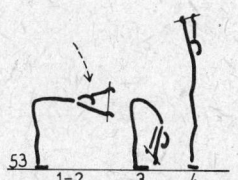

213

3.–4. aufrichten in den Grätschstand, Stab in Hochhalte.

53. Grundstellung, Stab waagerecht in Hochhalte:
1.–2. Rumpfsenken, Kopf im Nacken, Arme nach hinten drücken,
3. entspanntes Vorfallen des Rumpfes,
4. aufrichten in die Grundstellung, Stab in Hochhalte.

54. Grundstellung, Stab waagerecht in Tiefhalte vorn:
1. Seittreten links, Rumpfsenken links, Stab in die Hochhalte heben,
2. nachfedern,
3. entspanntes Vorfallen des Rumpfes nach links, Stab waagerecht dicht über der linken Fußspitze,
4. Aufrichten mit Heranziehen links in die Ausgangsstellung,
5.–8. widergleich.

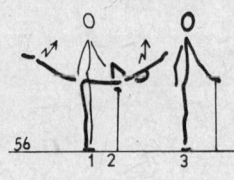

55. Grundstellung, Stab waagerecht in Tiefhalte vorn:
1. Ausfallschritt links vorwärts, Stab in die Hochhalte heben,
2. rückfedern,
3. Rückbewegung in die Ausgangsstellung,
4.–6. das gleiche mit Ausfallschritt rechts vorwärts.

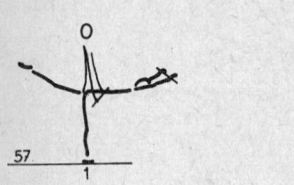

56. Grundstellung, Stab senkrecht in der linken Hand an einem Ende gefaßt:
1. Senken in die Standwaage rechts vorlings, den Stab an der linken Schulter am Boden gestützt, rechter Arm in Hochhalte,

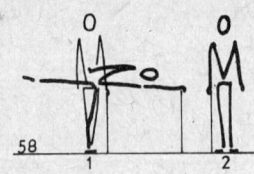

1. Entspanntes Vorfallen des Rumpfes (Stab vor den Füßen dicht über dem Boden),
2. in den Grätschwinkelstand heben, Stab waagerecht in Hochhalte,

2. Rückfedern des linken Beines und des rechten Armes,
3. Aufrichten in die Ausgangsstellung,
4.–6. widergleich.

57. Grundstellung, Stab waagerecht in Tiefhalte vorn:
1. Senken in die Standwaage rechts vorlings, Stab in die Hochhalte heben,
2. Rückbewegung in die Ausgangsstellung,
3.–4. widergleich.

58. Grundstellung, Stab senkrecht in der linken Hand, an einem Ende gefaßt, das andere Ende am Boden:
1. Senken in die Standwaage links seitlings, linker Arm in hochhalte (Stab stützt senkrecht auf dem Boden), rechter Arm am Körper,
2. Rückbewegung in die Ausgangsstellung,
3.–4. widergleich.

59. Das gleiche, aber bei der Standwaage seitlings den Stab in Hochhalte links.

60. Grätschkniestand, Stab waagerecht hinter den Schultern:
1.–2. Rumpfsenken rückwärts,
3.–4. entspanntes Vorfallen des Rumpfes, Stab in Hochhalte über dem Kopf.

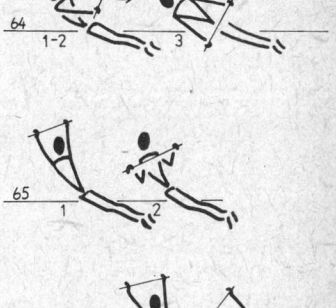

61. Das gleiche mit Rumpfdrehen nach links oder rechts während des Rumpfsenkens.

62. Schneidersitz, Stab waagerecht auf den Knien:
1. Heben in die Hochhalte,

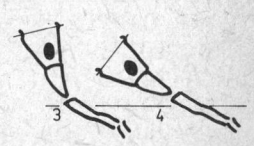

215

Rückbeugen in der Brustwirbelsäule,
2. hinter die Schultern senken,
3. in die Hochhalte heben, Rückbeugen in der Brustwirbelsäule,
4. Senken in die Ausgangsstellung.

63. Das gleiche mit Rumpfdrehen nach links und rechts in der 2. Zeit der Übung.

64. Bauchlage, Stab waagerecht in Tiefhalte hinten:
1. Rückfedern mit dem Stab und Rumpfheben, Kopf im Nacken,
2. Senken in die Ausgangsstellung.

65. Bauchlage, Stab waagerecht in Hochhalte:
1. Rumpfheben vom Boden (Arme bleiben in Hochhalte),
2. Stab hinter die Schultern senken,
3. in die Hochhalte heben (Stab über dem Kopf),
4. in die Ausgangsstellung senken, Muskeln lockern.

Beine -

66. Grundstellung, Stab waagerecht in Tiefhalte vorn:
1. Anhocken links, Stab unterhalb des Knies gegendrücken,
2. leichtes Rumpfbeugen vorwärts, Knie an den Oberkörper ziehen (Kinn berührt das Knie), Stab unterstützt,
3. Senken in die Ausgangsstellung.

67. Das gleiche, Stab wird gegen die Fußsohle gedrückt.

68. Grundstellung, Stab waagerecht in Tiefhalte vorn:
1. Linkes Bein zwischen Armen und Stab durchstecken (Stab in der Kniekehle),
2. Stab zur Brust hochziehen und dabei das Knie an das Kinn herandrücken,
3. nachfedern,
4. Bein zurückziehen in die Ausgangsstellung,
5.–8. das gleiche rechts.

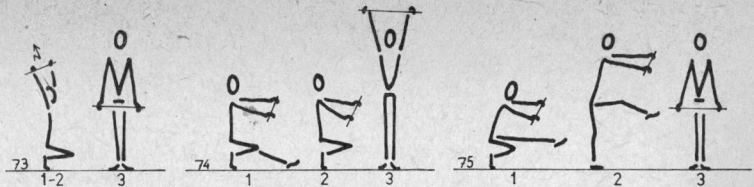

69. Das gleiche mit gestrecktem Bein.

70. Grundstellung, Stab waagerecht in Tiefhalte vorn:
1. Stab links übersteigen,
2. Stab rechts übersteigen (Stab in Tiefhalte hinten),
3.–4. Stab links und rechts übersteigen in die Ausgangsstellung.
Alle diese Übungen können auch im Strecksitz oder in Rückenlage ausgeführt werden.

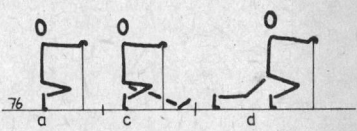

71. Grundstellung, Stab senkrecht in der linken Hand, an einem Ende gefaßt, das andere Ende stützt auf dem Boden schräg vor dem Körper:
Linkes Bein über den Stab schwingen nach innen und außen, in dem Moment, wenn das Bein über den Stab schwingt, Hand lösen und sofort wieder zufassen.

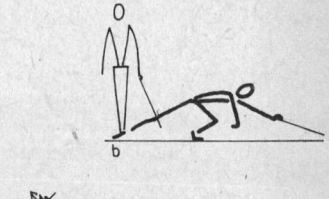

72. Das gleiche, Stab seitlich vom Rumpf gestellt.

73. Grundstellung, Stab waagerecht in Tiefhalte vorn:
1. Kniebeuge mit Heben in die Hochhalte,
2. in der Kniebeuge federn und Rückfedern der Arme,
3. Aufrichten in die Ausgangsstellung (Übung langsam aus-

führen oder oft wiederholen ohne Pause).

74. Grundstellung, Stab in Hochhalte:
1. Hockstand rechts mit Vorstellen links, Senken in die Vorhalte (vor die Brust),
2. linkes Bein anziehen in den Hockstand, Stab in Vorhalte,

3. Aufrichten in den Stand, Stab in Hochhalte,
4.–6. das gleiche umgekehrt.

75. Grundstellung, Stab waagerecht in Tiefhalte vorn:
1. Hockstand rechts mit Vorspreizen links, Stab in Vorhalte,
2. Strecken rechts in den Stand (linkes Bein vorgespreizt), Stab in Vorhalte,
3. Senken in die Ausgangsstellung,
4.–6. das gleiche umgekehrt.

76. Grundstellung, Stab senkrecht vor dem Rumpf aufgestellt, beide Hände fassen am oberen Ende:
Hockstand, Hüpfen mit Vor-, Seit- und Rückspreizen abwechselnd links und rechts (Kosakentanz).

77. Grundstellung, Stab senkrecht in der linken Hand vor dem Rumpf aufgestellt (linke Hand faßt am oberen Ende):
1. Ausfallschritt links vorwärts, Rumpfsenken vorwärts, der Stab berührt so weit wie möglich vor dem Körper den Boden,
2. Rückbewegung in die Grundstellung und Ausfallschritt links seitwärts, Rumpfsenken links, der Stab berührt den Boden so weit wie möglich seitlich vom Körper,

3. Rückbewegung in die Grundstellung, den Stab in die rechte Hand übernehmen,
4.–6. das gleiche nach rechts.

78. Grundstellung, Stab waagerecht in Tiefhalte vorn:
1. Sprung in den Ausfallschritt, links mit Schwingen des Stabes in die Hochhalte,
2. Rückfedern der Arme,
3. Sprung in die Ausgangsstellung,
4.–6. das gleiche umgekehrt.

79. Grundstellung, Stab liegt vor den Füßen auf dem Boden:
Verschiedene Sprünge über den Stab und zurück (z. B. Schlußsprünge, mit und ohne Drehung, Sprünge auf einem Bein, Hocksprünge).

80. Grundstellung, Stab in der rechten Hand an einem Ende gefaßt, schräg vor dem Körper aufgestellt:
Schersprünge über den Stab. Beim Überspringen muß der Stab von einer Hand in die andere gereicht werden.

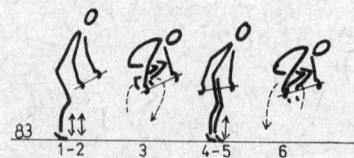

81. Grundstellung, der Stab wird in der linken Hand an einem Ende so gehalten, daß das freie Ende nach hinten zeigt:
Überspringen des Stabes von links nach rechts und umgekehrt (der Stab wird im Kreisbogen unter den Beinen hin und her bewegt). Die Sprünge können mit und ohne Zwischenhupf ausgeführt werden; das gleiche mit dem Stab in der rechten Hand.

82. Das gleiche, der Stab kreist unter dem Rumpf und wird übersprungen.

83. Grundstellung, Stab waagerecht in Tiefhalte vorn:
1.–2. 2mal auf der Stelle hüpfen,
3. Stab im Hocksprung überspringen (Stab nicht loslassen),
4.–5. 2mal Schlußhüpfen auf der Stelle,
6. Stab im Hocksprung rückwärts überspringen (am Anfang den Stab ganz locker in den Fingern halten).

Verschiedenes

Geschicklichkeitsübungen mit dem Stab

84. Stab senkrecht in der rechten Hand, an einem Ende gefaßt vor dem Körper aufgestellt:
Den Stab loslassen und kurz bevor er auf den Boden fällt abfangen oder am unteren Ende

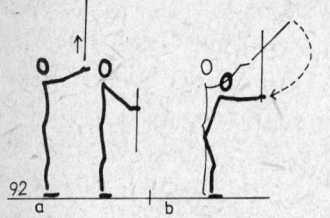

Den Stab loslassen und dicht über dem Boden wieder abfangen:
a) Mit Rumpfbeuge;
b) mit Rumpfsenken;
c) mit weiter und enger Fassung und mit Handklatsch dazwischen.

87. Das gleiche mit dem Stab in Hochhalte.

88. Stab in Hochhalte, rückbeugen, den Stab loslassen und nach schneller Drehung auffangen, bevor er auf den Boden fällt.

abfangen; den Stab loslassen, ¹/₁ Drehung, abfangen u. ä. (die Übungen mit der rechten und linken Hand ausführen).

85. Stab senkrecht in der rechten Hand (Arm in Vorhalte) an einem Ende gefaßt, freies Ende zeigt nach oben:
Hand lösen, so daß der Stab durch die Hand rutscht, jedoch am anderen Ende wieder zufassen (das gleiche mit der anderen Hand).

86. Stab waagerecht vor der Brust, Arme in Vorhalte:

89. Arme in Vorhalte, der Stab liegt auf den Armen in Schulternähe, Arme leicht senken, Stab rollt nach vorn, der Stab muß aufgefangen werden, bevor er auf den Boden fällt:
a) Fangen im Kammgriff;
b) im Ristgriff;
c) dazwischen Handklatsch.

90. Stab waagerecht in Tiefhalte vorn:
Stab waagerecht hochwerfen und wieder auffangen:
a) Mit beiden Händen;

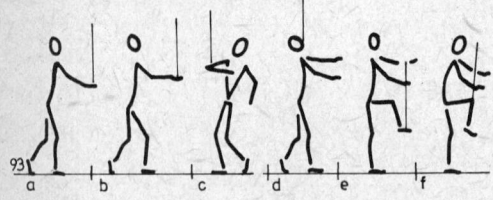

b) mit einer Hand;
c) Stand auf einem Bein;
d) in verschiedenen Stellungen (Rumpfbeuge, Hockstand, mit Handklatsch, mit Drehungen usw.);
e) im Kniestand, Sitz usw.

91. Stab waagerecht in Tiefhalte vorn:
Stab hochwerfen und ihn nach Handklatsch über dem Kopf, unter dem Knie, in der Hocke fangen.

92. Stab senkrecht in der rechten Hand an einem Ende gefaßt, freies Ende nach oben:
a) Stab senkrecht hochwerfen und ihn beim Herabfallen wieder fangen (in den verschiedenen Stellungen wie bei den vorangegangenen Übungen);
b) Stab hochwerfen, so daß er am anderen Ende wieder gefangen wird (mit beiden und mit einer Hand fangen, in verschiedenen Stellungen).

93. Den Stab balancieren:
a) Auf der Handfläche;
b) auf einem Finger;
c) auf dem Ellbogen;
d) auf dem Kinn;
e) auf der Fußspitze;
f) auf dem Knie.
Den Stab können wir senkrecht, aber auch waagerecht balancieren, im Stand sowie in der Bewegung. Zur Erschwerung beginnen wir die Übungen aus schwierigeren Ausgangsstellungen (Hockstand, Kniestand, Sitz) oder lassen im Laufen, Hüpfen u. a. üben. Für Staffelwettkämpfe sind diese Übungen gut geeignet.

Partnerübungen mit dem Stab

Für Partnerübungen mit dem Stab gilt im wesentlichen, was zu den Partnerübungen ohne Handgeräte gesagt wurde. Wir haben eine reiche Auswahl an Übungen für alle Muskelgruppen sowie Reaktions-, Geschicklichkeits- und Gewandtheitsübungen. Im vorbereitenden Teil einer Turnstunde sollten sich immer Einzel- und Partnerübungen ablösen. Die Partner üben gewöhnlich mit zwei Stäben. Beide halten die Stäbe mit beiden Händen jeweils an den Enden (diese Art, die Stäbe zu halten, wird bei der Beschreibung nicht erwähnt).

Arme

Dehnübungen

1. Die Partner stehen sich gegenüber, Stäbe in Tiefhalte:

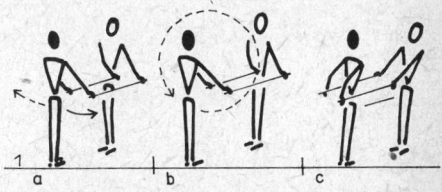

a) Die Stäbe nach links und rechts schwingen;
b) nach links und rechts kreisen;
c) nach vorn und hinten schwingen.

2. Die Partner stehen mit den Rücken zueinander, Stäbe in Tiefhalte:
1. Stäbe in die Hochhalte schwingen mit Heben in den Ballenstand,
2. Arme beugen, Stäbe neben den Schultern, Senken in den Stand,
3. Arme strecken und in den Ballenstand heben,
4. in die Ausgangsstellung senken.

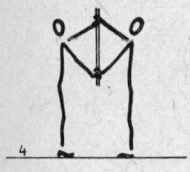

3. Die Partner stehen mit den Rücken zueinander, Stäbe in Hochhalte:
Die Stäbe vor- und rückfedern, Arme werden abwechselnd vor- und rückgezogen.

4. Partner mit dem Gesicht zueinander, sie halten beide Stäbe senkrecht vor dem Körper, am oberen und unteren Ende gefaßt: Stäbe um 180° drehen nach links und rechts mit Nachfedern.

Kräftigungsübungen

5. Die Partner stehen mit den Rücken zueinander, Stäbe in Seithalte:
1. Senken,
2. Heben in die Hochhalte,
3. senken (schnell ausführen und oftmals gegen mäßigen Widerstand des Partners).

6. Die Partner mit den Rücken zueinander, Stäbe in Hochhalte: Abwechselnd den einen Stab vorfedern, den anderen rückfedern und umgekehrt.

7. Die Partner stehen mit dem Gesicht zueinander, die Stäbe werden neben den Schultern gehalten:
Ein Übender streckt die Arme nach vorn und drückt damit die Stäbe gegen den Widerstand des anderen weg, im Wechsel.

8. A in Rückenlage, beide Stäbe vor der Brust (Arme in Vorhalte), B im Liegestütz vorlings auf die Stäbe gestützt (Beine hinter dem Kopf von A), seine Arme sind gebeugt:
a) A streckt die Arme, B beugt, A beugt, B streckt usw.,
b) A und B strecken und beugen gleichzeitig die Arme (eine sehr anstrengende Übung, nur für Fortgeschrittene).

Rumpf

Dehnübungen

9. Die Partner mit dem Gesicht zueinander, Stäbe in Tiefhalte:

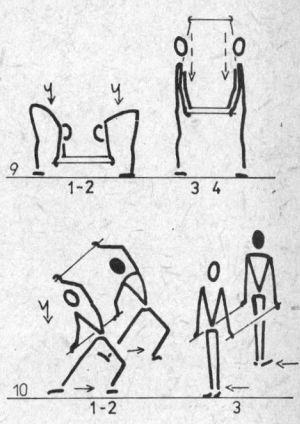

1. Entspanntes Vorfallen des Rumpfes, Stäbe dicht über dem Boden,
2. nachfedern
3. aufrichten in den Stand, in die Hochhalte und wieder in die Tiefhalte schwingen.

10. Die Partner stehen mit den Rücken zueinander, Stäbe in Tiefhalte:
1. Ausfallschritt seitwärts (beide Partner nach einer Seite), Rumpfbeugen seitwärts über das Bein mit Schwingen des äußeren Stabes in die Hochhalte (zur Unterstützung des Rumpfbeugens), innerer Stab bleibt in Tiefhalte,

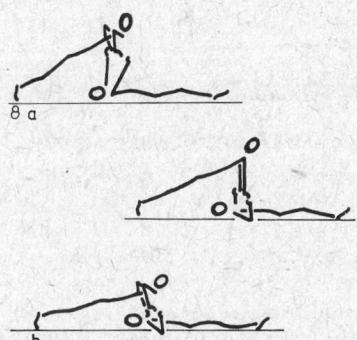

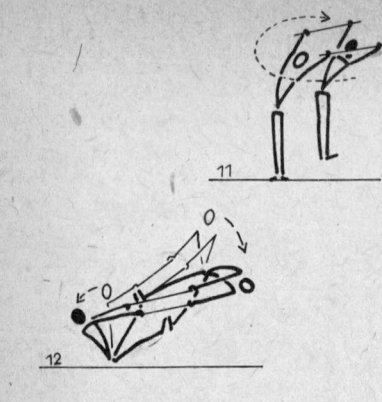

2. nachfedern,
3. Aufrichten in die Ausgangsstellung,
4.–6. widergleich.

11. Die Partner mit den Rücken zueinander, Stäbe in Hochhalte: Rumpfkreisen nach links und rechts.

12. Die Partner im Grätschsitz zueinander. Fußsohlen gegeneinandergestemmt, Arme in Vorhalte:
Abwechselnd Rumpfbeugen vor- und rückwärts mit Nachfedern und Rumpfbeugen seitwärts zur entgegengesetzten Seite und zur gleichen Seite mit Nachfedern.

Kräftigungsübungen

a) Bauchmuskulatur

13. Die Partner mit dem Gesicht zueinander, Stäbe in Tiefhalte:
1. Stäbe in die Hochhalte heben,
2. A Ausfallschritt links rückwärts, leichtes Rumpfsenken rückwärts,
B widergleich (Arme bleiben in Hochhalte),
3. Heranziehen links, Beugen rechts,
4. Senken der Stäbe,
5.–8. das gleiche umgekehrt.

14. Die Partner im Kniestand zueinander, Arme in Vorhalte: Den Rumpf vor- und rückbeugen.

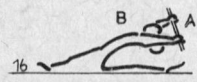

15. Das gleiche mit den Armen in Seithalte, und gleichzeitig

den Rumpf abwechselnd nach
links und rechts drehen.

16. Die Partner im Strecksitz,
Rücken an Rücken, beide Stäbe
zusammen in Hochhalte über
dem Kopf:
A Rumpfbeugen vorwärts, B
wird in die Rückenlage auf den
Rücken von A gezogen, A richtet sich auf, und das gleiche
umgekehrt.

17. Die Partner im Strecksitz
zueinander, die Fußsohlen
gegeneinandergestemmt, Arme
in Vorhalte:
A hebt die Beine in den Schwebesitz,
B führt Rumpfbeugen vorwärts
aus, das gleiche umgekehrt.

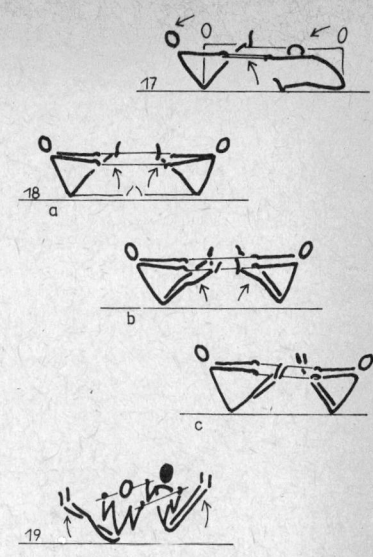

18. Die Partner im Strecksitz
zueinander, Fußsohlen berühren
sich leicht:
a) Linkes Bein bzw. rechtes
Bein heben,
b) außerhalb der Stäbe heben
und grätschen,
c) beide Beine zu beiden Seiten
der Stäbe heben.

19. Das gleiche, die Partner jedoch im Strecksitz mit den Rücken zueinander.

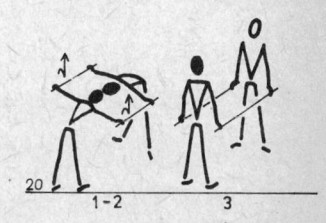

b) Rückenmuskulatur

20. Die Partner im Seitgrätschstand zueinander, Stäbe in Tiefhalte:
1. Rumpfsenken vorwärts und
Stäbe in die Hochhalte heben,
2. rückfedern,
3. den Rumpf heben, und die
Arme in die Ausgangsstellung
senken.

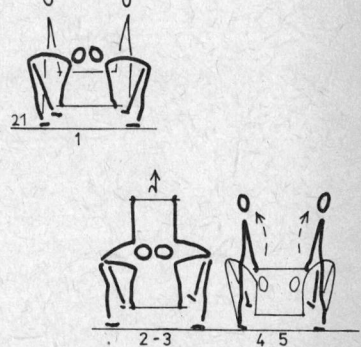

225

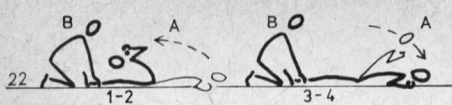 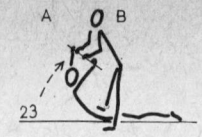

21. Die Partner im Grätschstand zueinander, Arme in Tiefhalte:
1. Rumpfsenken vorwärts, Arme in Vorhalte,
2. Seitheben der Arme, Rumpfdrehen beider Partner nach einer Seite, Arme folgen der Bewegung des Rumpfes,
3. nachfedern im Rumpfdrehen,
4. entspanntes Vorfallen des Rumpfes,
5. Aufrichten in die Ausgangsstellung, das gleiche zur anderen Seite.

22. A in Rückenlage, den Stab (oder beide Stäbe) waagerecht hinter den Schultern:
1.–2. In den Sitz heben, Rumpfbeugen vorwärts und nachfedern,
3.–4. aufrichten in den Sitz und entspanntes Senken in die Rückenlage,
B im Kniestand drückt die Beine von A fest auf den Boden; Partnerwechsel.

23. A in Bauchlage, den Stab waagerecht in Hochhalte, Rumpfbeugen rückwärts mit Unterstützung durch B. B steht im Grätschstand über dem Rücken von A, hat den Stab gefaßt und unterstützt so das Rückbeugen, Partnerwechsel.

Beine

Dehnübungen

24. In dieser Gruppe gibt es keine typischen Partnerübungen mit Stäben. Wir verweisen deshalb auf die Einzelübungen mit dem Stab zur Dehnung der Beinmuskulatur.

Kräftigungsübungen

25. Die Partner mit dem Gesicht zueinander, Arme in Tiefhalte: Hockstand, hüpfen mit Vor- oder Seitstellung eines Beines (Kosakentanz).

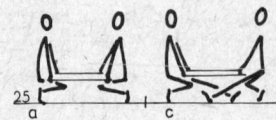

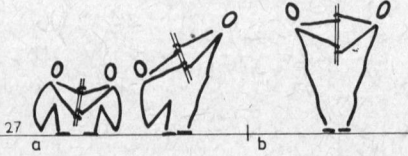

26. Die Partner im Hockstand zueinander, A mit vorgestelltem linken Bein, B mit rückgestelltem rechten Bein: Abwechselnd Vor- und Rückschieben des Rumpfes (Füße am Ort).

27. Partner im Hocksitz zueinander, sie halten einen Stab waagerecht in Vorhalte (oder beide Stäbe):
a) Abwechselnd aufrichten und setzen (A Sitz, B Stand und umgekehrt);
b) beide Partner gleichzeitig aufrichten und setzen.

28. Die Partner mit dem Gesicht zueinander, A hält einen Stab waagerecht in der rechten Hand etwa in Kniehöhe über dem Boden:
a) B überspringt den Stab in verschiedener Weise;
b) das gleiche, aber A beschreibt mit dem Stab einen Kreis, und B überspringt ihn.
Hierher gehören auch die Sprungübungen als Einzelübungen, wie sie im vorangegangenen Kapitel angeführt wurden, sowie weitere Abwandlungen der Sprünge als Partnerübungen.

Verschiedenes

Gewandtheits- und Geschicklichkeitsübungen

29. Die Partner mit dem Gesicht zueinander im Abstand von etwa 2 Schritten, beide haben einen Stab senkrecht in einer Hand (am obersten Ende gefaßt, neben dem Körper auf den Boden gestützt):
Auf ein Zeichen lassen die Partner den Stab los und laufen zum Stab des anderen, den sie abfangen müssen, bevor er umfällt.

30. Die Partner mit dem Gesicht zueinander, A hält den Stab waagerecht in Vorhalte, B hat seine Arme in Vorhalte, die

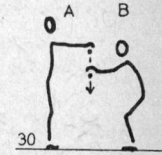

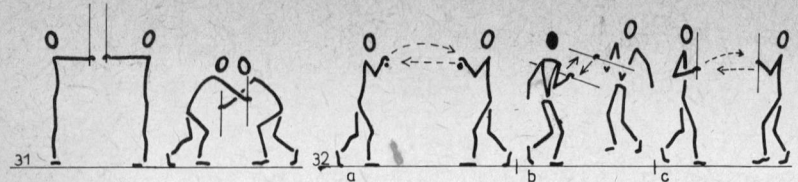

Handflächen über dem Stab:
A läßt den Stab plötzlich fallen, B muß versuchen, den Stab abzufangen, bevor er auf den Boden fällt (mit einer oder mit beiden Händen).

31. Die Partner mit dem Gesicht zueinander, rechter Arm in Vorhalte, den Stab senkrecht in der rechten Hand am untersten Ende gefaßt, freies Ende zeigt nach oben:
Auf ein Zeichen lassen die Partner ihre Stäbe los und versuchen, den Stab des anderen abzufangen.

32. Die Partner mit dem Gesicht zueinander in einem Abstand von etwa 2 bis 3 Schritten, Stäbe in Vorhalte, Zuwerfen und Fangen der Stäbe:
a) Mit beiden Händen, Stab waagerecht;
b) mit einer Hand, Stab waagerecht;
c) das gleiche, aber Stab senkrecht;
d) das gleiche im Sitz, Kniestand usw.
(auch als Wettkampfform geeignet).

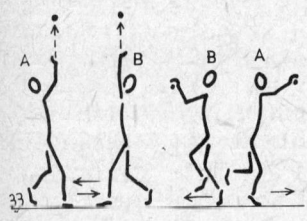

33. Die Partner mit dem Gesicht zueinander, Stäbe waagerecht in Hochhalte über dem Kopf:
Auf ein Zeichen werfen beide ihre Stäbe waagerecht in die Luft, und nach schnellem Platzwechsel müssen sie den Stab des anderen abfangen, bevor er auf den Boden fällt (festlegen, an welcher Seite die Übenden aneinander vorbeilaufen müssen).

34. A im Kniestand, Arme in Vorhalte (Stab waagerecht vor der Brust),
B muß zwischen den Armen und dem Stab durchsteigen, ohne den Stab oder den Körper von A zu berühren.

35. A faßt den Stab an beiden Enden und hält ihn senkrecht (Rumpf zur Seite neigen), B kriecht zwischen Stab und Armen von A hindurch, ohne anzustoßen.

36. Die Partner mit dem Gesicht zueinander, Stäbe in Tiefhalte: Beide Partner steigen von der gleichen Seite mit einem Bein zwischen die Stäbe, drehen sich dann nach außen und unterwinden (Stand mit den Rücken zueinander) bis in die Ausgangsstellung.

37. A in Rückenlage, B geht seitlich an A vorbei, führt einen Stab dicht über dem Boden, A muß die Beine, den Rumpf und den Kopf heben, damit der Stab unter seinem Körper durchgezogen werden kann. Der Stab darf keinen Körperteil berühren. Das gleiche in Bauchlage.
Diese Übungen sind gut als Wettkampfformen geeignet.

Übungen mit dem Medizinball

Im vorbereitenden Stundenteil verwenden wir nach Möglichkeit auch Medizinbälle (Gewicht 1 bis 5 kg). Das Gewicht der Bälle muß dem Leistungsvermögen der Übenden entsprechen. In der Schule und in den Sportgemeinschaften empfehlen wir für 15- bis 17jährige Jungen Bälle im Gewicht von 3 bis 4 kg, für gleichaltrige Mädchen von 2 bis 3 kg.

Mit dem Medizinball lassen sich die verschiedenartigsten vorbereitenden Übungen ausführen: wir können den Ball in unterschiedlicher Form von einem zum anderen weiterreichen, zuwerfen und fangen; führen mit ihm Dehn-, Gewandtheits- und Kräftigungsübungen aus. Alle Übungen gehören unmittelbar zum vorbereitenden Teil einer Übungsstunde. Medizinbälle lassen sich aber auch sehr gut im Hauptteil und im Schlußteil einer Turnstunde verwenden, z. B. für die athletische Grundausbildung im Wurf und Stoß, für Trage- und Sprungübungen sowie für Spiele und Staffeln.

Die Kräftigungsübungen mit dem Medizinball unterteilen wir in langsame (Halte oder Zug, vor allem für die Rumpfmuskulatur, die dem Körper die aufrechte Haltung gibt) und schnelle (Wurf und Stoß, zur Stärkung der Muskeln der Extremitäten und des Rumpfes, wichtig für die leichtathletischen Würfe und Stöße sowie für jegliche Arbeit). Beide Arten sind gleich wichtig und müssen sich bei den vorbereitenden Übungen abwechseln.

Medizinballübungen verlangen von den Übenden eine große Aktivität und Disziplin. Um Unfälle zu verhüten, muß der Übungsablauf gut organisiert sein. Die Übenden stehen sich am besten auf den Längsseiten der Turnhalle gegenüber, sie dürfen den Ball nur auf das Zeichen des Sportlehrers werfen oder weiterleiten und immer nur zu einem bestimmten Partner. Da es beim Fangen bei Ungeübten zu Fingerverstauchungen kommen kann, sollte man mit Fangübungen beginnen, um auch diese Anfänger an den schweren Ball zu gewöhnen. Jeder Sportlehrer oder Übungsleiter sollte sich bemühen, nach und nach so viele Medizinbälle anzuschaffen, daß für jeden, oder aber für jeweils zwei Übende, ein Ball zur Verfügung steht.

Für den Fall, daß nicht so viele Bälle vorhanden sind, empfehlen wir folgende Aufstellungsformen:

Dreieck oder Viereck (mit dem Gesicht zueinander),
Linie zu zwei Gliedern (mit dem Gesicht zueinander),
Flankenkreis,
Stirnkreis.

So können wir mit einem Ball 3 bis 12 Übende beschäftigen. Zum Weiterreichen des Balles eignet sich am besten der Flankenkreis, zum Werfen und Fangen die Linie zu zwei Gliedern, wobei die Übenden in entsprechendem Abstand zueinander stehen. Der Ball wird dann von einer Seite zur anderen geworfen oder immer dem ersten wieder zugerollt.

Grundformen

Vorbereitende Übungen mit dem Medizinball

1. Grundstellung, Ball in Tiefhalte (wenn nichts anderes gesagt ist, wird der Ball immer mit beiden Händen gehalten):
a) Den Ball um das Becken herumreichen (von einer Hand in die andere);
b) den Ball um die Knie herumreichen, jeweils nach beiden Seiten.

2. Grätschstand, Ball in Tiefhalte:
Der Ball wird durch die Beine gereicht, er beschreibt eine Acht.

3. Grätschstand, Arme in Hochhalte, Ball liegt vor der linken Fußspitze:
Rumpfbeugen vorwärts, den Ball fassen, Rumpfkreisen nach oben beginnen, den Ball vor der rechten Fußspitze wieder ablegen; das gleiche umgekehrt.

4. Grätschstand, Rumpfsenken vorwärts, Ball vor der Brust (Vorhalte):
Rumpfdrehen nach links und rechts mit Nachfedern, die Arme und der Ball unterstützen die Übung.

5. Grätschstand, Ball in Hochhalte:
Trichterkreisen des Rumpfes, die Arme mit dem Ball unterstützen den Schwung.

6. Grätschstand, Ball in Vorhalte:
Rumpfdrehen nach links und rechts mit Nachfedern, Ball bleibt in Vorhalte; das gleiche mit Weiterreichen des Balles zum Nebenmann.

7. Grundstellung, Ball in Hochhalte:
Ball senken in die Vorhalte mit Vorspreizen links (linke Fußspitze berührt den Ball), Rückbewegung; das gleiche rechts.

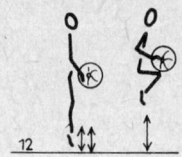

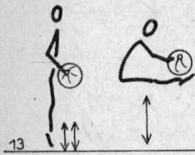

8. Grundstellung, Ball auf der linken Schulter:
Arme strecken und den Ball zur rechten Schulter senken, im Wechsel nach links und rechts.

9. Grätschstand, Arme in Seithalte, Ball auf der linken Hand:
Arme in Hochhalte heben, dabei wird der Ball übergeben, und wieder senken in die Seithalte.

10. Rückenlage, Arme in Hochhalte, Ball liegt auf den Füßen:
Aufrichten in den Strecksitz, den Ball erfassen, senken in die Rückenlage (Ball über dem Kopf), Beine und Rumpf in die Nackenlage heben, Füße klemmen den Ball ein und legen ihn wieder vor dem Körper auf den Boden.

11. Bauchlage, Ball in Hochhalte:
Rumpfheben mit dem Ball über dem Kopf, senken.

12. Grundstellung, Ball in Tiefhalte:
3mal Schlußhüpfen, Hocksprung (Knie berühren den Ball).

13. Grundstellung, Ball in Tiefhalte:
2mal Schlußhüpfen, Sprung und beide Beine zum Ball anristen.

14. Hockstand, Ball zwischen den Knien auf dem Boden:
Strecksprung schräg nach vorn, mit Schwingen in die Hochhalte, Ball wieder senken.

Geschicklichkeits- und Gewandtheitsübungen

15. Balancieren des Medizinballes in der Rumpfsenke auf dem Genick.

16. Grundstellung, rechter Arm in Vorhalte, Ball auf der Hand:
Mit gestrecktem Arm hochwerfen und auf dem Handrücken auffangen und ausbalancieren.

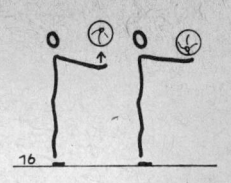

17. Bauchlage, Arme in Seithalte, Ball auf dem Nacken:
Aufrichten in den Winkelstand, ohne daß der Ball herunterfällt.

18. Grätschstand, Ball zwischen den Knien:
Schlußhüpfen vorwärts, seitwärts und rückwärts, das gleiche auch mit dem Ball zwischen den Füßen.

19. Rückenlage, Beine senkrecht hoch:
Ball auf den Fußsohlen balancieren.

20. Rückenlage, Arme locker am Körper, Ball neben der Hüfte:
Auf ein Zeichen aufrichten in den Stand, Ball in Hochhalte (wer ist am schnellsten?).

21. Grätschstand, Arme in Hochhalte, Ball in der Mitte vor den Beinen:
Auf ein Zeichen den Ball heben und hinter dem Rücken fallen lassen, schnell vorbeugen und ihn zwischen den Beinen abfangen, aufrichten, Ball in Hochhalte (wer ist am schnellsten?).

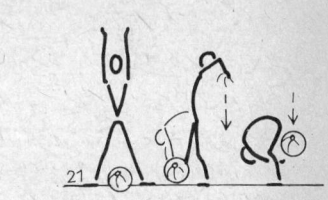

22. Grundstellung, Arme in Seithalte, auf jeder Hand einen Ball: Bälle hochwerfen, ⅟₁ Drehung und die Bälle auffangen,

bevor sie auf den Boden fallen.

23. Stand, rechter Arm in Vorhalte, Ball auf der Hand: Ball hochwerfen, ¹/₁ Drehung und den Ball wieder fangen.

24. Grätschstand, Ball in Tiefhalte: Ball durch die Beine über Rücken und Kopf nach vorn werfen und dort auffangen.

25. Den Ball nach vorwärts rollen, hinterherlaufen, den Ball überspringen und ihn nach ½ Drehung aufnehmen.

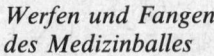

Werfen und Fangen des Medizinballes

26. Werfen und Fangen des Balles mit beiden Händen:
a) Aus der Tiefhalte;
b) den Ball von der Brust nach oben stoßen;
c) aus der Hochhalte mit gebeugten Knien stoßen, Beine und Rumpf strecken;
d) aus der Rumpfbeuge vorwärts, Arme in Vorhalte;
e) Ball hinter dem Rücken in Tiefhalte, Rumpfbeugen vorwärts, den Ball über den Kopf werfen;
f) aus der Tiefhalte den Ball nach vorn hochwerfen und hinter dem Rücken fangen.

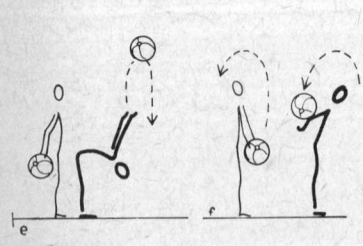

27. Werfen und Fangen des Balles mit einer Hand:
a) Stoßen von der Schulter, abwechselnd von rechts nach links und umgekehrt;
b) aus der Seithalte rechts im Bogen zur linken Hand und umgekehrt;
c) der Ball wird hinter dem Rücken im Bogen von einer Hand in die andere gespielt;
d) den Ball unter dem gehobenen Knie hochwerfen.
Es sind noch viele weitere Kombinationen im Fangen und Werfen des Medizinballes möglich. Auch gibt es noch viele Möglichkeiten, die Übungen zu erschweren (während der Ball in der Luft ist, Kniebeuge, in die Hände klatschen, Drehungen u. a.).

28. Den Ball ohne Hilfe der Hände hochwerfen, der Ball wird nur leicht auf der Schulter oder auf dem Kopf mit einer Hand gehalten:
a) Durch Schulterstoß;
b) aus dem Hockstand, schnell aufrichten und hochspringen, dadurch den Ball hochstoßen.

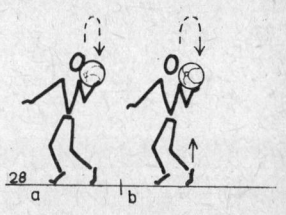

29. Den Medizinball mit den Beinen hochwerfen (Ball zwischen den Füßen):
a) Durch schnelles Anhocken der Beine;
b) durch schnelles Vorheben der Beine;
c) durch schnelles Rückheben der Unterschenkel;
d) im Sitz, schnelles Abheben der Beine vom Boden, den Ball über den Kopf nach hinten werfen.

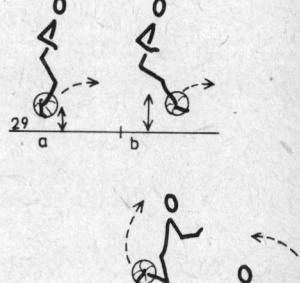

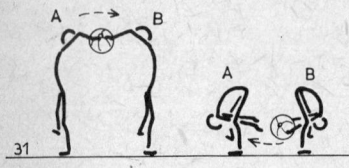

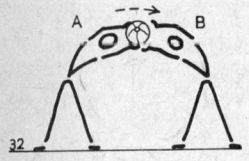

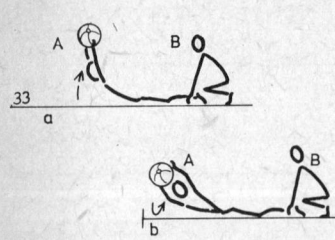

Partner- und Gruppenübungen

Vorbereitende Übungen mit dem Medizinball

30. Partner mit den Rücken zueinander, Abstand etwa ein Schritt:
a) Den Ball mit beiden Händen und Rumpfdrehen weiterreichen, A nach links, B nach rechts und so im Kreise;
b) das gleiche, aber der Ball beschreibt zwischen den Partnern eine Acht, A und B drehen ihren Rumpf zugleich nach rechts und links.

31. Partner im Grätschstand mit den Rücken zueinander, Abstand etwa einen Schritt: Der Ball wird über dem Kopf und dann durch die Beine weitergereicht und so im Kreise.

32. Partner im Grätschstand nebeneinander: Der Ball wird seitwärts über den Kopf, dann in der Rumpfbeuge weitergereicht (dicht über dem Boden) und so im Kreise.

33. A in Bauchlage, Ball in Hochhalte, B im Hockstand, drückt die Beine von A auf den Boden:
a) Rumpfheben mit Ball in Hochhalte;
b) Rumpfheben und nach links und rechts drehen im Wechsel.

34. A im Strecksitz, Ball in Hochhalte: Rumpfsenken rückwärts mit dem Ball hinter dem Kopf, B

im Hockstand drückt die Beine von A fest auf den Boden.

35. Im Kniestand, in Reihe hintereinander, Abstand etwa eineinhalb Schritt, der erste hat einen Ball in Hochhalte:
Der Ball wird dem Hintermann durch Rumpfsenken rückwärts übergeben, der übernimmt durch leichtes Rumpfsenken vorwärts usw., bis zum letzten und wieder nach vorn durchgeben.

36. In Reihe, Abstand etwa eineinhalb Schritt, Strecksitz, der erste hat einen Ball auf den Füßen liegen:
Der Ball wird nach hinten durchgereicht, mit den Händen erfaßt, in die Rückenlage senken und so den Ball über den Kopf geben.

Werfen und Fangen des Medizinballes

37. Die Partner mit dem Gesicht zueinander, Werfen mit beiden Händen:
a) Aus dem Stand, Ball über dem Kopf mit leichter Rumpfbeuge rückwärts;
b) das gleiche im Kniestand (zwischendurch Bankstellung);

c) das gleiche im Kniestand mit einem vorgestellten Bein;
d) das gleiche im Sitz;
e) Stoßen aus der Bauchlage;
f) im Hockgrätschstand, von hinten durch die Beine werfen;
g) sich im Stand zwei Bälle zuwerfen, einen flach, den anderen im Bogen.

39. Die Partner mit den Rücken zueinander, mit beiden Händen werfen:
a) Den Ball über den Kopf nach hinten werfen, aus dem Stand, Kniestand, aus dem Sitz, aus der Rücken- und Bauchlage, der andere Partner fängt, indem er den Rumpf nach links oder rechts dreht;
b) durch die gegrätschten Beine nach hinten werfen, der andere fängt in der Rumpfbeuge den Ball zwischen seinen Beinen;
c) das gleiche, aber der andere fängt im Stand mit Rumpfdrehen.

Übungen mit der Keule

Keulen sind ausgezeichnete Handgeräte für die Gymnastik. Keulenübungen sind im wesentlichen Schwungübungen (Bogen- und Kreisschwünge). Dabei werden die Kreisbewegungen der Arme von Bewegungen des ganzen Körpers begleitet. Die Armbewegungen müssen dabei mit den Bewegungen der Beine, des Rumpfes und des Kopfes zu einer harmonischen Einheit verwachsen. Somit schulen diese Übungen ausgezeichnet das Bewegungsgefühl der Übenden. Bei Kreisbewegungen sind die Arme nicht verspannt oder völlig gestreckt, sondern leicht gebeugt. Das gilt für große und auch für kleine Armkreise und -schwünge. Beim Schwingen gilt es, die Fallwirkung des „Schwunggerätes" voll auszunutzen, der

38. Die Partner mit dem Gesicht zueinander, Werfen mit einer Hand:
a) Aus dem Hockstand rollen;
b) aus dem Stand rollen;
c) durch die gegrätschten Beine von hinten nach vorn rollen;
d) von der Schulter stoßen (Kugelstoßen aus dem Stand);
e) wie b, mit zwei Bällen.

Übende muß erfühlen, wann und wie stark er seine Muskeln einsetzen muß. Es ist deshalb angebracht, erst dann zu schwierigeren Übungen überzugehen, wenn das einfache Schwingen richtig beherrscht wird.

Bei Keulenübungen beanspruchen wir besonders die oberen Rumpfmuskeln, den Schultergürtel, die Brust- und oberen Rückenmuskeln, vor allem dann, wenn wir die Übungen mit Rumpfbeugen vorwärts und rückwärts u. ä. kombinieren. Schließlich verbinden wir diese Übungen auch mit Bewegungen der Beine.

Die schwierigsten Keulenübungen sind jene mit ungleichmäßigen Armbewegungen, wie Mühlschwingen u. a., die in den Hauptteil einer Übungsstunde gehören. Im vorbereitenden Teil verwenden wir Keulen wie Stäbe, im einleitenden Teil bei Spielen als Markierungen (Mal) oder als Geräte zum Tragen, als Hindernisse usw.

Die Keule besteht aus dem Kopf, dem Hals und dem Bauch, wir unterscheiden drei Griffarten:

a) Keule in Verlängerung der Arme gefaßt: Kopf der Keule ruht im Handteller, der Hals wird vom Daumen und dem gebeugten Mittelfinger umfaßt, der Zeigefinger ist gestreckt und stützt längs am Hals, der vierte und fünfte Finger wird zur Faust gekrümmt.

b) Keule locker im Handteller: Die Keule hängt senkrecht nach unten, der Arm ist nach hinten gedreht, Handteller nach oben (Kammhalte), Daumen und Zeigefinger umfassen den Hals, die anderen Finger sind leicht gekrümmt.

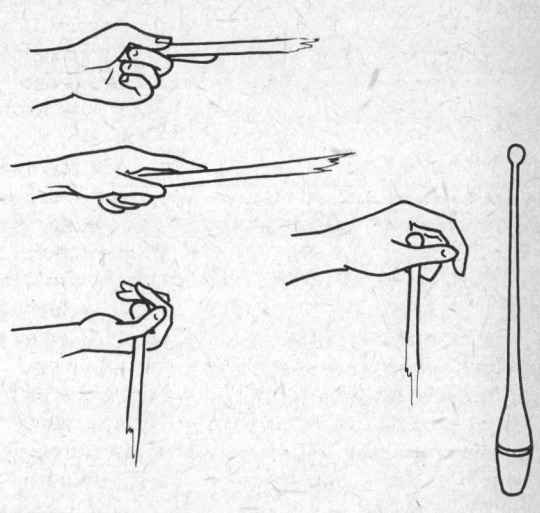

c) Keule fest im Handteller: Keule senkrecht nach unten, Arme mit dem Handteller nach unten (Risthaltung), der Kopf der Keule wird mit dem Daumen fest gegen den Handteller und den Mittelfinger auf die andere Seite gedrückt. Die anderen Finger sind leicht gekrümmt.

Aufteilung der Keulenübungen

A. Bogen- und Kreisschwünge mit einer Keule
B. Handkreise mit einer Keule
C. Waagerechte Kreisschwünge über dem Kopf und vor dem Körper
D. Bogen- und Kreisschwünge mit zwei Keulen
E. Handkreise mit zwei Keulen.

Bogen- und Kreisschwünge mit einer Keule

Bei Bogen- und Kreisschwüngen erfolgt die Bewegung aus dem Schultergelenk, doch ist auch der ganze Rumpf daran beteiligt. Die Arme beschreiben bei Kreisschwüngen mit den Keulen einen Kreisbogen von 360°, bei Bogenschwüngen ist der Kreisbogen verschieden groß, aber stets kleiner als 360°. Die Keule halten wir fest in der Hand in Verlängerung des Armes, der ganz leicht gebeugt ist. Arme und Körper folgen so weit wie möglich dem Schwung der Keulen. Der Übergang von einer Schwungbewegung in die andere muß fließend vor sich gehen. Kreisschwünge üben wir zuerst mit einer Keule, die wir leicht von einer Hand in die andere übergeben, ohne den Schwungrhythmus zu unterbrechen; oder wir belasten zunächst nur einen Arm, bevor wir die Keule zum weiteren Üben in die andere Hand übernehmen. Ist mit einer Keule ausreichend geübt worden, gehen wir zu Übungen mit zwei Keulen über.

Bogen- und Kreisschwünge neben dem Körper

1. Grundstellung, rechter Arm in Vorhalte, Keule in Verlängerung des Armes (wird die Keule in dieser Griffart gehalten, so wird sie in den folgenden Übungen nicht mehr erwähnt):
1. Rückschwingen,
2. Vorschwingen (Pendelschwingen) (wiederholen, beim zweiten oder dritten Schwung die Keule in die linke Hand übernehmen).

Abwandlungen:

a) das gleiche mit Kniefedern;
b) das gleiche mit Rumpfdrehen zur Keule.

2. Grundstellung, Arme in Tiefhalte, Keule rechts:
1.–2. Zwei große seitliche Armkreise vorwärts,
3.–4. Zwei Armkreise rückwärts, vorschwingen und die Keule in die linke Hand übergeben.

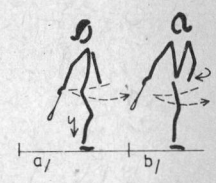

3. Grundstellung, Arme in Vorhalte, Keule in der rechten Hand:
1. 1 Kreisschwung vorwärts,
2. Rückschwingen mit Rumpfdrehen rechts, 1 Kreisschwung rückwärts, vorschwingen und die Keule mit der linken Hand übernehmen.

4. Grundstellung, Arme in Schräghochhalte, Keule in der rechten Hand:
1. Knieheben rechts und Rückschwingen mit leichtem Rumpfbeugen vorwärts,
2.–3. aufrichten, Vorschwingen in die Schräghochhalte, Keule mit der linken Hand übernehmen.

Abwandlung:

Das gleiche, aber der linke Arm bleibt in Schräghochhalte.

5. Grundstellung, Arme in Vorhalte, Keule in der rechten Hand:
1. Rückschwingen mit Rumpftiefschwingen,

2. vorschwingen und aufrichten, Keule in die linke Hand übernehmen.

6. Grundstellung, Arme in Schrägvorhochhalte, Keule in der rechten Hand:
1. Rückschwingen rechts,
2. Vorschwingen rechts, die Keule mit beiden Händen erfassen,

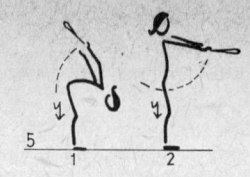

3. Rückschwingen der Keule über den Kopf mit Rumpfbeugen rückwärts (Arme sind gebeugt, Keule senkrecht nach unten) und leichtem Kniebeugen,
4. vorhochschwingen, Keule in die linke Hand übernehmen.

7. Grundstellung, Arme in Vorhalte, Keule in der rechten Hand:
1.–2. In der Standwaage links vorlings senken mit Rückschwingen rechts,
3. aufrichten und Vorschwingen rechts, Keule in die linke Hand übernehmen.

Bogen- und Kreisschwünge vor dem Körper

1. Grundstellung, Seithalte rechts (Keule in der rechten Hand):
1. Bogenschwung vor dem Körper nach links,
2. Bogenschwung nach rechts (Pendelschwung).
Abwandlung:
Das gleiche mit Seittreten links und Gewichtsverlagerung.

2. Grundstellung, Seithalte rechts (mit Keule):
1. Bogenschwung vor dem Körper nach links,
2.–3. Bogenschwung nach rechts mit Rumpfbeugen seitwärts,
4. aufrichten, Bogenschwung nach rechts und Keule in die linke Hand übernehmen. Abwandlung wie unter 1.

3. Grundstellung, Arme in Tiefhalte, Keule in der rechten Hand:
1. Rumpfbeugen links seitwärts, Schwingen in die Hochhalte,
2. Ausfallschritt rechts seitwärts,
3. nachfedern,
4. aufrichten und in die Ausgangsstellung schwingen.

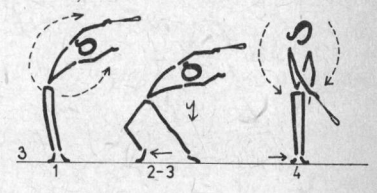

4. Grundstellung, Arme in Hochhalte, Keule in der rechten Hand:
1.–2. Rumpfbeugen rechts seitwärts mit Gegenschwingen in die Tiefhalte (rechts vor, links hinter dem Körper),
3.–4. aufrichten und Schwingen in die Hochhalte, Keule in die linke Hand übergeben.

5. Stand rechts mit Seitstellen links, Seithalte rechts (mit Keule):
1.–2. Rumpfbeugen links seitwärts, Außenarmkreis rechts,
3. Aufrichten mit Bogenschwung nach links und Übergabe in die linke Hand (Gewichtsverlagerung).

6. Stand rechts mit Seitstellen links, Seithalte rechts (mit Keule):
1. Bogenschwung nach links mit Gewichtsverlagerung,
2. Rückbewegung,
3. Außenarmkreis rechts mit Heranziehen rechts,
4. Bogenschwung nach links, Seitstellen links und Keule in die linke Hand übergeben.

7. Stand rechts mit Seitstellen links, Hochhalte rechts (mit Keule):
1. Rumpfbeugen rechts seitwärts, Bogenschwung nach rechts und Gewichtsverlagerung auf das linke Bein,
2.–5. Innenarmkreis rechts mit Heranziehen rechts, Seitstellen links mit Bogenschwung nach links und Rumpfbeugen links.

Handkreise mit einer Keule

Außenhandkreis vor dem Arm

1. Grundstellung, Seithalte rechts (mit Keule in Verlängerung des Armes):
1. Handkreisbogen nach links, Keule bis zum Arm,
2. Handkreisbogen nach rechts,
3. zwei Außenarmkreise.

2. Grundstellung, Seithalte rechts:
1. Außenhandkreis,
2.–3. Außenarmkreis rechts mit Rumpfbeugen links seitwärts,
4. aufrichten und Außenhandkreis rechts,
5. Bogenschwung nach links und in die linke Hand übergeben.

Abwandlung:

Das gleiche, aber beim Handkreisen Seittreten links, beim Armkreis links heranziehen.

3. Stand rechts mit Seitstellen links, Hochhalte rechts (mit Keule):
1. Senken, Außenhandkreis rechts mit Heranziehen rechts (Gewichtsverlagerung),
2. Seittreten links mit Rumpfbeugen rechts seitwärts und Bogenschwung nach links,
3.–4. Aufrichten mit Bogenschwung rechts in die Hochhalte, Heranziehen links und Rumpfbeugen links seitwärts mit Seittreten rechts.

Außenhandkreis vor dem Arm

1. Grundstellung, Seithalte rechts (Keule in Verlängerung des Armes):
1.–2. Zwei Außenhandkreise,
3. Bogenschwung nach links vor dem Körper,
4. Bogenschwung nach rechts.

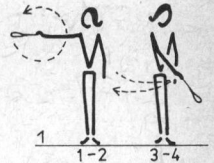

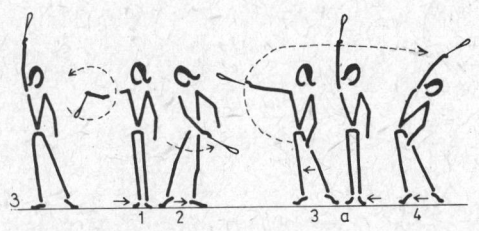

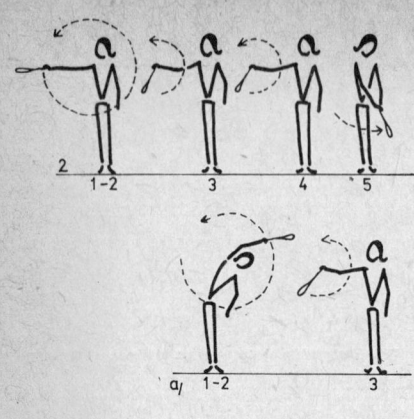

2. Grundstellung, Seithalte rechts (mit Keule):
1.–2. Außenarmkreis rechts,
3. Außenhandkreis vor dem Arm,
4. Außenhandkreis hinter dem Arm,
5.–6. Bogenschwung nach links vor dem Körper und in die linke Hand übergeben.
Abwandlung:
Das gleiche, aber den Armkreis mit Rumpfbeugen links seitwärts und die Handkreise mit Kniefedern.

Innenhandkreis hinter dem Arm

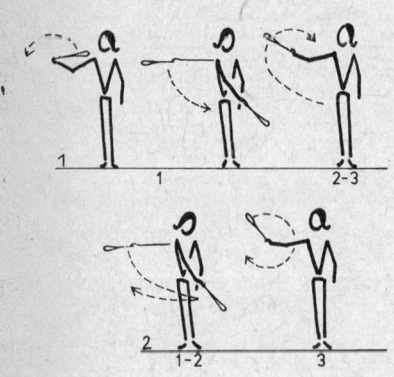

1. Grundstellung, Seithalte rechts, Keule über dem Arm gehalten:
1. Handkreisbogen rechts mit anschließendem Bogenschwung nach links vor dem Körper.
2.–3. Rückbewegung in die Ausgangsstellung.

2. Grundstellung, Seithalte rechts, Keule in Verlängerung des Armes:
1.–2. Bogenschwung nach links und rechts,
3. Innenhandkreis hinter dem Arm.

Handkreise hinter und vor dem Körper

1. Grundstellung, Seithalte rechts, Keule in Verlängerung des Armes:
1. Außenhandkreis hinter dem Körper in der Tiefhalte,
2. Außenhandkreis vor dem Körper in der Tiefhalte,
3. Bogenschwung nach links,
4. Bogenschwung nach rechts.

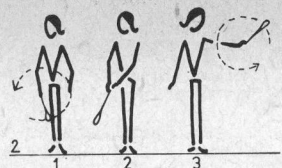 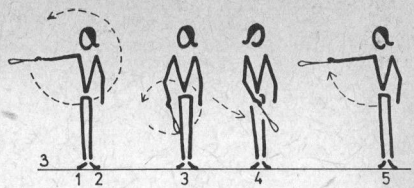

Abwandlung:
Das gleiche mit Kniefedern.

2. Grundstellung, Seithalte rechts, Keule in Verlängerung des Armes:
1. Außenhandkreis hinter dem Körper,
2. Bogenschwung nach links und in die linke Hand übernehmen,
3. Innenhandkreis links vor dem Arm.

3. Grundstellung, Seithalte rechts:
1. Außenarmkreis rechts,
2. Außenhandkreis hinter dem Körper in der Tiefhalte,
3. Bogenschwung nach links,
4. Bogenschwung nach rechts.

Handkreise neben dem Arm

1. Grundstellung, Vorhalte rechts (Keule in Verlängerung des Armes):
1.–2. Zwei Handkreise vorwärts, innen neben dem Arm,
3. rückschwingen,
4. vorschwingen.
Abwandlung:
Das gleiche, die Handkreise außen neben dem Arm.

2. Grundstellung, Vorhalte rechts:
1. Handkreis vorwärts außen neben dem Arm,
2.–3. Senken in die Standwaage links vorlings mit gebeugtem Bein, Keule hinter dem Standbein in die linke Hand übergeben,

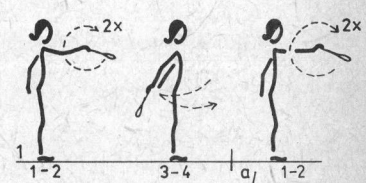

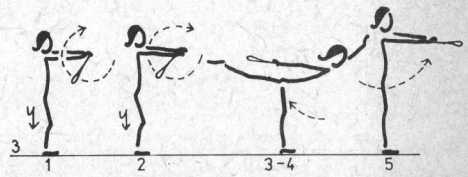

4. aufrichten und Vorschwingen links (rechter Arm in Tiefhalte).

3. Grundstellung, Arme in Vorhalte, Keule in beiden Händen:
1. Handkreis vorwärts außen neben dem rechten Arm mit Kniefedern,
2. Handkreis vorwärts außen neben dem linken Arm mit Kniefedern,
3.–4. in die Standwaage links vorlings senken mit Rückschwingen rechts, Hochhalte links,
5. aufrichten und Vorschwingen in die Ausgangsstellung.

4. Grundstellung, Arme in Vorhalte, Keule in der rechten Hand:
1. Rückschwingen rechts mit Rumpfdrehen zur Keule und Kniefedern,
2. Vorschwingen mit Handkreis in der Tiefhalte, in die linke Hand übergeben,
3. Ausschwingen beider Arme (Keule in der linken Hand, Rumpfdrehung bleibt).
4. Rückschwingen links mit Kniefedern und Rumpfdrehen nach links.

Waagerechte Kreisschwünge über dem Kopf und vor dem Körper

Bei waagerechten Kreisschwüngen erfolgt der Schwung aus dem Schulter- und aus dem Ellbogengelenk. Die Bewegung der Arme wird vom ganzen Körper unterstützt, d. h. durch leichtes Rumpfbeugen vor- und rückwärts.

1. Grundstellung, Hochhalte rechts (Keule in Verlängerung des Armes):
1.–3. Kreisschwünge rechts waagerecht über dem Kopf, nach vorn beginnen,
4. Bogenschwung vor dem Körper nach links und Übergabe in die linke Hand, ausschwingen in die Seithalte links.

2. Grundstellung, Seithalte rechts:
1.–3. Kreisschwünge rechts waagerecht über dem Kopf, nach hinten beginnen,
4.–5. Kniebeuge, Abschwingen rechts und waagerechtes Handkreisen vor dem Körper, nach links beginnen.

Bogen- und Kreisschwünge mit zwei Keulen

Bogen- und Kreisschwünge neben dem Körper

1. Grundstellung, Arme in Vorhalte (Keulen in Verlängerung der Arme):
1.–2. Rück- und vorschwingen.

Abwandlungen:

a) Das gleiche gilt mit Kniefedern;
b) das gleiche mit Rumpftiefschwung und Rückbeugen, aus der Hochhalte beginnen.

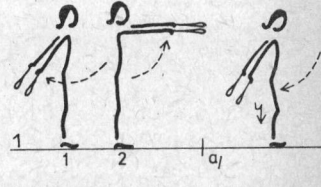

2. Grundstellung, Vorhalte rechts, Rückhalte links: Bogenschwingen neben dem Körper.

Abwandlungen:

a) Das gleiche mit Kniefedern;
b) das gleiche mit Rumpfdrehen und Blick zum rückgeschwungenen Arm;
c) das gleiche mit Rumpfdrehen und Kniefedern.

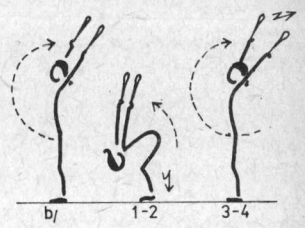

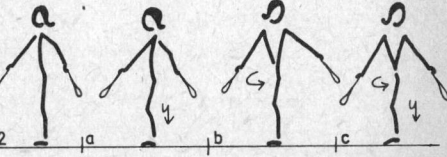

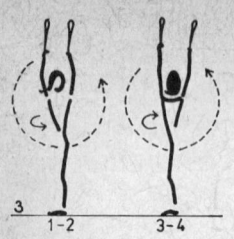

3. Grundstellung, Arme in Hochhalte:
1.–4. Achterkreisen vorwärts neben dem Körper (links beginnen).

4. Grundstellung, Arme in Tiefhalte:
1. Strecksprung mit Rückspreizen links und Schwingen in die Hochhalte,
2.–3. zwei Schritte vorwärts (links beginnt) mit Rückschwingen.

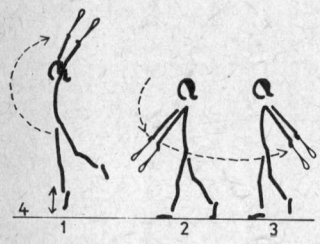

Bogen- und Kreisschwünge vor dem Körper

1. Grundstellung, Arme in Tiefhalte (Keulen in Verlängerung der Arme):
1. Rumpfbeugen links seitwärts mit Gegenschwingen in die Hochhalte,
2.–3. Ausfallschritt rechts seitwärts, nachfedern,
4. Aufrichten mit Gegenschwingen in die Tiefhalte (Arme kreuzen vor dem Körper).

2. Grätschstand, Arme in Tiefhalte:
1.–2. Rumpfbeugen links seitwärts, Gewichtsverlagerung auf rechts, Gegenschwingen rechts über den Kopf, links vor der Brust (in die Kreishalte rechts).
3.–4. entgegengesetzt.

3. Grundstellung, Arme in Hochhalte:
1.–2. Seittreten rechts mit Rumpfbeugen links seitwärts und Gegenschwingen, links vor, rechts hinter dem Körper,
3.–4. aufrichten, Heranziehen rechts in die Grundstellung mit Schwingen in die Hochhalte.

4. Grundstellung, parallele Seithalte links:
a) 1.–2. Paralleler Außenarmkreis;
3. Seittreten mit Rumpfbeugen links seitwärts, in die parallele Seithalte rechts schwingen;
b) 1.–2. aufrichten und Heranziehen rechts in die Grundstellung und 1½ paralleler Außenarmkreis.

Handkreise mit zwei Keulen

Handkreise vor- und rückwärts neben den Armen

1. Grundstellung, Arme in Vorhalte (Keulen in Verlängerung der Arme):
1. Armkreis vorwärts mit Kniefedern und Rückschwingen mit Rumpftiefschwung,
2. Armkreis rückwärts mit Kniefedern, aufrichten und vorschwingen,
3. Handkreis vorwärts zwischen den Armen.

2. Grundstellung, Arme in Hochhalte:
1. Vorspreizen rechts mit Rückschwingen,
2. Rückspreizen rechts mit Vorschwingen in die Hochhalte und leichtem Rumpfbeugen rückwärts,
3. Heranziehen rechts in die Grundstellung, Handkreis vorwärts zwischen den Armen in der Schräghochhalte mit Kniefedern,
4. Handkreis vorwärts zwischen den Armen in der Vorhalte mit Kniefedern.

3. Grundstellung, Arme in Rückhalte:
1. Vorschwingen,
2. Handkreis rückwärts zwischen den Armen mit Kniefedern,
3. schwingen in die Hochhalte mit Rumpfbeugen vorwärts,
4. aufrichten und Handkreis vorwärts zwischen den Armen in der Vorhalte mit Kniefedern,
5. Rückschwingen mit Rumpftiefschwung.

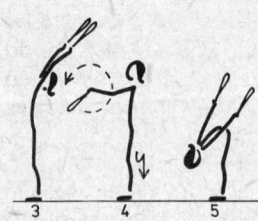

Außen- und Innenhandkreise

1. Grundstellung, Arme in Seithalte:
1. Gegenschwingen vor dem Körper, Arme vor dem Körper kreuzen,

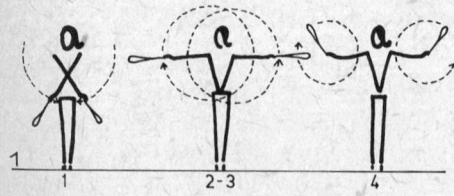

2.–3. 1½ Innenarmkreis,
4. Innenhandkreis hinter den Armen in die Seithalte.

2. Grundstellung, Arme in Seithalte:
1.–3. Zwei Außenarmkreise,
4.–6. Außenhandkreis vor den Armen,
7.–9. Außenhandkreis hinter den Armen.

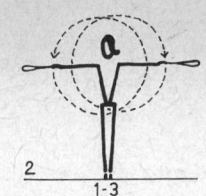

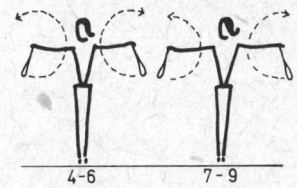

Übungen mit dem Seil

Seilspringen ist eine sehr wertvolle, aber leider oft vernachlässigte Körperübung. Wir verwenden das Seil in erster Linie zum Hüpfen und Springen, man kann es aber auch wie einen Stab benutzen.
Durch das Seilspringen stärken wir nicht nur die Beinmuskulatur (Sprungmuskulatur), sondern verbessern auch die Beweglichkeit der übrigen Gelenke und fördern die Leistungsfähigkeit und Entwicklung bestimmter innerer Organe (Herz, Atemsystem, Organe der Bauchhöhle), Seilübungen schulen die Koordination der Arm- und Beinbewegungen, verbessern das rhythmische Gefühl und gewöhnen den Übenden an gleichmäßiges Atmen.

Seilspringen ist für Erwachsene ebenso geeignet wie für Kinder. In bestimmten Sportarten (Boxen, Leichtathletik, Sportspielen u. a.) ist das Seilspringen ein wichtiger Bestandteil des Trainings.
Seile sind keine teuren Anschaffungen, es sollten deshalb in jeder Turnhalle genügend Seile vorhanden sein. Einfache Seile ohne Handgriffe sind vorzuziehen, es ist nur darauf zu achten, daß das Mittelstück des Seiles etwas verstärkt ist. Die Länge eines Seiles soll etwa 2,80 m betragen.
Das Hüpfen und Springen erfolgt auf den Fußballen, es muß federnd mit leichtem Knieheben ausgeführt werden (Unterschenkel nicht nach hinten anheben). Beim Hüpfen heben wir die Fußspitzen nur 2 bis 3 cm über

den Boden, so daß das Seil gerade durchschwingen kann. Der Oberkörper wird aufrecht gehalten, die Arme sind leicht angewinkelt. Die Seilenden halten wir zwischen Daumen und Zeigefinger; ist das Seil zu lang (es muß, setzt man einen Fuß darauf, bis über die Hüften reichen), läßt man die Enden frei herabhängen.

Beim Üben mit dem Seil müssen wir die Übenden gut im Raum verteilen, damit jeder genügend Platz hat. Am besten ist es, wenn aus einer losen Stirnreihe jeder zweite ein oder zwei Schritte vortritt. Sind nicht genügend Seile vorhanden, teilen wir die Übenden in zwei Gruppen oder paarweise auf. Während die eine Hälfte übt, ruht sich die andere aus. Beim Seilspringen sind sowieso Pausen notwendig, da es sich um sehr intensive und anstrengende Übungen handelt.

Hüpfen können wir mit Durchschlag vorwärts (Seil hinter den Füßen, Seil schlägt von hinten nach oben über den Kopf) oder Durchschlag rückwärts (Seil vor den Füßen, Seil schwingt von vorn nach oben über den Kopf).

Beim Durchschlag seitwärts (eine Hand vor, die andere hinter dem Körper, das Seil schwingt nach rechts oder links oben) stehen wir quer zum schwingenden Seil.

Waagerechtes Schwingen führen wir mit einer Hand aus (beide Enden des Seils in einer Hand).

Schlußhüpfen (Hüpfen mit beiden Beinen)

1. Schlußhüpfen mit Zwischenhupf und Durchschlag vorwärts.

2. Schlußhüpfen ohne Zwischenhupf.

3. 1.–2. Achterschwingen an der linken und rechten Seite (rechte Hand über der linken, linke Hand über der rechten), 3. Schlußhupf mit Durchschlag vorwärts.

4. Schlußhüpfen mit Beckendrehen nach links und rechts während des Sprunges.

5. Schlußhüpfen vorwärts, rückwärts, seitwärts, mit und ohne Zwischenhupf.

6. Schlußhüpfen nach vorn, nach links, nach hinten, nach rechts (in Form eines Quadrates).

7. Schlußhüpfen in der Hocke:
a) Mit verkürztem Seil;
b) mit normalem Seil, Arme in Seithalte.

8. 1.–3. 2mal Schlußhüpfen, beim 3. Beine anhocken.
4.–6. 2mal Schlußhüpfen, beim 3. Hockstand.

9. Hüpfen im Kreuzstand.

10. Hüpfen in Schrittstellung (mit Beinwechsel).

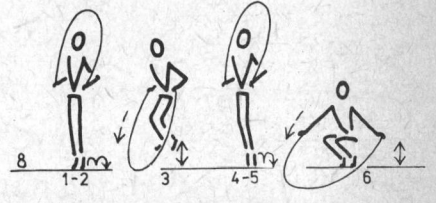

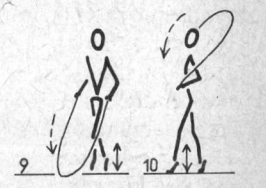

Hüpfen in Schrittstellung mit aufeinanderfolgendem Absprung

11. Hüpfen mit aufeinanderfolgendem Absprung, rechtes Bein vorn.

12. Hüpfen mit aufeinanderfolgendem Absprung, linkes Bein vorn.

13. Hüpfen in verschiedenem Rhythmus:
a) in gleichmäßigem Rhythmus;
b) in ungleichmäßigem Rhythmus.

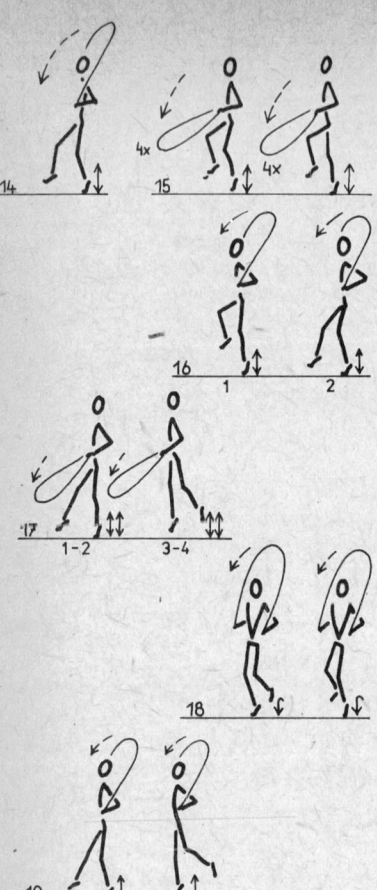

Hüpfen auf einem Bein

14. Hüpfen links, rechtes Bein etwas vorgespreizt.

15. Im Wechsel 4mal links Hüpfen und 4mal rechts mit leichtem Knieheben.

16. 1. Hüpfen mit Knieheben rechts,
2. Hüpfen links mit Rückspreizen rechts,
das gleiche umgekehrt.

17. 1.–2. Hüpfen links mit Vorspreizen rechts,
3.–4. Hüpfen rechts mit Rückspreizen links.

18. Hüpfen von einem Bein auf das andere.

19. 1. Hüpfen links mit Vorspreizen rechts,
2. Hüpfen rechts mit Rückspreizen links.

Hüpfen, Seildurchschlag mit gekreuzten Armen

Die Arme müssen energisch vor dem Körper gekreuzt werden, der Seildurchschlag kann vorwärts und rückwärts erfolgen.

20. 1. Schlußhüpfen (Beine auch in beliebiger Stellung),
2. Schlußhüpfen mit Kreuzen der Arme vor dem Körper.

21. Verschiedene vorher erwähnte Formen mit Kreuzen der Arme beim Seildurchschlag.

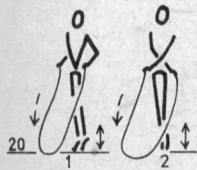

Doppelte und dreifache Durchschläge

Bei Doppeldurchschlägen muß das Seil besonders schnell durchgezogen werden, d. h., das Tempo der Armbewegung muß doppelt so groß sein wie das der Beine. Auch hierbei ist es nicht notwendig, die Unterschenkel anzuziehen. Dreifache Durchschläge sind bei Niedersprüngen von einer höheren Stelle möglich (Bank, Balken), da dabei die Flugzeit länger ist.

22. Schlußhüpfen mit Doppeldurchschlag.

23. Niedersprung mit dreifachem Durchschlag.

24. Abwechselnd Doppeldurchschläge und einfache Durchschläge.

Hüpfen über das waagerecht schwingende Seil und Hüpfen über das zusammengelegte Seil

27. Hüpfen über das waagerecht dicht über dem Boden schwingende Seil, es wird mit der rechten Hand gehalten.

28. 1. Waagerechtes Kreisen über dem Kopf,
2. kreisen über dem Boden und im Schlußsprung überspringen,
das gleiche im Hockstand.

Hüpfen mit Durchschlag rückwärts und seitwärts

25. Alle bisher angeführten Übungsformen mit Durchschlag rückwärts ausführen.

26. Schlußhüpfen mit Durchschlag seitwärts, rechte Hand vor, linke Hand hinter dem Körper. Schwungrichtung nach links oder rechts.

Verschiedene Hüpfverbindungen

31. Hüpfen in langsamer werdendem und in beschleunigtem Tempo.

32. Einzelwettkämpfe oder Gruppenwettkämpfe; wem gelingt es 20mal, 30mal oder 50mal, ohne Unterbrechung zu hüpfen?

33. Verbindungen verschiedener Hüpfarten (Hüpfschule), z. B. 4mal links, 4mal rechts, 4mal Hüpfen mit gekreuzten Armen.

34. Hüpfen mit Doppeldurchschlag.

29. 1. Strecksitz, waagerechtes Kreisen über dem Kopf (Seil in der rechten Hand),
2. waagerechtes Kreisen dicht über dem Boden unter Gesäß und Beinen (im Sitz vom Boden abdrücken).
Abwandlung:
Das gleiche, aber das Seil kreist ständig dicht über dem Boden (am Anfang kann der freie Arm das Abdrücken vom Boden unterstützen, dann auch ohne Unterstützung).

30. Das Seil wird zweimal zusammengelegt und in Tiefhalte mit beiden Händen vor dem Körper gehalten:
1. Im Hocksprung über das Seil springen (Seil hinter dem Körper),
2. das gleiche zurück in die Ausgangsstellung.
Abwandlung:
Das gleiche im Hockstand.

Seilhüpfen zu zweien

35. a) Partner mit dem Gesicht zueinander, dicht zusammen, einer schwingt das Seil und beide hüpfen;
b) das gleiche, die Partner mit den Rücken zueinander;
c) das gleiche, die Partner hintereinander.

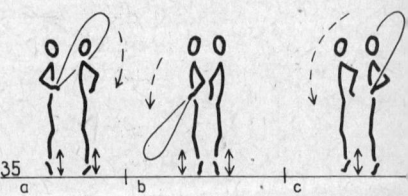

36. Die Partner dicht nebeneinander, die inneren Hände gefaßt, das Seil wird mit den äußeren Händen geschwungen:
a) beide hüpfen gleichzeitig;
b) das gleiche mit Drehungen:
1. Die Übenden lösen die Handfassung, der Übende A führt eine ¼ Drehung nach links aus und dreht sich somit aus dem schwingenden Seil heraus, B hüpft weiter.
2. jetzt dreht sich B mit ¼ Drehung nach rechts aus dem schwingenden Seil;
3.–4. durch ¼ Drehungen nach rechts bzw. links drehen sich A und dann B wieder in das schwingende Seil und reichen sich die inneren Hände (der Ablauf der Übung muß fließend erfolgen).

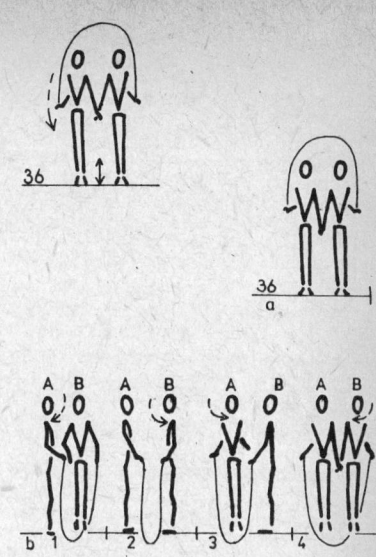

37. Die Übenden in einem Abstand von 1,5 m mit dem Gesicht zueinander, beide halten ein Seil in der rechten Hand an beiden Enden gefaßt:
1. A schwingt im Hockstand das Seil waagerecht dicht über dem Boden, B schwingt im Stand das Seil waagerecht über dem Kopf von A.
2. die Partner wechseln die Aufgabe, A im Stand, B im Hockstand usw.

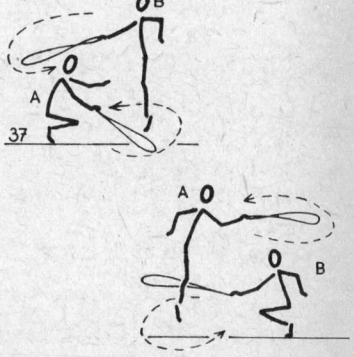

III. Übungen an Turngeräten

Sprossenwand

An der Sprossenwand bieten sich große Übungsmöglichkeiten, die die Beweglichkeit der Gelenke verbessern und ganze Muskelgruppen dehnen und kräftigen.
Besonders für die Haltungsschulung ist die Gymnastik an der Sprossenwand sehr geeignet. Beim Üben an der Sprossenwand müssen wir im Hang oder Stütz mit unserem eigenen Körpergewicht fertigwerden, kräftigen dabei die entsprechenden Muskeln und verbessern die Körperbeherrschung.
Bei Partnerübungen sind viele Kombinationen von aktiven und passiven Übungen möglich.
Damit die Übungen den gewünschten Zweck erfüllen, muß systematisch und methodisch gut durchdacht vorgegangen werden. Ebenso wichtig ist es, den Übenden den Wert der Gymnastik an der Sprossenwand bewußt zu machen.
Durch einfache Wettbewerbe kann man ein freudiges und aktives Üben erreichen.
Übungen an der Sprossenwand bedürfen einer guten Organisation im Unterricht. Günstig ist, wenn die Übenden vor der Sprossenwand in Linie zu einem oder mehreren Gliedern stehen oder sitzen, dabei sollten in jeder Linie gerade so viele Übende sein, wie Sprossenwände vorhanden sind. Die Übenden einer Linie üben dann immer gleichzeitig und stellen sich hinter der letzten Linie wieder an. Auf ein Zeichen des Turnlehrers nehmen alle Übenden einer Linie gleichzeitig die Ausgangsstellung zu einer bestimmten Übung ein, erst dann führen sie die eigentliche Übung aus. Zum Hang rücklings an der Sprossenwand können wir in zwei Zeiten gelangen:

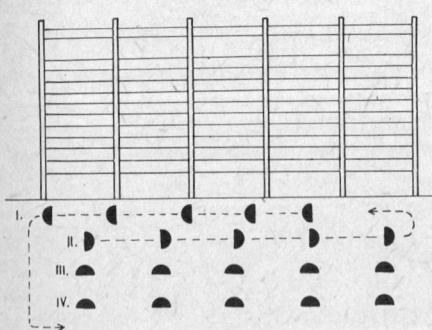

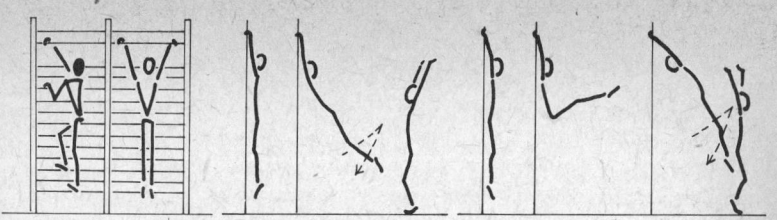

1. Aufspringen auf eine der untersten Sprossen mit dem Gesicht zur Sprossenwand, rechte Hand erfaßt eine der obersten Sprossen im Kammgriff, linke Hand hält in Schulterhöhe an einer Sprosse fest,
2. schnelle Drehung nach links, linke Hand erfaßt in gleicher Höhe wie die rechte diese Sprosse im Kammgriff, Beine hängen nach unten.

Auch die Niedersprünge von der Sprossenwand führen wir gleichzeitig und schnell aus: Aus dem Streckhang vorlings durch betontes Rückschwingen der Beine mit gleichzeitigem Abdruck von der Sprossenwand mit der Brust. Aus dem Streckhang rücklings durch Vorschwingen der Beine mit gleichzeitigem Abdruck von der Sprossenwand mit dem Rücken und betontem Hüftschwung.

Arme und Schultergürtel

Dehnübungen

Diese Gruppe enthält vorwiegend Übungen in der Rumpfbeuge vorwärts mit den Armen in Hochhalte. Dabei werden die Brustmuskeln, die Muskeln des Schultergürtels und der vorderen Seite der Arme sowie die Lendenmuskeln und die hintere Beinmuskulatur intensiv gedehnt. Wir verbessern die Beweglichkeit der Schultergelenke und spannen die Muskeln des Rückens (Übungen gegen den Rundrücken). Das Federn in der Rumpfbeuge vorwärts darf nicht zu kräftig und nicht zu ruckhaft erfolgen. Der Kopf bleibt zwischen den Armen, die Knie sind gestreckt.

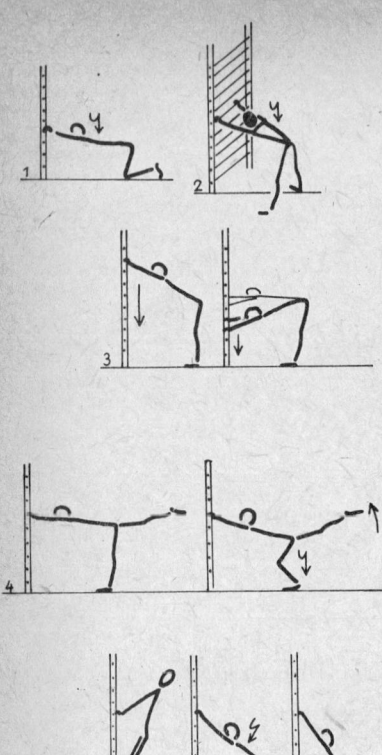

3. Grätschstand vorlings, leichtes Rumpfsenken vorwärts, Arme in Hochhalte, Ristgriff über dem Kopf, Hände fassen von Sprosse zu Sprosse nach unten (abwechselnd links und rechts), bei jedem Griffwechsel Rumpffedern.

4. Stand vorlings, in die Standwaage links senken, Arme in Hochhalte, Ristgriff in Schulterhöhe:
Abwechselnd das Standbein beugen und strecken, rechtes Bein so hoch wie möglich rückspreizen (Übung zur Verbesserung der Beweglichkeit des Hüftgelenks und Kräftigung der Beine).

5. Grätschstand vorlings auf der 3. Sprosse, Ristgriff in Hüfthöhe:
Senken in den Hangwinkelstand und federn (Brust nach unten drücken, Knie gestreckt), Hanghockstand und federn.

6. Hanghockstand vorlings, durch gleichzeitigen Abdruck der Beine und Arme Sprung von einer Sprossenwand zur nächsten.

Kräftigungsübungen

Zu dieser Gruppe gehören Liegestützübungen, bei denen die Füße auf einer Sprosse aufgesetzt sind. Dabei stärken wir intensiv die Armmuskulatur und den ganzen Schultergürtel. Die richtige Dosierung dieser Übungen, besonders für Frauen und Jugendliche, ist sehr wichtig.

1. Kniewinkelstand mit Ristgriff in Höhe der Schultern, Rumpffedern.

2. Das gleiche im Grätschwinkelstand.

7. Liegestütz vorlings, Füße auf der vierten Sprosse:
So weit wie möglich nach vorn und wieder zurück stützeln (die Brustmuskeln werden gestärkt).

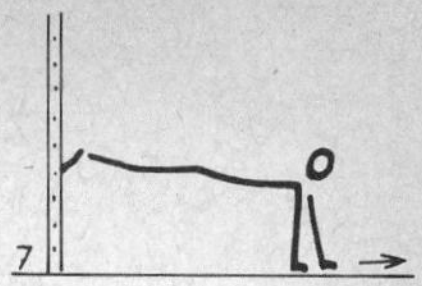

8. Liegestütz vorlings, Füße auf der fünften Sprosse:
Arme beugen, strecken und das Becken heben, so daß der Rumpf senkrecht zum Boden steht.

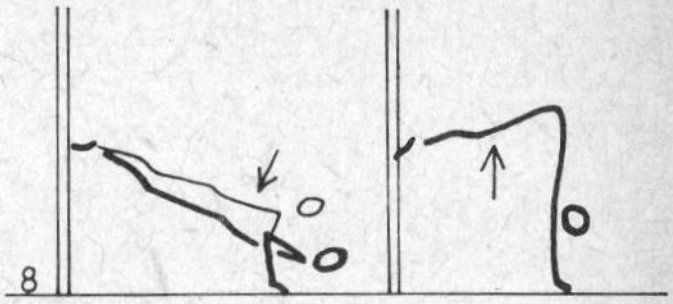

9. Liegestütz vorlings, Füße auf der fünften Sprosse:
zurückstützeln, die Füße steigen von Sprosse zu Sprosse höher, bis zum Handstand und zurück.

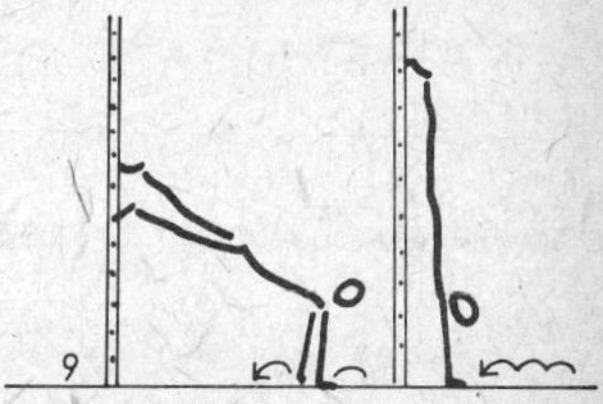

10. Liegestütz vorlings, Füße in Schulterhöhe aufgesetzt:
Rumpf entspannt senken zum Fußhang (Brust nach unten drücken). Rumpf heben, bis er senkrecht zum Boden steht (Arme gestreckt).

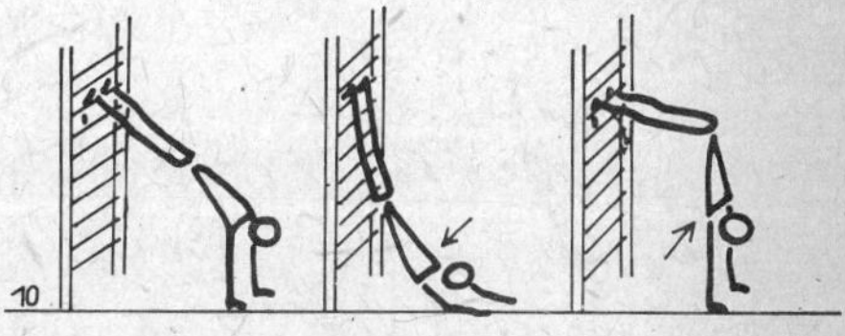

11. Handstand (Rücken zur Sprossenwand), Füße an einer oberen Sprosse:
Mit beiden Händen gleichzeitig so weit wie möglich von der Sprossenwand vorstützeln und zurück.

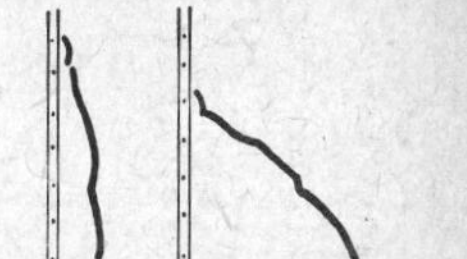

12. Stand vorlings, etwa 1 m vor der Sprossenwand (Entfernung richtet sich nach der Größe des Übenden):
a) Fallen vorwärts in den Beugestütz auf einer Sprosse (Rumpf bleibt gerade, nicht durchhängen) und wieder abdrücken;
b) das gleiche, an immer tieferliegenden Sprossen stützen.

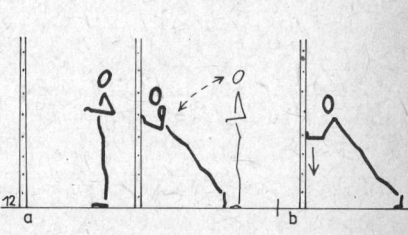

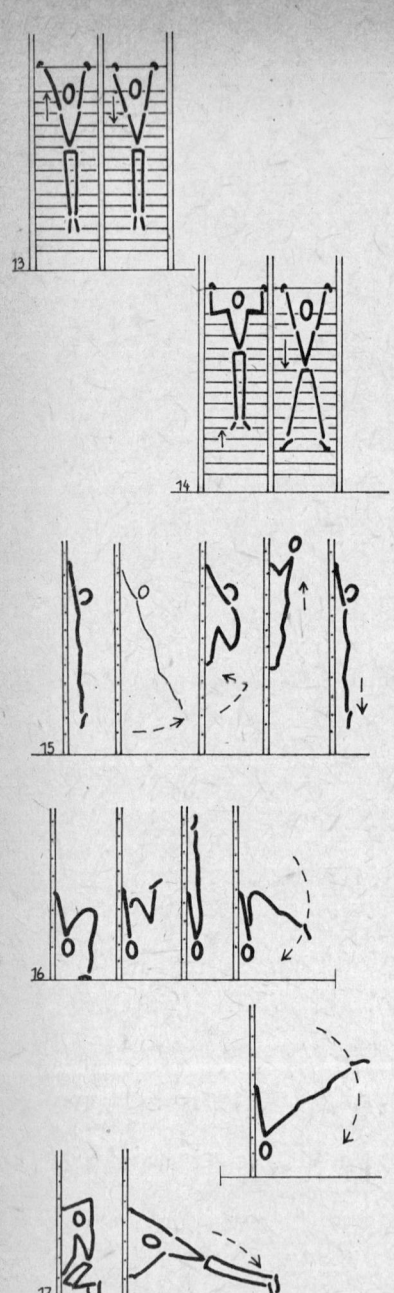

13. Streckhang rücklings, Kammgriff:
Hochziehen der Schultern (Kopf zwischen den Schultern), Schultern nach unten drükken.

14. Streckhang rücklings, Kammgriff an der obersten Sprosse:
Arme beugen und strecken, am wirkungsvollsten im Weitgriff.

15. Streckhang vorlings, Ristgriff:
Rückschwingen der Beine und schnelles Anhocken in den Hockstand auf einer mittleren Sprosse (Arme bleiben lang), aufrichten in den Stand, senken in den Streckhang vorlings.

16. Stand vorlings, Rumpfbeugen vorwärts, so daß die Schulterblätter gegen die untersten Sprossen gedrückt werden, Rückschwingen der Arme, Ristgriff reichhoch:
Rumpf und die angehockten Beine werden mit einem leichten Schwung in den Hocksturzhang gehoben. Beine strecken in den Strecksturzhang und in die Ausgangsstellung senken (oder den Rumpf und Beine gestreckt senken).

17. Hockstand quer zur Sprossenwand, rechte Hand faßt eine Sprosse in Kniehöhe (Kammgriff), linke Hand eine Sprosse über dem Kopf (Ristgriff):
Absprung mit beiden Beinen in den Liegestütz seitlings, Rumpf und Beine gestreckt, zurück in die Ausgangsstellung.

Rumpf

Dehnübungen

Zu dieser Gruppe gehören in der Hauptsache Rumpfbeugen vor-, seit- und rückwärts sowie Rumpfkreisen und -senken. Das sind Übungen zum Dehnen der Lendenmuskeln und Verbessern der Beweglichkeit der Wirbelsäule in allen Richtungen. Somit sind diese Übungen auch Haltungsübungen zur Verhütung der Hyperlordose und Skoliose.

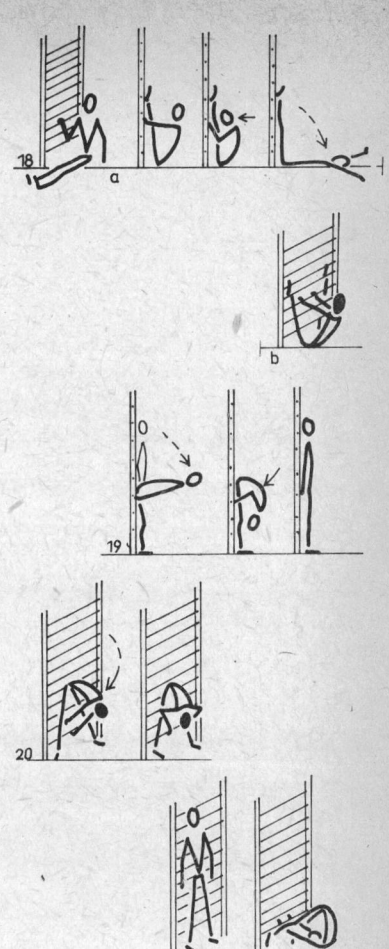

18. Strecksitz quer zur Sprossenwand, rechte Hand erfaßt eine Sprosse in Schulterhöhe: Hochschwingen der Beine mit gleichzeitiger Drehung nach rechts, Beine sind mit der Rückseite gegen die Sprossen gelegt, linke Hand erfaßt die gleiche Sprosse wie die rechte, links neben den Beinen:
a) Arme beugen, Kopf an die Knie ziehen, Hände lösen und in die Rückenlage senken, Beine bleiben an der Sprossenwand;
b) das gleiche, aber Beine werden an der Sprossenwand gegrätscht, Hände erfassen die Sprosse zwischen den Beinen.

19. Stand rücklings, Ristgriff in Höhe der Hüfte:
Rumpfsenken und tiefes Rumpfbeugen vorwärts, die Arme ziehen den Kopf an die Knie, aufrichten (während der Übung wird der Griff nicht gelöst).

20. Grätschstand rücklings, Arme in Tiefhalte:
Rumpfbeugen vorwärts und eine Sprosse zwischen den Beinen erfassen (rechts höher, links

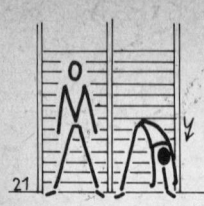

tiefer). Rumpf an die Sprossenwand heranziehen, Griff lösen und aufrichten in den Stand. Dann erfassen wir mit beiden Händen die unterste Sprosse, ziehen den Kopf so dicht wie möglich an diese Sprosse heran und rollen nach vorn ab in den Stand rücklings.

21. Grätschstand rücklings, Arme in Tiefhalte:
Rumpfbeugen vorwärts, die Hände erfassen die unterste Sprosse zu beiden Seiten des linken Beines und ziehen federnd den Kopf an das linke Knie, aufrichten und Griff lösen, das gleiche rechts.

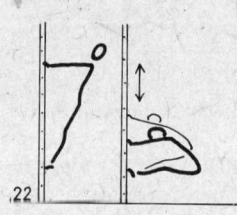

22. Stand vorlings auf der dritten Sprosse, Ristgriff in Kopfhöhe:
Hangeln nach unten, der Griff beider Hände wird gleichzeitig gelöst und die nächsttiefere Sprosse erfaßt, die Beine bleiben dabei gestreckt (so weit wie möglich nach unten und wieder zurück).

23. Stand vorlings auf der dritten Sprosse, Beine sind gegrätscht:
Hangzucken, der Rumpf wird an die Sprossenwand herangezogen und wieder schwungvoll nach hinten fallen gelassen, dabei erfassen die Hände nach dem Heranziehen immer die nächsttiefere Sprosse (die Beine bleiben gestreckt).

24. Rückenlage rücklings, Ristgriff an der untersten Sprosse:

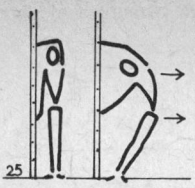 

Heben der gestreckten Beine, Füße zwischen der 4. und 5. Sprosse einhängen, den ganzen Rumpf vom Boden abheben. Rückbewegung.

25. Querstand, mit der rechten Seite dicht an der Sprossenwand, rechte Hand faßt eine Sprosse in Hüfthöhe (Kammgriff), linke Hand unter dem Kopf (Ristgriff):
Rumpfbeugen rechts seitwärts, Rumpf von der Sprossenwand wegdrücken (Füße bleiben am Ort, beide Arme lang), zurück in die Ausgangsstellung.

26. Querstand, rechte Seite zur Sprossenwand im Abstand von 1 m, Arme in Hochhalte, Rumpfbeugen rechts seitwärts, rechts Kammgriff in Hüfthöhe, links Ristgriff über dem Kopf:
Seitspreizen links und anziehen (Ferse höher als das Knie), strecken und senken, das gleiche umgekehrt.

27. Hockstand, Weitgriff in Reichhöhe:
Sprung in den Liegehang links seitlings, zurück in den Hockstand, das gleiche nach rechts.

Kräftigungsübungen

a) Rücken

Hierzu gehört Rumpfbeugen rückwärts (Rückbeugen in der Brustwirbelsäule) zur Verhütung des Rundrückens. Die Rückenmuskeln werden gestärkt, besonders die Zwischenschulterblattmuskeln, und gleichzeitig dehnen wir die Brustmuskeln und verbessern die Beweglichkeit der Schultergelenke. Geübt wird aus verschiedenen Ausgangsstellungen, vor allem aus solchen, bei denen die Hüfte fixiert ist (Sitz, Rückenlage), um das Einbeugen in der Hüfte zu vermeiden. Die Übungen können durch zusätzliche Bewegungen der Arme und des Kopfes noch erschwert werden. Es ist unbedingt auf die richtige Griffart zu achten, da oft der Wert der Übung davon abhängt. Die Haltung des Kopfes bleibt beim Rumpfbeugen rückwärts normal (nicht im Nacken), der Bauch wird eingezogen. Die Beugung selbst erfolgt im Brustwirbelteil.

28. Strecksitz rücklings etwa ½ m vor dem Gerät, Ristgriff in Reichhöhe (Weitgriff):
Brust vordrücken, Kopf vor- und rücksenken, Rumpf entspannen und das gleiche wiederholen.

29. Rückenlage rücklings, Ristgriff an der 4. Sprosse:
a) Den Rumpf heben und rückbeugen;
b) das gleiche in der Rückenlage mit angehockten Beinen.

30. Stand rücklings, dicht am Gerät:
Schritt vorwärts und Rumpfbeugen rückwärts, Arme in die Hochhalte heben, Ristgriff in Reichhöhe.

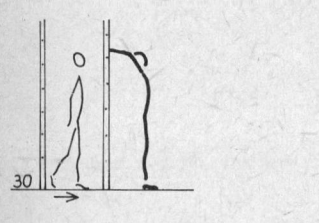

31. Hangstand rücklings, Beine schräg nach vorn auf den Boden gestellt:
Rumpf vorschwingen in den Spannbogenstand mit Vorspreizen links, Rumpf entspannt rücksenken, links senken und das gleiche mit Vorspreizen rechts (Standbein nicht beugen, kräftiges Rückbeugen in der Brustwirbelsäule!).

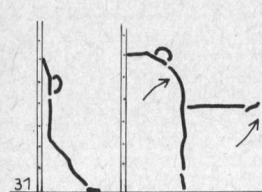

32. Hockstand rücklings an der Sprossenwand, Ristgriff (Weitgriff) über dem Kopf, Beine nach vorn strecken und auf den Boden aufsetzen:
Rumpf vordrücken in den Spannbogenstand, links angehockt, nach vorn strecken,

Rückbewegung; das gleiche mit Anhocken und Vorspreizen rechts.

33. Strecksitz rücklings, Ristgriff über dem Kopf:
Schwungvolles Vordrücken des Rumpfes in den Spannbogenstand, Rückbewegung.

b) Bauchmuskulatur

Die Bauchmuskulatur stärken wir vor allem durch Übungen im Hang, indem wir die Beine anheben. Ebenso wertvoll sind aber auch Übungen im Sitz, bei denen die Füße an der untersten Sprosse fixiert sind. Diese Übungen können durch zusätzliche Armbewegungen ergänzt und erschwert werden. Sie tragen zu einer richtigen Körperhaltung bei, da eine kräftige Bauchmuskulatur die inneren Organe der Bauchhöhle in der richtigen Lage hält und ein Heraustreten verhindert.

Gerade Bauchmuskeln

34. Strecksitz vorlings, Füße unter der untersten Sprosse festgestellt, Arme in Nackenhalte:
Rumpfsenken rückwärts bis zu einem Winkel von etwa 45°, Arme strecken (Hochhalte) und rückfedern, abwechselnd links und rechts, tiefes Rumpfbeugen vorwärts, Finger berühren die Fußspitzen, aufrichten in den Strecksitz, Arme in Nackenhalte.

35. Strecksitz vorlings, Füße unter der untersten Sprosse festgestellt:
Tiefes Rumpfbeugen vorwärts, Finger berühren die Fußspitzen, heben und senken in die Rückenlage, Arme in Hochhalte (diese Übung kann auch schnell ausgeführt werden).

36. Strecksitz rücklings, Kammgriff in Kopfhöhe:
a) Heben und Senken des linken Beines, das gleiche rechts;
b) Heben und Senken beider Beine.
Abwandlung:
Nach dem Senken Griff lösen und Rumpfbeugen vorwärts mit Nachfedern.

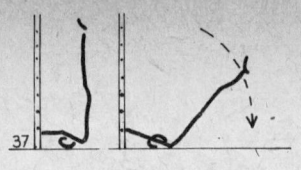

37. Rückenlage, Arme in Hochhalte mit Ristgriff an der 1. Sprosse:
Heben in den Nackenstand (Beine und Rumpf gestreckt, bis in die Senkrechte heben), langsam in die Rückenlage senken (Hüfte nicht beugen).

38. Hangstand rücklings, Ristgriff reichhoch:
Beine leicht anhocken und radfahren.

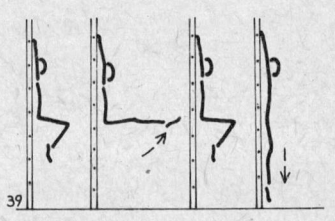

39. Hang rücklings, Ristgriff reichhoch:
Beine anhocken (Oberschenkel waagerecht), strecken (in Verlängerung der Oberschenkel), beugen, Beine entspannt senken.

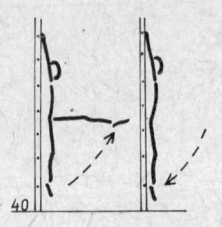

40. Hang rücklings, Ristgriff reichhoch:
Das linke Bein heben und senken; das gleiche rechts.

41. Hang rücklings, Ristgriff reichhoch:
Beine in die Vorhalte heben und scheren.

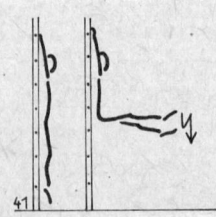

42. Stand rücklings, Ristgriff reichhoch:
Beine hoch anhocken, strecken, so daß die Fußspitzen eine

Sprosse über den Händen berühren, Beine gestreckt senken.

43. Hang vorlings, Ristgriff: Rumpf rückbeugen (Brust vorwölben), dabei den Kopf mit in den Nacken nehmen.

44. Hang vorlings, Ristgriff: Rückspreizen links, Rückbewegung, das gleiche rechts.

45. Hang vorlings, Ristgriff: Beide Beine rückheben und scheren.

Schräge Bauchmuskulatur

46. Strecksitz vorlings, Füße unter der ersten Sprosse festgestellt, Arme in Nackenhalte: Leichtes Rumpfsenken rückwärts und Rumpfdrehen links, Arme in die Hochhalte strecken (Daumen nach hinten), Arme abwechselnd rückfedern, Rumpfdrehen rechts und tiefes Vorbeugen, Finger berühren die Fußspitzen, aufrichten, Arme in Nackenhalte; das gleiche umgekehrt.

47. Strecksitz vorlings, Füße unter der ersten Sprosse festgestellt, Stütz neben dem Körper:
a) Tiefes Rumpfbeugen vorwärts, Finger berühren die Fußspitzen, aufrichten, Rumpfsenken rückwärts, nach links drehen (Seitenlage), aufrichten; das gleiche nach rechts;
b) das gleiche, aber anstelle der Seitenlage zur Bauchlage.

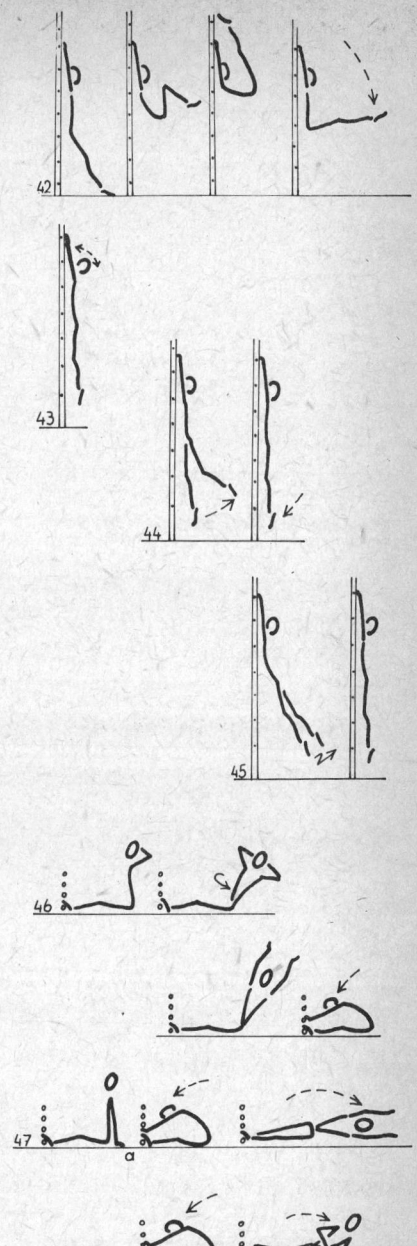

48. Seitenlage links, linkes Bein unter der ersten, rechtes Bein unter der dritten Sprosse festgestellt, Arme in Hochhalte:
Rumpfbeugen seitwärts, senken; das gleiche in Seitenlage rechts.

49. Rückenlage vorlings, Arme in Hochhalte, Füße unter der vierten Sprosse festgestellt: Hüfte vom Boden heben und kreisen.

50. Hang rücklings, Ristgriff (Weitgriff), Beine sind angehockt, die Oberschenkel waagerecht:
a) Hüfte nach links drehen (Beine bleiben gehockt, das linke Bein berührt mit seiner Außenseite die Sprossenwand), Rückdrehen; das gleiche nach rechts;
b) das gleiche, aber die Beine werden erst beim Drehen angehockt und beim Rückdrehen wieder gestreckt.

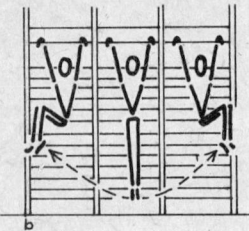

51. Hang rücklings, Ristgriff (Weitgriff):
Beine anhocken, Oberschenkel waagerecht, Hüfte nach links drehen, bis das linke Bein mit der Außenseite die Sprossenwand berührt, strecken, anhocken, Hüfte rückdrehen und Beine senken; das gleiche nach rechts.

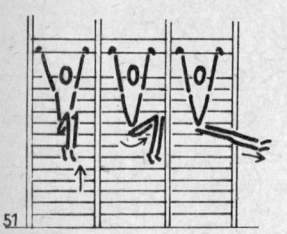

52. Hang rücklings, Ristgriff:
a) Pendelschwingen seitwärts mit gleichzeitigem Seitspreizen des linken bzw. rechten Beines;
b) das gleiche ohne Beinspreizen (Beine sind geschlossen).

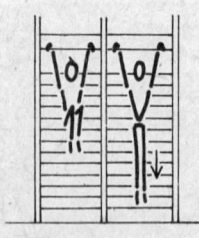

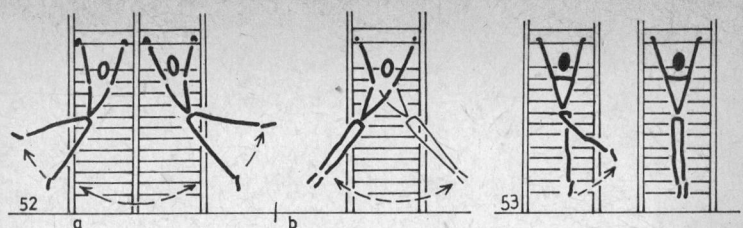

53. Streckhang vorlings, Ristgriff:
Rück- und Seitspreizen des linken Beines, die Fußspitze berührt die Sprossenwand an der rechten Körperseite, Rückbewegung; das gleiche rechts.

Beine

Dehnübungen

Aufgabe dieser Übungsgruppe ist, die Beweglichkeit des Hüftgelenkes zu verbessern sowie die hinteren (Beuger) und vorderen (Strecker) Beinmuskeln zu dehnen.
Wir führen diese Übungen meist im Stand aus, oder wir stellen einen Fuß unter einer Sprosse fest und bewegen dann den Rumpf. Um die Muskeln nicht zu überdehnen, müssen auch hier die Anforderungen langsam gesteigert werden. Bei den Übungen im Stand darf das Standbein nicht gebeugt werden.

54. Querstand rechts (rechte Seite zum Gerät), Abstand etwa einen Schritt, Ristgriff rechts in Schulterhöhe (Arm ist leicht gebeugt), linker Arm in Hochhalte;
Vor- und Rückschwingen des linken Beines, beim Vorschwingen wird der linke Arm gesenkt, so daß die Fußspitze die Handfläche berührt; das gleiche im Querstand links.

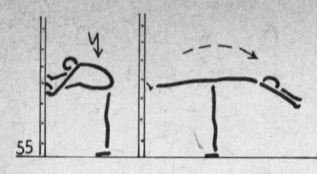

Rumpfbeugen vorwärts und im Ristgriff zu beiden Seiten des Fußes fassen, Rumpf mehrmals an das Knie heranziehen, Griff lösen, aufrichten und Rumpfsenken rückwärts bis zur Waagerechten, Arme in Hochhalte (zugleich Bauchmuskelübung).

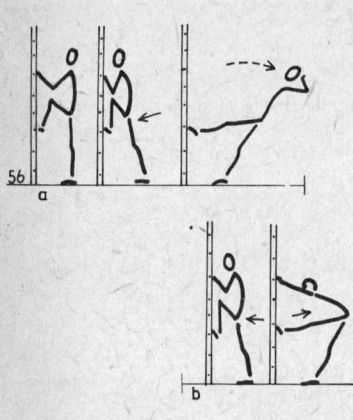

56. Stand vorlings, linkes Bein anhocken, es wird in Kniehöhe festgestellt, in Schulterhöhe Ristgriff:
a) An das Gerät heranziehen, die Hüfte nach vorn schieben (rechtes Bein nicht beugen), Griff lösen und das linke Bein strecken, Rumpf leicht rücksenken, Arme in Nackenhalte (zugleich Bauchmuskelübung);
b) das gleiche, aber anstelle des Rumpfsenkens rückwärts Rumpfbeugen vorwärts (der Griff wird nicht gelöst).

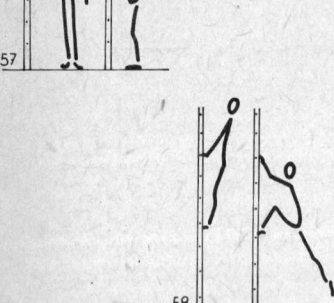

57. Querstand rechts, rechter Arm in Seithalte (leicht gebeugt) Ristgriff:
Vorspreizen links mit ¼ Drehung rechts, die linke Ferse wird in Kopfhöhe gegen eine Sprosse gestellt, Ristgriff links in gleicher Höhe wie rechts, den Körper an das gestreckte linke Bein heranziehen; widergleich.

58. Stand vorlings auf der 7. bis 10. Sprosse, Ristgriff in Beckenhöhe:
Rückspreizen rechts mit gleichzeitigem Beugen des linken Knies, versuchen, mit der rechten Fußspitze den Boden zu berühren, Aufrichten in die Aus-

55. Stand vorlings, das linke Bein heben und in Hüfthöhe unter einer Sprosse feststellen, Arme in Tiefhalte:

gangsstellung; das gleiche umgekehrt.

59. Stand vorlings;
An der Sprossenwand drei Kletterschritte aufwärts, mit zwei Kletterschritten abwärts steigen usw., nicht springen (beim Klettern heben wie die Knie hoch an).

60. Stand vorlings auf der 5. Sprosse, Ristgriff in Hüfthöhe:
Rückspreizen links und senken (Arme lang, rechtes Bein gestreckt), aufrichten und das gleiche umgekehrt.

61. Stand rücklings, Rückspreizen links und in Hüfthöhe feststellen, Arme in Hochhalte:
Tiefes Rumpfbeugen vorwärts, die Hände erfassen das rechte Fußgelenk und ziehen den Kopf an das Knie, aufrichten und in die Hochhalte schwingen (Beine bleiben gestreckt).

62. Querstand rechts, rechtes Bein anhocken (Oberschenkel waagerecht) und nach rechts außen drehen, unter der dritten Sprosse feststellen, Arme in Nackenhalte:
Rumpfbeugen links seitwärts, aufrichten (zugleich zur Verbes-

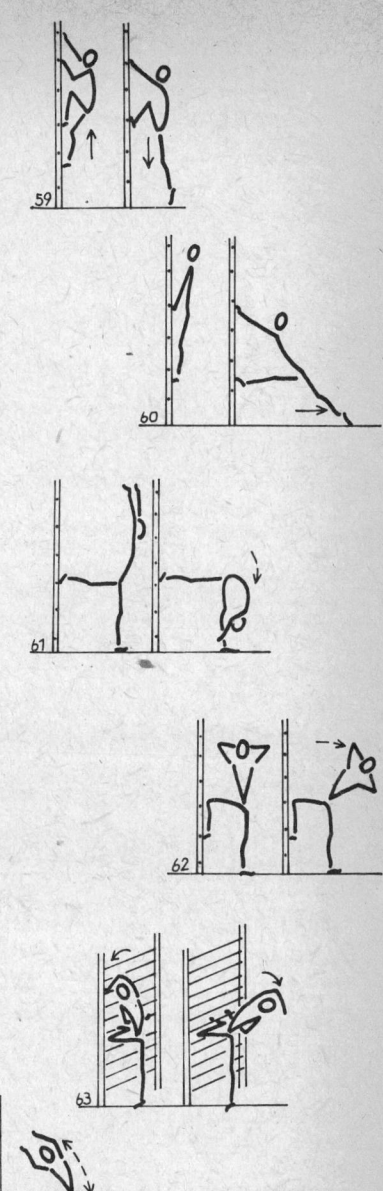

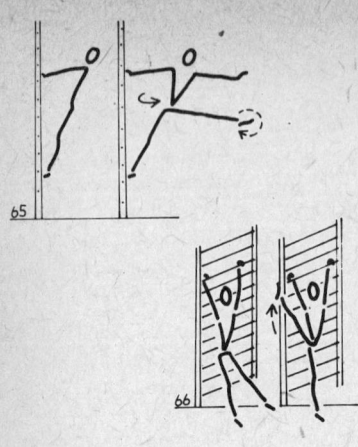

serung der Beweglichkeit des Rumpfes); das gleiche im Querstand links.

63. Querstand rechts, das gebeugte rechte Bein seitheben (Ober- und Unterschenkel waagerecht), den Unterschenkel auf eine Sprosse auflegen:
Rumpfbeugen rechts seitwärts mit Rundhalte links über dem Kopf und Nachfedern, aufrichten (zugleich eine Dehnübung für den Rumpf); das gleiche nach links (Armwechsel).

64. Querstand rechts, Seitspreizen rechts und feststellen in Hüfthöhe, Arme in Hochhalte:
a) Rumpfbeugen rechts seitwärts, aufrichten, tiefes Rumpfbeugen vorwärts, die Hände berühren beim Standbein den Boden;
b) das gleiche, aber aus der Rumpfbeuge seitwärts gleich zur Rumpfbeuge vorwärts.

65. Stand vorlings auf der dritten Sprosse, Ristgriff in Brusthöhe (Arme sind gestreckt):
Griff links lösen mit ¼ Drehung links und Seitspreizen links, Seithalte links, Trichterbeinkreisen vorwärts, Rückbewegung in die Ausgangsstellung; das gleiche nach rechts.

66. Stand rücklings mit gegrätschten Beinen, Ristgriff, Kopf hoch (Rücken an der Sprossenwand, Beine etwas vorgestellt):
Das linke Bein zur rechten Hand schwingen (Fußspitze berührt möglichst die rechte Hand), Rückbewegung; das gleiche rechts.

Kräftigungsübungen

Zu dieser Gruppe gehören Hockstände und Kniebeugen, vor allem auf einem Bein, während das andere vorgespreizt ist, und Sprünge. Das Heben des Körpergewichts aus dem Hockstand stärkt intensiv die Beinmuskulatur, besonders die Beinstrecker.

67. Querstand rechts, Ristgriff rechts (der Arm ist gebeugt) in Schulterhöhe:

Vorspreizen links, Hockstand rechts (linkes Bein bleibt in Vorhalte), aufrichten, linkes Bein senken; das gleiche im Querstand links.

68. Stand vorlings, linkes Bein in Hüfthöhe festgestellt, Arme in Nackenhalte:
Hockstand rechts (Rumpf nicht vorbeugen), aufrichten; das gleiche auf dem anderen Bein.

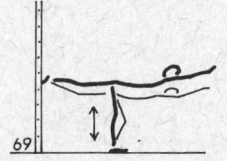

69. Stand rücklings, Standwaage rechts mit Hochhalte, linken Fuß in Hüfthöhe feststellen:
Kniebeugen rechts, strecken (Rumpf und Arme bleiben unverändert), widergleich.

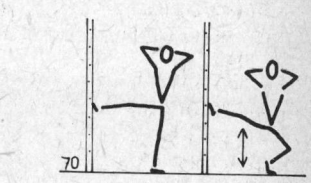

70. Querstand rechts, Seitspreizen rechts, Fuß in Hüfthöhe feststellen, Arme in Nackenhalte:
Kniebeugen links, strecken (Rumpf bleibt aufrecht); das gleiche auf dem rechten Bein.

71. Stand vorlings, Arme in Vorhalte, Ristgriff:
Sprung in den Hockstand, Sprung nach oben betonen, Beine nach hinten strecken, Ausgangsstellung.

Partnerübungen an der Sprossenwand

Partnerübungen an der Sprossenwand sind im Grunde auch Einzelübungen, bei denen der Partner nur eine helfende Funktion hat. Er unterstützt den Übenden durch Druck oder Zug, um bestimmte Muskelgruppen maximal zu dehnen. Hierbei muß man besonders vorsichtig vorgehen, weil zu der eigenen Bewegung die Kraft des anderen hinzukommt. Es hängt deshalb viel von einer guten Abstimmung mit dem Partner ab.

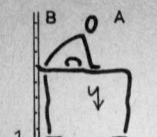 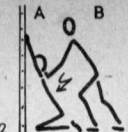 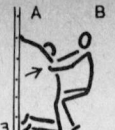 

1. A im Winkelstand vorlings mit Ristgriff über dem Kopf — Rumpffedern mit Hilfe des Partners.
B steht zwischen den Armen von A (mit dem Rücken zum Gerät) und unterstützt, indem er mit beiden Händen auf die Schulterblätter drückt.

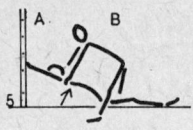

2. A im Fersensitz vorlings, Rumpf leicht gesenkt, Arme in Hochhalte, Ristgriff — Rumpffedern mit Hilfe,
B steht hinter A und unterstützt, indem er mit beiden Händen auf die Schulterblätter drückt.

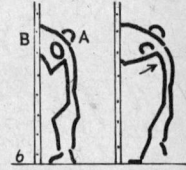

3. A im Kniestand rücklings, Arme in Hochhalte, Ristgriff hinter dem Kopf — Rumpfbeugen vorwärts mit Hilfe,
B im Stand vorlings vor A. Indem er die gebeugten Knie gegen die Hüfte von A stemmt, unterstützt er das Rückbeugen durch Zug mit beiden Armen, Hände auf den Schulterblättern von A.

4. A im Hocksitz rücklings, Arme in Hochhalte, Ristgriff über dem Kopf — Rumpfbeugen rückwärts mit Hilfe,
B Stand vorlings, unterstützt durch Zug das Rückbeugen, beide Hände auf den Schulterblättern von A.

5. A in Rückenlage vorlings, Ristgriff auf der dritten Sprosse — Rumpf vom Boden abheben und rückbeugen mit Hilfe,
B im Grätschstand vorlings über A, unterstützt durch Heben der Schultern mit beiden Händen (Griff wie bei Übung 4 und 5).
Anmerkung zu den Übungen 3.–5.:
Die Unterstützung des Partners hat leicht federnd zu erfolgen.

6. A im Stand rücklings, einen Schritt vor der Sprossenwand, Ristgriff hinter dem Kopf — Rumpfbeugen rückwärts in den Spannbogenstand mit Hilfe,
B im Stand vorlings direkt hinter A, er drückt seinen gewölbten Rücken gegen den Rücken

von A. Indem B sich langsam mit den Händen von der Sprossenwand abdrückt, wird die Dehnung verstärkt.

7. Das gleiche wie bei der Übung 6., aber B im Nackenstand vorlings mit Ristgriff auf der dritten Sprosse unterstützt mit den Füßen, die gegen die Schulterblätter von A gestemmt sind.

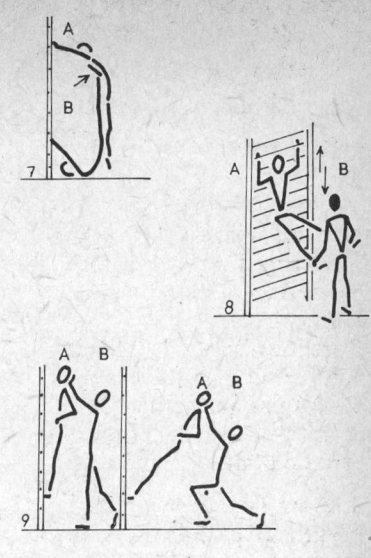

8. A im Hang rücklings mit Ristgriff in Reichhöhe, Beine gegrätscht in Vorhalte – Arme beugen und senken, mehrmals im Wechsel (Klimmzüge).
B im Stand vorlings, hat die Fußgelenke von A gefaßt und hält die Beine in der Vorhalte.

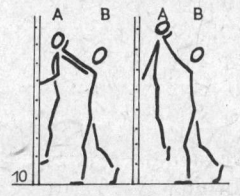

9. A im Stand auf der dritten Sprosse, Hüftstütz – rückfallen (Rumpf bleibt gestreckt),
B im Stand vorlings hinter A, er stützt A mit beiden Händen im Nacken; läßt sich A nach hinten fallen, folgt B der Bewegung durch einen Ausfallschritt rückwärts, dann drückt er den Partner wieder in die Ausgangsstellung zurück.

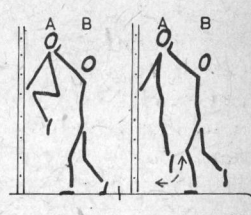

10. A im Hang vorlings auf der zweiten Sprosse, Ristgriff in Hüfthöhe, A wird hochgehoben. B in kleiner Schrittstellung er-

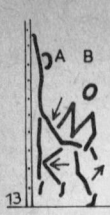

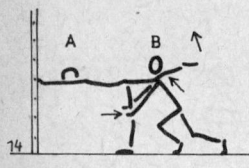

11. A im Hang rücklings – Beine mit Hilfe des Partners heben, so daß die Fußspitzen über dem Kopf eine Sprosse berühren, langsam senken in den Stand.
B unterstützt im Querstand.

12. A im Stand rücklings dicht an der Sprossenwand, Ristgriff in Tiefhalte – links heben.
B im Querstand erfaßt das linke Bein von A mit der linken Hand am Fußgelenk und drückt mit der rechten gegen das Knie, das rechte Knie hat er gegen das rechte Knie von A gestemmt, er unterstützt das Dehnen, indem er das Bein von A nachfedert.

13. Wie Übung 12., aber A im Hang vorlings – Rückspreizen des linken Beines.
B unterstützt das Rückspreizen wie bei der vorangegangenen Übung.

14. A im Stand vorlings, senken in die Standwaage rechts, Arme in Hochhalte heben mit Ristgriff vor dem Kopf – Rückheben des linken Beines.
B im Ausfallschritt, hat seine linke Schulter unter das rückgespreizte Bein gestellt (oberhalb des Knies) und drückt so das Bein federnd nach oben, die Hände von B umfassen gleichzeitig das Knie des Standbeines von A, um ein Beugen zu verhindern.

15. A im Querstand rechts, Rumpfbeugen rechts seitwärts, Arme in die Hochhalte heben,

faßt mit beiden Händen den Nacken von A und hebt A, dessen Körper völlig gestreckt sein muß, in die Höhe.
(Hierbei kann A gleichzeitig noch einige Beinbewegungen ausführen: Beine anhocken, grätschen u. ä.)

die 3. und 8. Sprosse erfassen
und Seitspreizen des linken Beines:
Anhocken rechts, vorspreizen
und senken auf den Boden. B
hat im Querstand mit beiden
Händen das linke Bein von A
gefaßt und zieht es an seine
Hüfte heran, während A die
Beinbewegung ausführt.

16. Gleiche Ausgangsstellung
wie bei Übung 15, nur B hat
das rechte Bein von A erfaßt,
und A hockt das linke Bein an
– senkrecht nach oben strecken,
senken, so daß die Fußspitze
den Boden berührt, und wieder
anhocken.

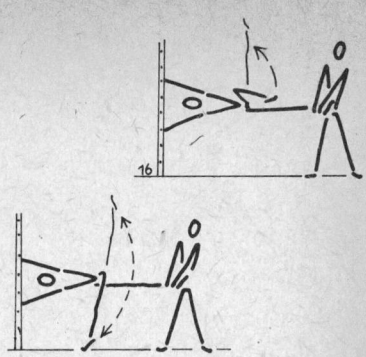

Turnbank

In dieser Gruppe führen wir
solche Übungen an, deren Wert
durch die Benutzung der Bank
gesteigert wird.

Grundformen

1. Grundstellung auf der Bank:
Seitspreizen links mit Heben
der Arme über die Seit- in die
Hochhalte, Rückbewegung; das
gleiche mit Seitspreizen
rechts.

2. Querstand auf der Bank,
Arme in Hochhalte:
Rumpfbeugen links seitwärts
mit Außenarmkreis, aufrichten
und Rumpfbeugen rechts seitwärts mit Außenarmkreis.

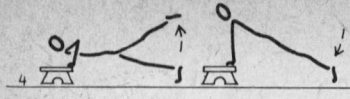

3. Hockstand vor der Bank, Stütz am Bankrand:
Sprung in den Liegestütz vorlings, zurück in den Hockstand.

4. Liegestütz vorlings mit Stütz am Bankrand:
Rückspreizen links und rechts im Wechsel mit Beugen der Arme.

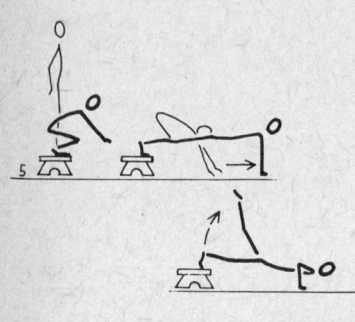

5. Seitstand auf der Bank:
Hockstand mit Stütz auf dem Boden, vorstützeln in den Liegestütz vorlings (Füße weiter auf der Bank), Rückspreizen links mit Beugen der Arme, senken und Arme strecken, zurückstützeln in die Ausgangsstellung.

6. Strecksitz vorlings (vor der Bank auf dem Boden), Fersen auf der Bank, Stütz hinter dem Körper:
Das Gesäß heben (Rumpf und Beine strecken) in den Liegestütz rücklings, Anhocken links, Strecken und Vorspreizen links (Bein senkrecht), senken, das Becken in den Sitz senken.

7. Quersitz, beide Beine auf der linken Seite mit Stütz hinter dem Körper:
Beine gestreckt über die Bank heben und auf die rechte Seite senken.

8. Reitsitz (Beine gestreckt) mit Hochhalte der Arme:
Rumpfbeugen vorwärts zum linken Bein, die Hände umfassen das Fußgelenk, den Rumpf federnd an das Bein heranziehen, aufrichten; das gleiche nach rechts.

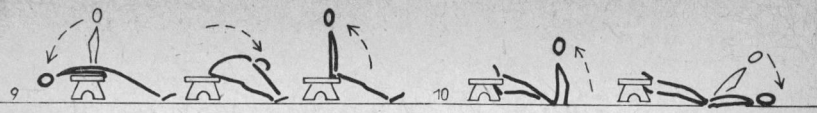

9. Seitsitz auf der Bank (am vorderen Bankrand), Ristgriff am vorderen Rand:
Rumpfsenken rückwärts bis zur Waagerechten, aufrichten und Rumpfbeugen vorwärts und Arme in die Vorhalte heben, Finger berühren die Fußspitzen, Ausgangsstellung.

10. Seitsitz vor der Bank, rechten Spann und linke Sohle von unten bzw. von oben gegen den Bankrand drücken, Arme locker neben dem Körper:
Langsames Rumpfsenken rückwärts in die Rückenlage, aufrichten in den Sitz.

11. Bauchlage quer über der Bank, Arme gebeugt vor der Brust auf den Boden stützen:
Die Arme strecken und den rechten Arm in die Hochhalte heben (der Oberkörper wird dabei angehoben); das gleiche umgekehrt.

12. Seitenlage links, das linke Bein liegt gestreckt auf dem Boden, das rechte ist von unten mit der Sohle gegen den Bankrand gedrückt, Hochhalte links, Tiefhalte rechts:
Rumpfbeugen rechts seitwärts (der linke Arm unterstützt das Seitbeugen), zurück in die Ausgangsstellung; das gleiche in Seitenlage rechts.

13. Seitenlage links, die Füße sind am Bankrand festgestellt,

283

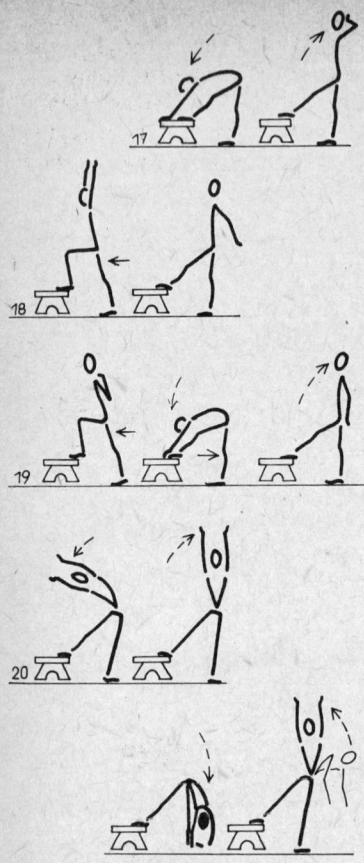

15. Hockstand (Seitstand) auf der Bank mit Ristgriff am vorderen Bankrand:
Heben in die Standwaage rechts (Hände bleiben im Stütz auf der Bank), Rückbewegung in den Kniestand; widergleich.

16. Seitstand vorlings mit Vorstellen links (gestreckt) auf den Bankrand, Arme in Hochhalte:
Rumpfsenken vorwärts, Rückbewegung; das gleiche mit Vorstellen rechts.

17. Seitstand vorlings mit Vorstellen links (gestreckt) auf den Bankrand, Arme in Nackenhalte: Tiefes Rumpfbeugen vorwärts, Arme in Schrägvorhalte, Finger berühren die Fußspitzen, aufrichten in die Ausgangsstellung; rechtes Bein vorstellen und das gleiche noch einmal.

18. Seitstand vorlings mit Vorstellen links (gestreckt) auf den Bankrand, Arme in Rückhalte:
Kniebeugen links, dabei den Rumpf vorschieben mit Schwingen in die Hochhalte, Rückbewegung in die Ausgangsstellung; Beine wechseln und das gleiche.

rechte Sohle von unten und linker Spann von oben gegen den Bankrand gedrückt (Beine gekreuzt):
Rumpfbeugen rechts seitwärts; das gleiche in der Seitenlage rechts.

14. Kniestand vor der Bank, Stütz am äußeren Bankrand:
Beine vorwärts strecken, Hände bleiben griffest, senken in den Hockstand; das gleiche mit gleichzeitigem Rückspreizen links oder rechts.

19. Gleiche Ausgangsstellung wie bei Übung 18:
Kniebeugen links, dabei den Rumpf vorschieben, Arme beugen in die Schulterhalte, links strecken mit gleichzeitigem Rumpfbeugen vorwärts, Finger berühren die Fußspitze, aufrichten in die Ausgangsstellung (Standbein bleibt am Ort); das gleiche mit Beinwechsel.

20. Querstand rechts mit Seitstellen rechts auf dem Bankrand, Arme in Hochhalte:
Rumpfbeugen rechts seitwärts, aufrichten in die Ausgangsstellung, tiefes Rumpfbeugen vorwärts, Finger berühren die linke Fußspitze, aufrichten; Beinwechsel und widergleich üben.

23. A in Bauchlage quer über die Bank, Arme gebeugt, Unterarme liegen auf dem Boden:
Aufrichten und Handklatsch über dem Kopf, Rückbewegung. B in Bankstellung hält die Füße fest.

Partnerübungen

21. A Schwebesitz seitlich auf der Bank, Hände erfassen die Fußgelenke:
Senken in die Rückenlage mit Heben der Arme in die Hochhalte, Rückbewegung,
B im Stand vorlings hält die Beine von A.

22. A im Seitsitz auf der Bank, Arme in Nackenhalte:
Den Rumpf senken und beugen rückwärts, bis der Kopf den Boden berührt, aufrichten und tiefes Rumpfbeugen vorwärts, Hände berühren die Fußspitzen, Rumpf in die Ausgangsstellung heben.
B in Bankstellung drückt die Füße von A auf den Boden.

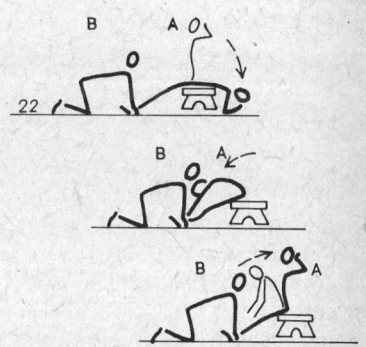

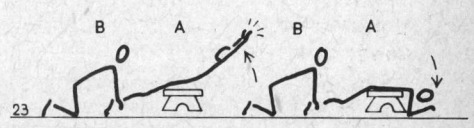

24. A in Seitenlage links, quer über die Bank, Arme in Hochhalte, Beine kreuzen (rechts über links):
Rumpfbeugen links seitwärts, Rückbewegung.
B in Bankstellung hält die Beine von A an den Fußgelenken.

25. Die Partner stehen sich zu beiden Seiten der Bank gegenüber und reichen sich beide Hände, das rechte Bein gegen den Bankrand gestellt:
Abwechselnd das Standbein beugen und strecken (A gebeugt, B gestreckt und umgekehrt, das andere Bein bleibt gestreckt).

Gruppenübungen

26. Reihe im Querstand auf der Bank, die Übenden haben die gestreckten Arme auf die Schultern ihres Vordermannes gelegt:
Seitspreizen links nach rechts (kreuzen), Seitspreizen nach links — senken links — und das gleiche rechts.

27. Reihe in gleicher Ausgangsstellung wie Übung 26:
Sprung in den Grätschstand über der Bank, Sprung in den Stand auf der Bank usw.

28. Je drei Übende im Reitsitz gegenüber, Arme auf den Schultern des Vordermannes, die beiden Vordermänner reichen sich die Hände:
Während die eine Dreiergruppe den Rumpf vorbeugt, führt die andere Rumpfsenken rückwärts aus, im Wechsel.

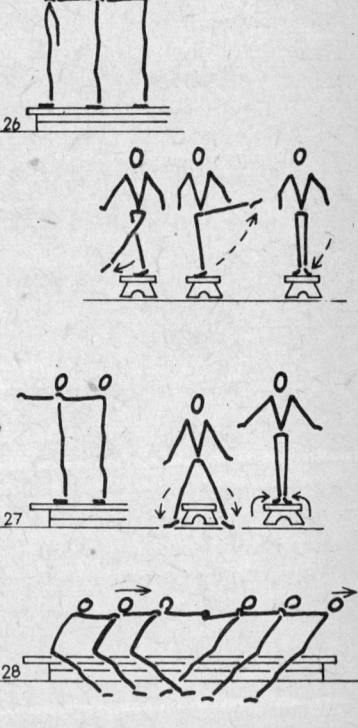

29. Stirnreihe im Seitstand auf der Bank, Schulterfassung: Vor- und Rückschwingen des linken Beines; das gleiche rechts.

Übungen auf zwei Turnbänken

30. Die Übenden im Seitstand vor zwei parallel stehenden Bänken (Abstand zwischen den Bänken 1½ Meter); Hockstand auf der ersten Bank, zur zweiten Bank stützeln, Liegestütz mit den Füßen auf der ersten, mit den Händen auf der zweiten Bank, Arme beugen mit Rückspreizen links, Arme strecken und das linke Bein senken (Wiederholungen je nach Leistungsfähigkeit der Übenden), zurückstützeln in den Hockstand auf der ersten Bank.

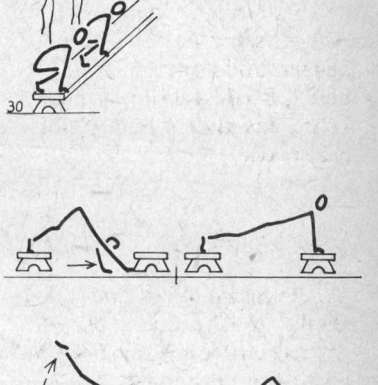

31. Zwei Bänke im Abstand von ungefähr 1 Meter parallel nebeneinander, die Übenden sitzen zu Paaren einander gegenüber, Handfassung in Schulterhöhe, die Beine gegen den unteren Teil der gegenüberstehenden Bank gestellt:
Partner abwechselnd vor- und rückbeugen.

32. a) Die Übenden sitzen einander gegenüber (auf Lücke), Arme in Nackenhalte, die Füße von unten gegen den Bankrand gestellt:
Rumpfbeugen rückwärts, aufrichten:
b) das gleiche in Bauchlage;
c) das gleiche in Seitenlage (Rumpfbeugen seitwärts).

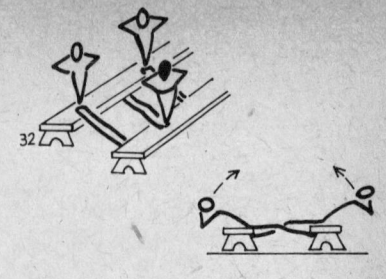

Übungen an Bank und Sprossenwand

33. Die Bank steht in einem Abstand von etwa ½ Meter parallel zur Sprossenwand, Sitz rücklings auf der Bank, Rücken gegen die Sprossenwand gelehnt, Ristgriff über dem Kopf:
Brust vorwölben, Rumpf entspannen, Ausgangsstellung.

34. Wie 33., aber Rücken nicht gegen die Sprossenwand lehnen:
Beine in den Schwebesitz heben, anhocken und strecken, auf den Boden senken.

35. a) Bank in gleicher Stellung zur Sprossenwand, Sitz vorlings, Beine unter der 5. bis 7. Sprosse festgestellt, Arme in Nackenhalte:
Rumpfbeugen rückwärts, aufrichten und Rumpfbeugen vorwärts, Hände berühren neben den Beinen den Boden, aufrichten in die Ausgangsstellung;
b) das gleiche, aber die Füße unter der ersten oder zweiten Sprosse festgestellt.

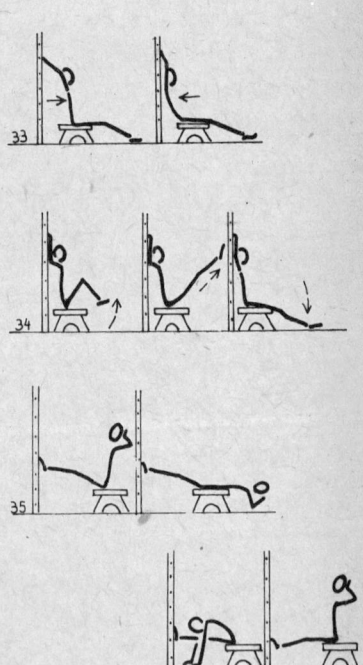

Übungen mit der Turnbank

Die Bank können wir auch als Handgerät für eine Gruppe verwenden. Das Heben stärkt die Armmuskulatur, die Muskeln des Schultergürtels und des ganzen Rumpfes. Jedoch eignen sich diese Übungen nur für fortgeschrittene Übende, vor allem für männliche Jugendliche. Mit einer Bank sollten 8, mindestens aber 6 Sportler üben. Sie müssen etwa gleichgroß sein und die Übung stets gleichzeitig ausführen.
Die meisten Übungen dieser Art kann man wettkampfmäßig ausführen.

5. Die Übenden in Reihe, die Bank in Hochhalte:
Der erste Übende beugt den Rumpf und den Kopf leicht nach links, der zweite nach rechts usw. im Wechsel, die Bank auf die Schultern senken, sie wieder über den Kopf heben; das gleiche, indem die Übenden den Kopf zur anderen Seite beugen.

1. Die Übenden im Querstand rechts neben der Bank:
Mit Rumpfbeugen rechts seitwärts die Bank an beiden Rändern erfassen und über die Hochhalte heben, auf der anderen Seite wieder absetzen.

2. Das gleiche im Grätschsitz.

3. Die Übenden in Reihe, die Bank in Hochhalte:
Arme beugen und (Bank auf die Köpfe legen) strecken (Bank wieder anheben).

4. Die Übenden in Reihe, die Bank in Hochhalte:
Arme beugen und die Bank auf die linke Schulter heben, Arme strecken.

6. Die Übenden in Reihe, die Bank auf der linken Schulter: Die Bank über die Köpfe auf die rechte Schulter heben und wieder zurück.

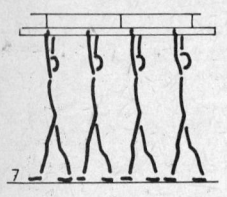

7. Die Übenden in Reihe, in Schrittstellung, links vorn, Bank in Hochhalte: Rumpfsenken vorwärts, die Bank auf die Rücken legen (Arme lang), aufrichten, Bank wieder über dem Kopf.

8. Die Übenden in Reihe, die Bank liegt auf den linken Schultern, ein Übender setzt sich auf die Mitte der Bank (auf der Schwebekante): Die Bank über die Köpfe heben (Hochhalte), sie auf die linke Schulter legen, über den Kopf heben und auf die rechte Schulter legen.

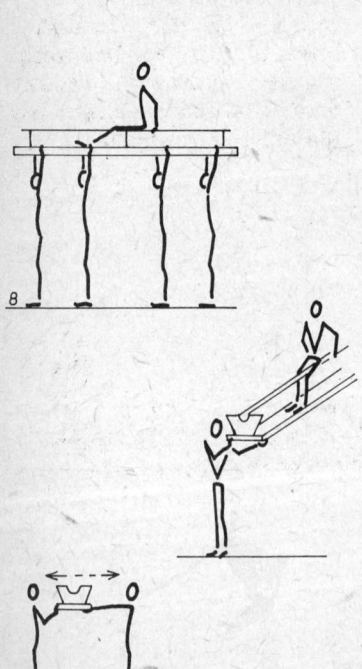

9. Die Übenden im Stand vorlings, zu beiden Seiten der Bank, die mit der Schwebekante nach oben liegt. Die Bank in die Vorhalte (Schulterhöhe) heben, die Übenden der einen Seite haben die Arme gestreckt, die der anderen gebeugt: Die Bank wird von der einen Seite zur anderen geschoben, so daß immer die eine Seite die Arme streckt und die andere beugt (die Bank bleibt dabei immer in Schulterhöhe).

10. Das Heben der Bank als Wettkampf zwischen mehreren Gruppen mit mehreren Bänken:
a) Die Übenden stehen in Reihe auf der Bank:
Nach links abspringen, Rumpfbeugen rechts seitwärts, die Bank an beiden Rändern fassen und über die Köpfe auf die andere Seite heben, absetzen, über die Bank hüpfen, noch einmal die Bank über den Kopf auf die andere Seite heben, absetzen und auf die Bank in den Stand springen;
b) Die Übenden stehen in Reihe auf der Bank:
Nach links abspringen, Rumpfbeugen rechts seitwärts, die Bank ergreifen und über den Kopf heben (Hochhalte), die Übenden führen mit der Bank ¹/₁ Drehung aus, setzen sie auf der linken Seite ab, auf die Bank in den Stand springen;
c) Die Übenden in Reihe auf der Bank:
Nach links abspringen, der erste und der letzte der Reihe heben die Bank an, die übrigen kriechen hindurch auf die andere Seite, und alle steigen auf die Bank in den Stand.

Beispiele für die Gestaltung des einleitenden Teiles und des vorbereitenden Teiles einer Übungsstunde

Beispiel eines einleitenden und eines vorbereitenden Teiles einer Übungsstunde mit Turnbänken für Kinder von 8 bis 10 Jahren

Einleitender Stundenteil

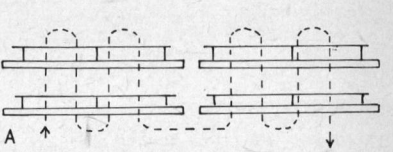

Zweimal zwei parallel zueinander stehende Bänke hintereinander aufgestellt (Schwebekante nach oben):

A. Die Kinder laufen in Schlangenlinie über die Bänke.

B. Balancieren auf der Schwebekante mit Hilfe eines Partners, der nebenhergeht und dem Übenden die Hand reicht.

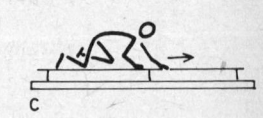

C. Über die Bank kriechen.

Vorbereitender Stundenteil

Die Bänke stehen parallel hintereinander, die Übenden stehen in Stirnreihe (Armabstand) auf den Bänken:

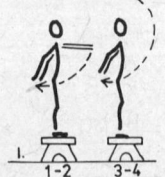

I. Seitstand auf der Bank:
1. Arme in Vorhalte heben,
2. rückschwingen,
3. schwingen in die Hochhalte,
4. rückschwingen.

II. Seitstand auf der Bank, Handfassung:
1. Knieheben links,
2. strecken,
3. Senken in den Stand,
4.–6. das gleiche rechts

III. Reitsitz auf der Bank, Arme in Nackenhalte:
1. Rumpfbeugen links seitwärts,
2. nachfedern,
3. aufrichten und Rumpfbeugen rechts seitwärts,
4. nachfedern.

IV. Reitsitz auf der Bank, Stütz hinter dem Körper:
1. Beine anhocken (schwebend über der Bank),
2. Rückbewegung in den Reitsitz.

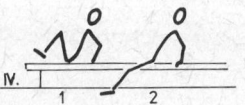

V. Reitsitz auf der Bank, Arme in Tiefhalte:
1. Arme in die Schlaghalte heben,
2. rückfedern,
3. Rumpfbeugen vorwärts, Arme nach vorn führen (so weit wie möglich).

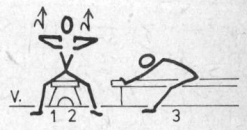

VI. Seitsitz auf der Bank, Beine gestreckt, Stütz hinter dem Körper:
1. Knieheben links,
2. strecken links,
3. senken links,
4. Rumpfbeugen vorwärts, Arme in Vorhalte, Finger berühren die Fußspitzen.
5. Aufrichten in die Ausgangsstellung,
6.–10. das gleiche rechts.

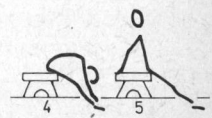

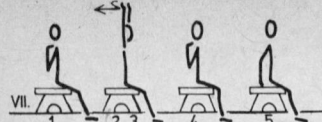
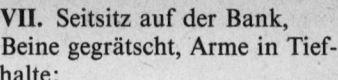

VII. Seitsitz auf der Bank, Beine gegrätscht, Arme in Tiefhalte:
1. Arme in die Schulterhalte heben,
2. in die Hochhalte strecken,
3. rückfedern,
4. in die Schulterhalte beugen,
5. in die Tiefhalte senken.

VIII. Hockstand vorlings, Stütz auf dem äußeren Bankrand:
1. Knie in den Winkelstand strecken (Hände bleiben an der Bank),
2. Senken in den Hockstand.

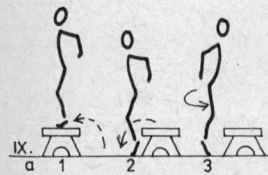

IX. a) Stand vorlings:
1. Im Schlußsprung auf die Bank springen,
2. Niedersprung (Rücken zur Bank),
3. Schlußsprung mit ½ Drehung,
4.–6. das gleiche in die andere Richtung;

b) Querstand neben der Bank:
1. Schlußsprung seitwärts auf die Bank (Querstand),
2. Niedersprung zur anderen Seite,
3.–4. das gleiche zurück.

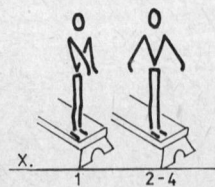

X. Querstand auf der Bank, Arme in Tiefhalte:
1. Arme etwas heben, mit den Handrücken zueinander, ausatmen,
2.–4. seitführen und Senken in die Tiefhalte, einatmen.

*Beispiel eines einleitenden
und eines vorbereitenden Teiles
einer Übungsstunde
mit dem Turnstab
für 12- bis 14jährige Jungen*

Einleitender Stundenteil

Die Übenden laufen im
Kreis:

A. Den Stab überspringen, der
von zwei Übenden etwa 50 cm
über dem Boden gehalten wird;
das gleiche, aber die Übenden,
die den Stab halten, laufen der
Reihe entgegen.

B. Unter dem Stab, der etwa
80 cm über dem Boden gehalten
wird, hindurchkriechen; das
gleiche, aber die Übenden, die
den Stab halten, laufen der
Reihe entgegen.

C. Zwischen zwei Stäben hin-
durchspringen, die von zwei
Übenden übereinander gehalten
werden; das gleiche, aber die
Übenden, die die Stäbe halten,
laufen der Reihe entgegen.

Vorbereitender Stundenteil

I. Grätschstand, Stab waagerecht in Vorhalte:
1. Rumpfdrehen nach links,
2. Rückbewegung,
3.–4. das gleiche nach rechts.

II. Grätschstand, Stab waagerecht in Tiefhalte:
1. Rumpfbeugen links seitwärts, Stab senkrecht vor der
rechten Schulter, rechter Arm in
Hochhalte,

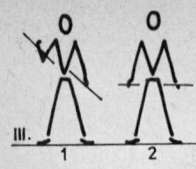

2. nachfedern,
3. aufrichten, Stab waagerecht in Tiefhalte,
4.–6. das gleiche nach rechts.

III. Grätschstand, Stab waagerecht auf den Schulterblättern:

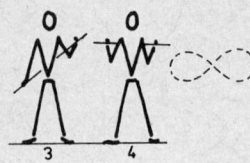

1. Strecken links in die Tiefhalte hinter dem Rücken,
2. das gleiche rechts (Stab waagerecht in Tiefhalte),
3. links beugen, Stab schräg hinter dem Rücken,
4. das gleiche rechts, Stab in Ausgangsstellung (die Armführungen mit dem Stab müssen fließend erfolgen, Übung zur Verbesserung der Beweglichkeit der Schultergelenke).

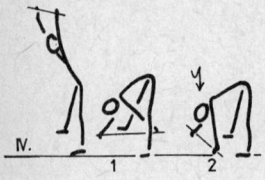

IV. Grätschstand, Stab waagerecht in Hochhalte:

1. Tiefes Rumpfbeugen vorwärts, Stab längs in Tiefhalte, rechte Hand vorn, linke hinten,
2. nachfedern, Stab waagerecht vor der Brust,
3. Aufrichten in den Grätschwinkelstand, Stab in Hochhalte,
4. Aufrichten in die Ausgangsstellung,
5.–8. das gleiche umgekehrt.

V. Grundstellung, Stab senkrecht hinter dem Rücken (rechte Hand oben):

1.–2. Hockstand,
3.–4. aufrichten in den Stand,
5.–6. Rumpfsenken vorwärts,
7.–8. Aufrichten in den Stand (Armhaltung bleibt unverän-

dert, der Stab wird gegen die
Wirbelsäule gedrückt).

VI. Grätschstand, Stab waagerecht in Hochhalte:
1. Rumpfbeugen vorwärts, Arme kreuzen, linkes Stabende berührt linke Fußspitze, Stab zeigt schräg nach oben,
2. Rumpf nach rechts drehen, rechtes Stabende berührt rechte Fußspitze, Stab zeigt schräg nach oben,

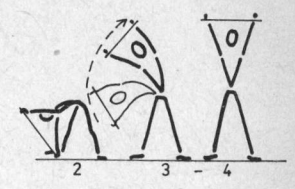

3.–4. Seitheben des Rumpfes, Stab in Hochhalte,
5.–8. widergleich (die Bewegungen des Rumpfes erfolgen fließend).

VII. Grundstellung, Arme in Hochhalte, Stab waagerecht über dem Kopf an einem Ende gefaßt, freies Ende zeigt nach vorn:

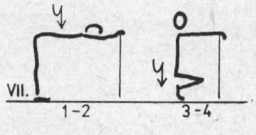

1. Rumpfsenken vorwärts, Stab senkrecht auf den Boden aufstellen,
2. nachfedern,
3. Kniebeuge,
4. nachfedern (Hände halten unverändert den Stab).

VIII. Bauchlage, Stab in Hochhalte, Stab hochwerfen und auffangen (dabei leichtes Rumpfbeugen rückwärts).

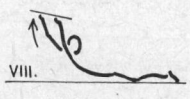

IX. Hockstand, Stab wird waagerecht vor dem Rumpf gehalten:
1. Über den Stab springen (Stab hinter dem Rumpf),
2. zurück in die Ausgangsstellung.

X. Grätschstand, Stab waagerecht in Vorhalte:

Stab vor dem Körper kreisen lassen (der Stab muß sich in der Luft um seinen Mittelpunkt drehen, nach einer Umdrehung wird er wieder aufgefangen).

Beispiel eines einleitenden und eines vorbereitenden Teiles einer Übungsstunde mit Medizinbällen für 16- bis 18jährige Jungen

Einleitender Stundenteil

Medizinballstaffeln:

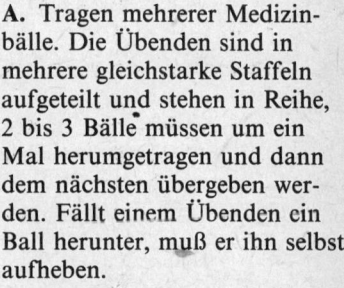

A. Tragen mehrerer Medizinbälle. Die Übenden sind in mehrere gleichstarke Staffeln aufgeteilt und stehen in Reihe, 2 bis 3 Bälle müssen um ein Mal herumgetragen und dann dem nächsten übergeben werden. Fällt einem Übenden ein Ball herunter, muß er ihn selbst aufheben.

B. Aufteilung der Übenden in mehrere gleichstarke Staffeln. Die Übenden einer Staffel in Bauchlage in Linie zu einem Glied. Neben dem ersten jeder Staffel liegt ein Medizinball. Auf ein Zeichen nimmt der erste den Ball und ruft „hoch", die Übenden nehmen Liegestütz vorlings ein, und unter ihnen wird der Ball zum letzten gerollt, dieser nimmt den Ball auf, läuft nach vorn, rollt den Ball wie der erste nach hinten und legt sich hin (währenddessen der eine Übende mit dem Ball nach vorn läuft, nehmen die anderen wieder Bauchlage ein, bis wieder der Ruf „hoch" ertönt). Der Wettkampf ist beendet, wenn alle Übenden einer Staffel mit dem Ball gelaufen sind.

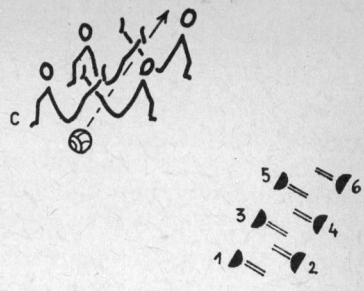

C. Das gleiche, aber die Übenden einer Staffel setzen sich auf Lücke gegenüber, und auf den Ruf „hoch" heben sie die Beine.
Der Ball wird dann unter den Beinen nach hinten gerollt.

Vorbereitender Stundenteil

Die Übenden sind entsprechend der Anzahl in der Turnhalle aufgestellt:

I. Grätschstand, Ball in Hochhalte:
1. Rumpfbeugen vorwärts, der Ball wird zwischen den Beinen nach hinten geschwungen,
2. aufrichten, Ball in die Hochhalte heben.

II. Grundstellung, Ball in Tiefhalte vor dem Körper:
1. Vorspreizen links, der Ball wird unter dem Bein von der linken in die rechte Hand übergeben,
2. senken links, Ball in Tiefhalte vorn,
3.–4. das gleiche rechts.

III. Grundstellung, Rumpfsenken vorwärts, Ball im Nacken, nachfedern.

IV. Strecksitz, Ball in Vorhalte:

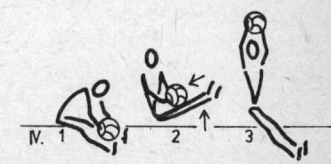

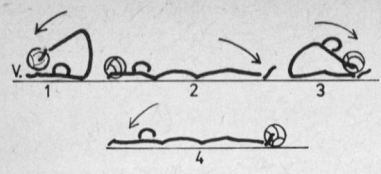

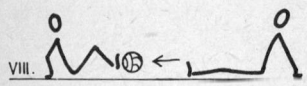

1. Rumpfbeugen vorwärts, der Ball wird auf die Unterschenkel gelegt,
2. in den Schwebesitz heben, der Ball rollt in den Schoß,
3. in den Strecksitz senken, Ball in die Hochhalte heben.

V. Rückenlage, Arme in Hochhalte, der Ball ist zwischen den Füßen eingeklemmt:
1.–2. Beine mit Ball heben und senken rückwärts in die Nakkenlage, der Ball wird hinter dem Kopf in die Hände gelegt,
3. Aufrichten in den Sitz und Rumpfbeugen vorwärts, den Ball zwischen die Füße legen und einklemmen,
4. Senken in die Rückenlage.

VI. Bauchlage, Ball in Hochhalte:
1. Aufrichten, die gestreckten Arme heben den Ball mit an,
2. Senken in die Bauchlage.

VII. Strecksitz, Ball vor der Brust:
Heben in den Schwebesitz und den Ball um die Knie herumreichen von einer Hand in die andere.

VIII. Zwei Übende im Strecksitz zueinander, sie stoßen den Ball mit den Fußsohlen einander zu.

IX. Zwei Übende in Rückenlage zueinander, Ball in Hochhalte:
Schnell in den Strecksitz aufrichten, den Ball werfen und fangen (fangen auch im Sitz), Senken in die Rückenlage.

X. Zwei Übende in Grundstellung zueinander, Ball zwischen den Füßen einklemmen, werfen durch schnelles Vorheben der Beine, fangen.

*Beispiel eines einleitenden
und eines vorbereitenden Teiles
einer Übungsstunde für Männer
in Form von Partnerübungen*

Einleitender Stundenteil

Die Übenden laufen zu zweien im Kreis vorwärts:

A. Auf ein Zeichen laufen alle „Zweien" schnell nach vorn und ordnen sich vor den „Einsen" wieder ein; beim nächsten Zeichen umgekehrt usw.

B. Auf ein Zeichen bleiben die Einsen stehen und springen in den Grätschstand, die Zweien kriechen durch die Beine, und alle setzen den Lauf fort; beim nächsten Zeichen umgekehrt.

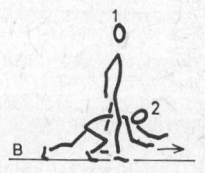

C. Auf ein Zeichen gehen die Einsen in das Schrittknien rechts, beugen den Rumpf leicht vor und heben die Arme zur Seithalte, die Zweien überspringen den rechten (linken) Arm, und alle setzen den Lauf fort; beim nächsten Zeichen umgekehrt usw.

Vorbereitender Stundenteil

I. Die Partner in Grundstellung, Rücken an Rücken, Handfassung in der Schräghochhalte:
Abwechselnd den linken und rechten Arm vor- und rückfedern und dabei den Arm des Partners mitziehen.

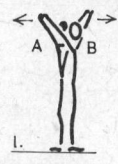

II. Die Partner stehen hintereinander, A mit dem Rücken vor B:

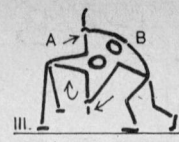

B steht vor A und unterstützt, indem er beide Arme von A an den Unterarmen erfaßt und so den Rumpf mitdreht bis zur maximalen Dehnung; das gleiche zur anderen Seite.

IV. Rücken an Rücken, Handfassung in Tiefhalte:
1. Aufrichten in den Kniestand, Rumpfsenken rückwärts, Arme über die Seit- und die Hochhalte führen,
2. in den Fersensitz senken, Rumpfbeugen vorwärts, Arme über die Seit- und die Tiefhalte.

V. A im Liegestütz vorlings: Drehen in den Liegestütz rücklings und zurück,
B hält die Beine an den Fußgelenken in der Schwebe.

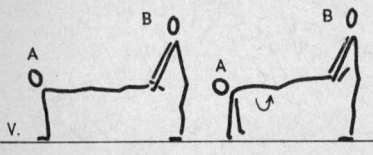

VI. A im Hocksitz, Stütz hinter dem Körper:
Öffnen und Schließen der Knie,
B steht hinter A und drückt die Knie von A auseinander und wieder zusammen gegen den Widerstand von A.

A Rumpfbeugen rechts und links seitwärts mit Rundhalte über dem Kopf,
B unterstützt das Seitbeugen rechts, indem er am linken Ellbogen von A nachdrückt und mit der rechten Hand ein Beugen in der Hüfte verhindert; das gleiche zur anderen Seite.

III. A im Grätschstand, Rumpfsenken vorwärts, Arme in Seithalte:
Rumpfdrehen nach rechts und zurück,

VII. Partner in Rückenlage, Kopf an Kopf, Handfassung in Schräghochhalte:
1. A hebt die Beine und senkt sie hinter den Kopf, Fußspitzen berühren in Hüfthöhe von B den Boden (Nakkenlage),

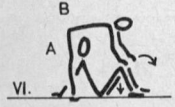
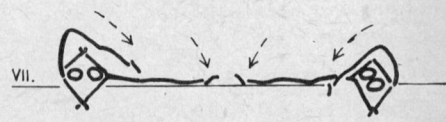

2. A hebt die Beine und senkt sie in die Ausgangsstellung, B führt das gleiche im Wechsel aus wie A.

VIII. Partner in Bauchlage mit den Köpfen zueinander, Handfassung in Schräghochhalte:
1. Beide heben Kopf und Rumpf so weit wie möglich vom Boden ab, sie unterstützen sich gegenseitig mit den Armen (Rumpfbeugen rückwärts),
2. Rückbewegung.

IX. A führt Grätschsprünge am Ort aus,
B steht hinter A, faßt diesen an die Hüften und unterstützt ihn beim Springen, indem er ihn leicht anhebt.

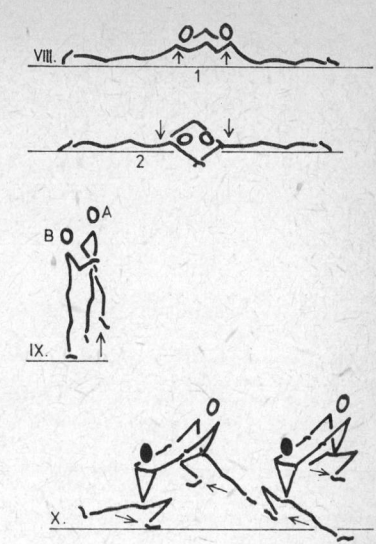

X. Die Partner im Hockstand zueinander, Handfassung in Schulterhöhe:
Beide hüpfen mit Seitspreizen nach links und rechts (seitlicher Kosakentanz).

Beispiel eines einleitenden und eines vorbereitenden Teiles einer Übungsstunde mit Hanteln für Männer

Einleitender Stundenteil

Laufen im Kreis:

A. Laufen mit großen Laufschritten, in jeder Hand eine Hantel.

B. Ausfallschritt links vorwärts, Rumpfbeugen vorwärts, Arme

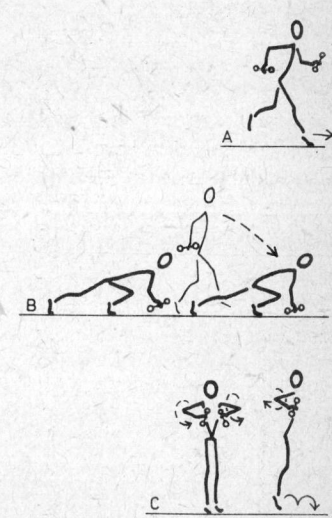

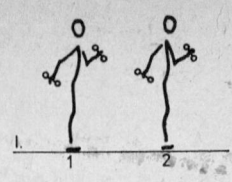
dicht über den Boden nach vorn führen, aufrichten; widergleich.

C. Grundstellung, Arme in Schlaghalte, in jeder Hand eine Hantel:
4mal Armkreisen rückwärts, 4 Schlußsprünge vorwärts mit 4 Armkreisen vorwärts (Arme bleiben in Schlaghalte).

Vorbereitender Stundenteil

I. Grundstellung, linker Arm gebeugt, Hantel in Schulterhöhe, rechts in Rückhalte:
1.–2. Armwechsel (Arme pendeln von einer Stellung in die andere).

II. Grundstellung, Arme in Tiefhalte:
1. Knieheben links, Arme leicht einbeugen,
2. Ausfallschritt links seitwärts, Rumpfbeugen vorwärts, Hanteln dicht über dem Boden,
3. aufrichten in den Stand mit Knieheben links, Arme leicht gebeugt in Tiefhalte,
4. linkes Bein senken, Arme in Tiefhalte,
5.–8. das gleiche umgekehrt.

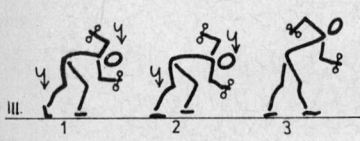

III. Schrittstellung, links vorn, Rumpfsenken vorwärts:
1.–3. Die leicht gebeugten Arme werden wie beim Lauf vor- und rückgeschwungen, dabei in den Knien federn und in der Rumpfbeuge,
4.–6. das gleiche in Schrittstellung, rechts vorn.

IV. Grundstellung, Arme in Schräghochhalte:

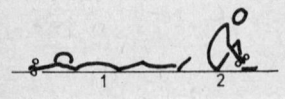

1. Kniebeuge auf der ganzen Sohle, Arme vor dem Körper kreuzen (rechts über links),
2. Aufrichten in den Stand, Arme in die Schräghochhalte schwingen.

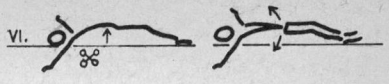

V. Hocksitz, Rumpf gebeugt, Arme in Tiefhalte:
1. In die Rückenlage senken, Arme in Hochhalte,
2. Aufrichten in die Ausgangsstellung.

VI. Rückenlage, Arme in Seithalte, die Hanteln liegen gekreuzt rechts neben dem Rumpf (in Brusthöhe):
Hüfte vom Boden abheben, so daß nur Schulterblätter und Fersen den Boden berühren: Rumpfdrehen nach rechts und links, das Becken in die Ausgangsstellung senken.

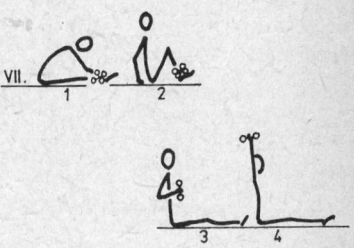

VII. Strecksitz, Arme in Hochhalte:
1. Rumpfbeugen vorwärts, die Hanteln auf die Fußgelenke ablegen,
2. Beine anhocken, aufrichten, Arme in die Tiefhalte senken,
3. Hanteln aufnehmen, Arme beugen, Hanteln vor der Brust, Beine in den Strecksitz strecken,
4. Arme in die Hochhalte strecken.

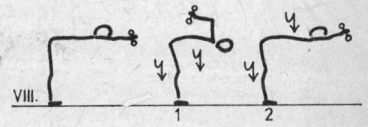

VIII. Winkelstand mit Hochhalte:
1. Kniefedern und federn in der Rumpfbeuge vorwärts mit Rückschwingen der Arme,
2. Kniefedern und federn in der Rumpfbeuge mit Vorschwingen der Arme.

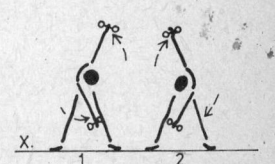

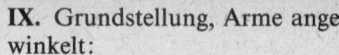

IX. Grundstellung, Arme angewinkelt:
1–2. Hüpfen von dem rechten auf das linke Bein und zurück, das Schwungbein wird angehockt.

X. Grätschwinkelstand, Arme in Seithalte:
1. Rumpfdrehen nach links, Arme unterstützen schwungvoll das Drehen,
2. zurück und nach rechts, Arme schwingen mit.

Beispiel eines einleitenden und eines vorbereitenden Teiles einer Übungsstunde für 12- bis 14jährige Mädchen mit dem Seil

Einleitender Stundenteil

A. Aufstellung der Übenden im Kreis, Schlußhüpfen vorwärts mit Durchschlag vorwärts.

B. Hüpfen vorwärts mit Durchschlag vorwärts.

C. Galopphüpfen seitwärts mit Durchschlag vorwärts.

Vorbereitender Stundenteil

Das Seil wird zweimal zusammengelegt und mit beiden Händen wie ein Turnstab gehalten:

I. Grundstellung, Seil in Tiefhalte vorn:
1. Rückspreizen links, Arme in die Hochhalte schwingen (Seil waagerecht über den Kopf),

2. Vorspreizen links, senken in die Vorhalte (Fußspitze berührt das Seil),
3. senken links, in die Hochhalte schwingen,
4. in die Tiefhalte senken.

II. Grätschstand, Seil in Tiefhalte vorn:
1. Arme schwingen über die Vor- in die Hochhalte, rücksenken in die Tiefhalte (hinter dem Körper), Hände nicht vom Seil lösen,
2. Rückbewegung.

III. Grätschstand, Seil waagerecht über die Schulterblätter gespannt:
1. Rumpfbeugen links seitwärts,
2. nachfedern,
3. aufrichten und Rumpfbeugen rechts seitwärts,
4. nachfedern.

IV. Grundstellung, Seil in Tiefhalte vorn:
1. Seil mit dem rechten Bein übersteigen,
2. Seil mit dem linken Bein übersteigen (Tiefhalte hinten),
3.–4. das gleiche zurück.

V. Strecksitz, Seil in Tiefhalte (quer über den Oberschenkeln):
1. Beine anhocken und durch die Arme strecken und senken (Seil unter den Knien),
2. Rückbewegung zum Strecksitz, Seil in Tiefhalte auf den Oberschenkeln,
3. Senken in die Rückenlage, Arme in Hochhalte,
4. Aufrichten in den Strecksitz, Arme in die Tiefhalte senken.

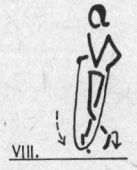

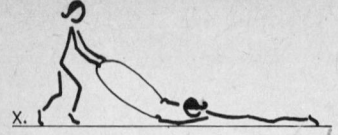 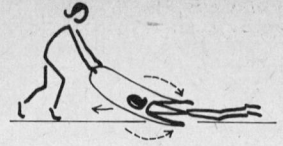

Das Seil nur einmal (halbe Länge) zusammengelegt, an beiden Enden gehalten:

VI. Grätschwinkelstand, Arme in Seithalte, Seil waagerecht über die Schulterblätter gespannt:
1. Rumpfdrehen nach links, Arme bleiben in Seithalte, rechte Hand berührt linke Fußspitze,
2. Zurückdrehen und nach rechts, linke Hand berührt rechte Fußspitze.

Das Seil mit beiden Händen gehalten (nicht zusammengelegt):

VII. Grundstellung in der Mitte auf dem Seil, Arme in Vorhalte:
1. Arme in die Hochhalte führen, dabei leichtes Rumpfbeugen rückwärts,
2. Rückbewegung (nur mit einem ausreichend langen Seil möglich).

VIII. Hüpfen mit gekreuzten Beinen mit Durchschlag vorwärts und rückwärts.

IX. Partner mit einem Seil:
A in Grundstellung mit dem Rücken vor B, Arme in Tiefhalte, das Seil wird mit beiden Händen an beiden Enden gehalten:
1. Rückheben der Arme, Rückbeugen in der Brustwirbelsäule,
2. Rückbewegung,
B hält das Seil in der Mitte, zieht leicht nach hinten und unterstützt damit das Rückbeugen von A.

X. Partner mit einem Sprungseil:
A in Bauchlage, hält das Seil in Hochhalte an beiden Enden: Arme über die Seit- in die Tiefhalte führen (die Armbewegungen erfolgen ganz dicht über dem Boden), Rückbewegung, B steht vor A, hat das Seil in der Mitte gefaßt und leistet Widerstand, bei der Rückbewegung unterstützt B durch Zurückgehen und leichtes Ziehen am Seil.

Beispiel eines einleitenden und eines vorbereitenden Teiles einer Übungsstunde für 16- bis 18jährige Mädchen an der Sprossenwand

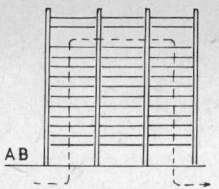

Einleitender Stundenteil

Die Übenden in Reihe (in der Turnhalle):

A. An der ersten Sprossenwand hochklettern, seitwärts weiterklettern bis zur letzten, herunterklettern und weiterlaufen.

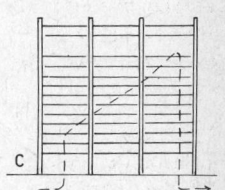

B. Das gleiche, aber rücklings.

C. An der Sprossenwand schräg hochklettern, von der untersten Sprosse der ersten bis zur obersten Sprosse der letzten Sprossenwand, senkrecht herunterklettern.

Vorbereitender Stundenteil

I. Aus dem Stand vorlings Sprung in den Hockstand auf der untersten Sprosse: Aufwärtsklettern, indem mit beiden Beinen gleichzeitig abgestoßen wird, den Griff lösen und die nächsthöhere Sprosse erfassen.

II. Grätschstand rücklings, Füße etwa einen Schritt vor der Sprossenwand, Ristgriff in Reichhöhe:
1.–3. Tiefes Rumpfbeugen vorwärts, die unterste Sprosse neben den Beinen erfassen und den Kopf zwischen die Knie ziehen,
4.–6. aufrichten in die Ausgangsstellung (beim Hals beginnen bis zum Hüftteil).

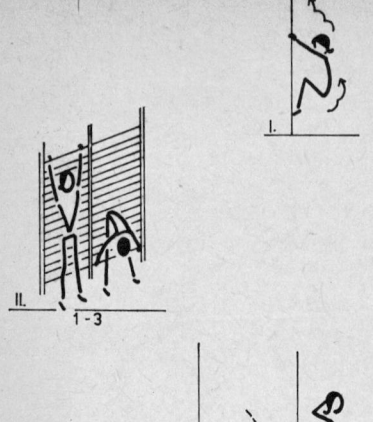

III. Kniestand rücklings, die Füße unter der untersten Sprosse festgestellt, Arme in Nackenhalte:
1. Rumpfsenken vorwärts, Arme unverändert,
2. Aufrichten in die Ausgangsstellung (die Oberschenkel bleiben während dieser Übung senkrecht, nicht auf die Fersen setzen).

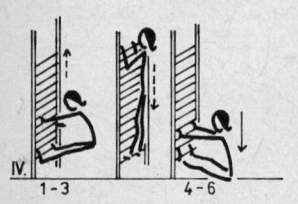

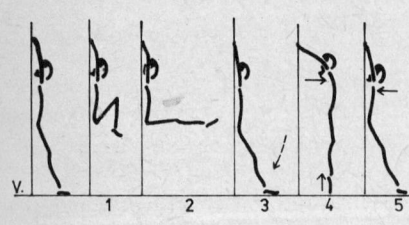

IV. Grätschsitz vorlings, die Fußsohlen sind gegen die unterste Sprosse gestellt, Griff in Schulterhöhe:
1.–3. Rumpfbeugen vorwärts, Hände erfassen die unterste Sprosse, gleichzeitig mit beiden Händen von Sprosse zu Sprosse höher fassen, dabei wird der Rumpf mit angehoben (Beine bleiben gestreckt) bis in den Stand auf der untersten Sprosse; das gleiche zurück in den Sitz.

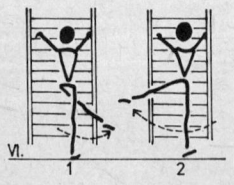

V. Stand rücklings, Ristgriff in Reichhöhe:
1. Beine anhocken,
2. strecken (waagerecht),
3. Senken in den Stand,
4. mit dem Rücken von der Sprossenwand abdrücken und rückbeugen in der Brustwirbelsäule,
5. Rückbewegung (Rücken wieder gegen die Sprossenwand lehnen).

VI. Stand vorlings, Arme in Vorhalte, Ristgriff in Schulterhöhe:
1. Seitspreizen links nach rechts (kreuzen),
2. Rückbewegung und Seitspreizen links, das gleiche umgekehrt.

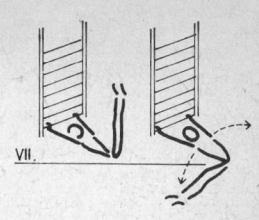

VII. Rückenlage vorlings, Arme in Schräghochhalte, Ristgriff an der untersten Sprosse, Beine senkrecht heben:
1. Senken nach rechts auf den Boden,
2. Rückbewegung (Beine wieder senkrecht),
3.–4. das gleiche nach links.

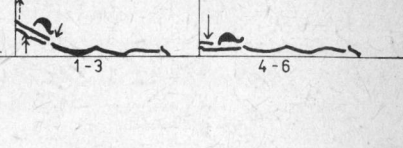

VIII. Bauchlage vorlings, Arme in Hochhalte, Ristgriff auf der untersten Sprosse:
1.–3. Beide Hände fassen gleichzeitig die nächsthöhere Sprosse, aufwärtshangeln (Bauch bleibt am Boden, nur Rückbeugen in der Brustwirbelsäule).
4.–6. zurückhangeln, Arme und Rumpf wieder am Boden.

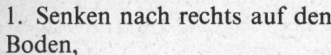

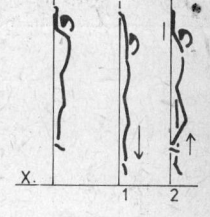

IX. Hockstand rücklings, Ristgriff über dem Kopf:
1. Hüfte vorschieben in den Kniestand rücklings, rückbeugen in der Brustwirbelsäule,
2. zurück in den Hüftstand.

X. Stand rücklings auf der dritten Sprosse, Ristgriff neben dem Kopf (Arme sind gebeugt);
1. Hang rücklings,
2. mit den Beinen wieder hochsteigen in den Stand auf der
3. Sprosse, Arme beugen (kräftigere Mädchen können beim Übergang in den Hang auch noch die Beine anhocken).

Beispiel eines einleitenden und eines vorbereitenden Teiles einer Übungsstunde für Frauen mit Übungen, die im Kreis ausgeführt werden

Einleitender Stundenteil

A. Die Übenden haben sich an den Händen gefaßt und gehen im Kreis. Zuerst haben alle die linke Hand vorn, auf ein Zeichen wechseln sie die Handfassung, sie lösen den Griff und nehmen die rechte Hand nach vorn, das gleiche auch im Lauf.

B. Das gleiche, aber auf das Zeichen führen alle aus dem Gehen (Laufen) ½ Drehung aus und gehen in entgegengesetzter Richtung weiter.

C. Das gleiche, aber mit ¹⁄₁ Drehung (in gleicher Richtung weitergehen).

Vorbereitender Stundenteil

Stirnkreis, Handfassung in Schrägtiefhalte:

I. Grundstellung: Mühlkreisen rückwärts.

II. Grundstellung:
1. Schräghochhalte der Arme,
2. Rumpfsenken vorwärts mit Rückschwingen der Arme.

III. Grundstellung:
1. Leichtes Vorspreizen links,
2. Rückspreizen links,

3. Vorspreizen links,
4. Senken links in die Grundstellung,
5.–8. das gleiche rechts.

IV. Grätschstand:
1. Kniebeugen rechts, Rumpfbeugen rechts seitwärts,
2. schwunghaft das Körpergewicht vom rechten auf das linke Bein verlagern, dabei wird das linke Bein gebeugt, das rechte gestreckt, Rumpfsenken vorwärts und dann Seitbeugen links,
3. Aufrichten in den Grätschstand (die Übung erfolgt fließend, es ist ein Rumpfkreisen mit Gewichtsverlagerung).

V. Grundstellung:
1. Hockstand,
2. Kniestand,
3. Heben in den Hockstand,
4. Aufrichten in den Stand.

VI. Kniestand:
1. Rumpfsenken rückwärts (Hüfte bleibt gestreckt), Arme in Seithalte,
2. aufrichten und Rumpfbeugen vorwärts, Kopf berührt den Boden, Rückschwingen der Arme.

VII. Kniestand:
1. Senken in den Sitz links neben den Unterschenkeln,
2. in den Kniestand heben,
3.–4. das gleiche zur anderen Seite.

VIII. Strecksitz:
1. Beine anhocken,
2. Strecken in den Schwebesitz,
3. Senken in den Strecksitz.

IX. Stand links mit Knieheben rechts; rechte Hand faßt unter das rechte Knie (von innen): Hüpfen auf dem linken Bein nach rechts, das gleiche umgekehrt.

X. Grundstellung:
1. Senken in die Standwaage links vorlings,
2. Aufrichten in die Grundstellung,
3.–4. das gleiche umgekehrt.

Beispiel eines einleitenden und eines vorbereitenden Teiles einer Übungsstunde für Frauen mit einer Keule

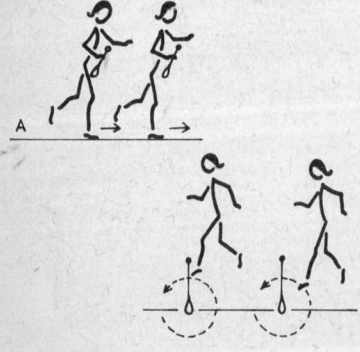

Es wird vorausgesetzt, daß für jede Übende eine Keule vorhanden ist.

Einleitender Stundenteil

A. Die Übenden laufen im Kreis, sie halten eine Keule in der rechten Hand:
auf den Ruf „rechts" („links") stellen (oder legen) sie die

Keule rechts (links) neben sich auf und umlaufen die Keule in einem kleinen Kreis; auf den Ruf „weiter" nehmen sie die Keulen wieder auf und laufen im Kreis weiter.

B. Das gleiche, aber die Übenden laufen auf den Ruf „Slalom" im Schlängellauf um die aufgestellten Keulen.

C. Das gleiche, aber auf den Ruf „Umlaufen" wird jede Keule im Kreis einmal umlaufen, die erste von rechts, die nächste von links usw.

Vorbereitender Stundenteil

I. Grundstellung, Arme in Vorhalte, Keule in der rechten Hand (in Verlängerung des Armes gehalten);
1. Rückschwingen rechts mit Rumpfdrehen nach rechts,
2. Vorschwingen rechts mit Rückdrehen des Rumpfes.
3.–4. das gleiche, aber in Vorhalte die Keule in die linke Hand übergeben.

II. Grundstellung, Tiefhalte links, Seithalte rechts (Keule in der rechten Hand):
1. Seittreten links mit Bogenschwingen rechts nach links vor dem Körper,
2.–3. Gewichtsverlagerung nach rechts mit Innenarmkreis rechts, Heranziehen links und Seittreten rechts, rechts in die Seithalte schwingen.
4. Heranziehen links in die Grundstellung, Bogenschwingen rechts nach links und Keule in

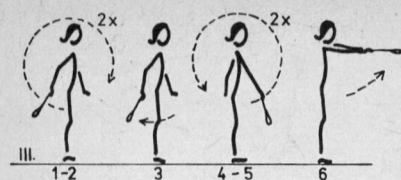

der Tiefhalte nach links übergeben.

III. Grundstellung, Arme in Tiefhalte, Keule in der rechten Hand:
1.–2. 2 Armkreise rechts vorwärts,
3. rückschwingen,
4.–5. 2 Armkreise rechts rückwärts,
6. vorschwingen und die Keule mit der linken Hand übernehmen.

IV. Grätschstand, Arme in Tiefhalte, Keule in der rechten Hand:
1. Kniebeuge links, Rumpfbeugen rechts seitwärts, beide Hände erfassen die Keule am Kopf, sie rückwärts neben der rechten Schulter kreisen lassen,
2. Hüftschwung nach rechts, rechtes Knie beugen, Rumpfbeugen links seitwärts, die Keule rückwärts neben der linken Schulter kreisen.

V. Grundstellung, Keule in Tiefhalte waagerecht hinter dem Rücken mit beiden Händen gefaßt:
1. Tiefes Rumpfbeugen vorwärts, Arme rückheben,
2. Aufrichten in den Winkelstand (Arme bleiben in Rückhalte),
3. Aufrichten in die Ausgangsstellung.

VI. Grundstellung, Arme in Tiefhalte, Keule in der rechten Hand:
1. Rumpfbeugen links seitwärts, Arme in die Hochhalte schwingen,
2. Ausfallschritt rechts seitwärts, nachfedern, Arme bleiben in Hochhalte,
3. Heranziehen rechts, Aufrichten in die Grundstellung, Arme über die Seithalte senken.

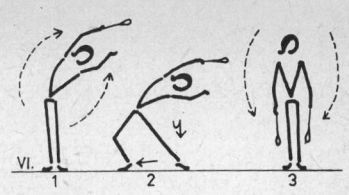

VII. Strecksitz, Arme in Hochhalte, Keule waagerecht über dem Kopf, mit beiden Händen gefaßt:
1. Arme in die Vorhalte senken, linkes Bein beugen und zwischen Armen und Keulen durchstecken und strecken,
2. Rückbewegung in die Ausgangsstellung,
3.–4. das gleiche rechts.

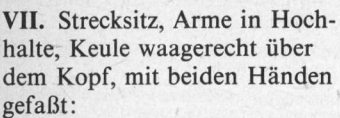

VIII. Grätschsitz, Arme in Hochhalte, Keule waagerecht über dem Kopf, mit beiden Händen gefaßt:
1. Rumpfbeugen vorwärts, Keule berührt die rechte Fußsohle,
2. Aufrichten in die Ausgangsstellung,
3.–4. das gleiche zur anderen Seite.

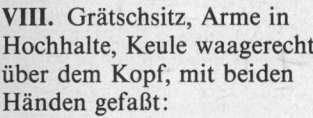

IX. Grundstellung, die Keule steht vor der Übenden:
Im Scherspruch über die Keule springen von links nach rechts und umgekehrt.

X. Grundstellung, Tiefhalte links, Vorhalte rechts mit Keule:
1.–3. Senken in die Standwaage links vorlings mit Rückschwingen rechts,
4. Rückbewegung in die Grundstellung, Arme in Vorhalte, Keule links übernehmen,
5.–8. widergleich.

Kos, Bohumil/Teplý, Zdeněk
Kondition durch Gymnastik 1500 Übungen

320 Seiten, zahlreiche Abbildungen, L 7 NS, Pdb., 10,80 M
Übersetzung aus dem Tschechischen: Willi Franz
Fachliche Bearbeitung: Ingris Pötzsch-Mütze
Eine Zusammenstellung von 1500 Übungen mit und ohne Handgerät sowie Übungsformen, die an verschiedenen Geräten (Sprossenwand, Turnbank) oder mit Partner ausgeführt werden können. Sowohl quantitativ als auch qualitativ stellt das Buch eine Weiterentwicklung des Titels „Gymnastik – 1200 Übungen" dar. Eine gezielte Anwendungstherapie wird unkompliziert ermöglicht: Es gibt Übungen, die auf den gesamten Bewegungsapparat gerichtet sind, Konditionsübungen, die bestimmte Bereiche (aus anatomischer Sicht) und bestimmte Funktionen (aus physiologischer Sicht) des Bewegungsapparates betreffen. Übungsabsicht und -wirkung sind jeweils eindeutig erläutert, und die methodischen Hinweise werden Trainer, Übungsleiter und Sportlehrer ebenso zu schätzen wissen wie die Akteure individueller Heimgymnastik.

Wendt, Hildegard
Gymnastik ohne Handgeräte
248 Seiten, 176 Abbildungen, L 7 NS, Broschur, 10,50 M
Ein informativer Überblick über das umfangreiche Repertoire der Techniken ohne Handgerät, systematisiert und zusammengestellt nach Elementgruppen mit gleichen Klassifikationsmerkmalen. Schrittarten, Sprünge, Stände einschließlich Rumpfbeugen, Drehungen, Wellen, Schwünge und Bodenelemente – das alles wird kurz und prägnant erläutert. Mit ausführlicher Technikbeschreibung, mit einer Fülle von Kombinationsmöglichkeiten. Zugleich ist diese Arbeit ein gelungener Beitrag zu einer einheitlichen Terminologie für die Sportart Gymnastik, vielfältig nutzbar für Sportlehrer, Trainer, Übungsleiter und Aktive.

Kos, Bohumil
Übungen mit dem Seil
114 Seiten, 222 Abbildungen, L 7 NS, Broschur, 6,60 M
Übungen mit dem Seil sind nicht nur im Massensport und in der Gymnastik beliebt, sondern gehören auch in vielen anderen Sportarten zum elementaren Bestand des Trainingsprogrammes. Diese Auswahl von über 200 Übungsformen ist eine Fundgrube für Sportlehrer, Trainer, Übungsleiter, Kindergärtnerinnen und viele andere, die nach abwechslungsreichen Übungselementen mit hoher Bewegungsintensität suchen.

Götze, Andreas/Zeume, Hans-Jürgen
Flickflack
Weltbühne des Turnens
304 Seiten, 349 s/w- und 50 Farbfotos, 36,– M, Best.-Nr. 6716848
Bekanntes und weniger Bekanntes, Berühmtheiten und auch Namenlose dieses Sports, Historisches und Gegenwärtiges, all das ist in dieser „Weltbühne des Turnens" zu finden. 75 Porträts in Wort und Bild geben darüber hinaus ein farbiges Zeugnis von jenen hervorragenden Vertretern dieses Metiers, die mit ihrer Kunst den Turnsport prägten und an seiner Entwicklung maßgeblich beteiligt waren.

Pahncke, Wolfgang
Gerätturnen einst und jetzt
unter Mitarbeit von N. Heise und K.-H. Lemcke
262 Seiten, zahlr. s/w-Fotos, 19,50 M, Best.-Nr. 671 4981
Eine gelungene Darstellung der Geschichte des Gerätturnens. Ungewöhnlich die thematische Vielfalt, in Wort und Bild und mit statistischen Übersichten im Anhang wird gesichertes Wissen leichtverständlich und anschaulich vermittelt.

Cierpinski, Waldemar/Kluge, Volker
Meilenweit bis Marathon
2. Auflage, 224 Seiten, 125 s/w- und 17 Farbfotos, 26,– M Best.-Nr. 671 6856
Alexandros Zagaris, Bürgermeister von Marathon/Griechenland schreibt über das Buch: Die Einwohner von Marathon empfinden Stolz und Freude über jeden Sportler, der die Marathonstrecke absolviert, erst recht über einen zweifachen Olympioniken, der über die Fähigkeiten verfügt, ein Buch zu schreiben und darin den Gedanken eines friedlichen Wettstreits zu propagieren.

Zu beziehen über den Buchhandel
SPORTVERLAG, Neustädtische Kirchstr. 15, DDR-1086 Berlin